FACULTÉ DE DROIT DE PARIS

DES MILICES
EN DROIT ROMAIN

DE LA VÉNALITÉ DES OFFICES
EN DROIT COUTUMIER

DE LA NATURE DES OFFICES MINISTÉRIELS
DE LEUR TRANSMISSION ET DE L'EXERCICE DU DROIT DE PRÉSENTATION
sous le régime de la loi du 28 avril 1816
EN DROIT CIVIL FRANÇAIS

PAR

Eugène DUVAL

Licencié ès lettres

AVOCAT A LA COUR D'APPEL DE PARIS

PARIS

F. PICHON, IMPRIMEUR-LIBRAIRE
12, RUE SOUFFLOT, 12

1875

THÈSE

POUR LE DOCTORAT

ERRATUM

—

Par erreur le Droit coutumier qui devrait se trouver à la suite du Droit romain a été placé à la suite du Droit civil français.

Le Droit coutumier commence page 297 et le Droit civil français page 90.

DES MILICES

EN DROIT ROMAIN

DE LA VÉNALITÉ DES OFFICES

EN DROIT COUTUMIER

DE LA NATURE DES OFFICES MINISTÉRIELS

DE LEUR TRANSMISSION ET DE L'EXERCICE DU DROIT DE PRÉSENTATION

sous le régime de la loi du 28 avril 1816

EN DROIT CIVIL FRANÇAIS

THÈSE POUR LE DOCTORAT

PAR

Eugène DUVAL

Licencié ès-lettres

AVOCAT A LA COUR D'APPEL DE PARIS

L'acte public sur les matières ci-après sera soutenu le
mercredi 17 février 1875, à 2 heures.

PRÉSIDENT : M. LABBÉ.

SUFFRAGANTS :
MM. VALETTE,
VUATRIN,
COLMET DE SANTERRE,
RENAULT,

PROFESSEURS.

AGRÉGÉ.

PARIS

F. PICHON, IMPRIMEUR-LIBRAIRE,

14, RUE CUJAS ET 7, RUE VICTOR-COUSIN

1875

PRÉFACE

Dans l'étude qui suit sur les offices ministériels, il est un point de vue que nous avons cru devoir laisser de côté, c'est la question de polémique relative à la législation des offices ministériels. Question d'un intérêt toujours actuel; car, si légitime que soit le droit des officiers ministériels, il n'en est pas moins toujours un peu précaire : aussi est-il de sa nature soupçonneux et prompt à s'alarmer. Ces alarmes s'expliquent, car un changement de gouvernement, une révolution sont autant de menaces pour les offices ministériels, et au milieu de passions surrexcitées, ce n'est pas la voix de l'expérience qui est toujours la plus forte.

Sans vouloir reprendre la controverse dans son ensemble, qu'il nous soit permis d'indiquer notre opinion sur cette question. Écartons d'abord du débat les points qui nous semblent hors de doute. Dans l'état actuel de notre législation, l'existence des officiers ministériels est étroitement liée à l'exercice de la justice et au fonctionnement de nos lois; on ne pourrait modifier cette organisation, qu'en modifiant nos lois elles-mêmes. Telle eût été la conséquence du projet de révision du Code de Procédure civile, soumis aux délibérations du conseil d'état, pendant les dernières années de l'empire, et que les événements de 1870 ont fait indéfiniment ajourner. Un autre point, non moins incontestable à nos yeux, c'est le droit des officiers ministériels à une indemnité, au cas de suppression. Une suppression sans indemnité serait-ce autre chose qu'une confiscation ? L'idée de la suppression des offices ministériels ne s'est jamais présentée, dit Rossi, « qu'avec l'alternative de ces deux graves inconvénients : une sorte de spoliation révolutionnaire, ou bien un sacrifice énorme pour le trésor public. »

Ces deux points écartés, reste la question fondamentale, la question de principe : l'existence des offices ministériels constitue-t-elle un privilège incompatible avec la liberté du travail? La liberté du travail, comme toute autre règle comporte ses exceptions; « il est des industries, que, par exception à la règle de la liberté du travail, il peut être utile de soumettre à quelques restrictions, et de contenir par certaines mesures préventives : cela doit avoir lieu quand le danger de la liberté absolue est très grand, et que les moyens de s'en garantir sont insuffisants. » Ainsi s'exprime Rossi : c'est qu'en effet l'économie sociale, la politique et la morale concourent alors pour rendre nécessaire l'intervention de l'autorité, pour soumettre à un contrôle et assujettir à des garanties de capacité, la production de services auxquels le consommateur est forcé de recourir. Ces idées sont-elles applicables aux officiers ministériels ? Leur nom même indique qu'ils ne sont pas simplement producteurs : ils sont en outre officiers publics. Comme producteurs on exige d'eux la capacité ; comme officiers publics, la moralité et l'honnêteté. Ce qu'on leur demande, c'est moins une somme déterminée de travail, que la qualité même du travail. Le monopole qui leur est assuré, la confiance dont ils doivent jouir, l'authenticité qu'ils doivent donner à certains actes, tout cela, entre les mains d'officiers incapables ou malhonnêtes, constituerait autant de dangers pour la société. De telle sorte que l'idée qui doit dominer toute la matière, c'est moins le fait de la production, le principe de la libre concurrence, que les principes de morale et d'ordre public. On s'explique alors les mesures préventives généralement adoptées, et consistant dans des épreuves préalables de capacité, dans la fixation d'un nombre déterminé de titulaires pour chaque fonction, et dans leur nomination par le gouvernement. Une garantie n'est pas un privilège : c'est là une confusion que l'on est trop porté à commettre.

Voilà le point de vue que nous nous contentons d'indiquer, le terrain sur lequel nous voudrions nous placer pour défendre le monopole des offices ministériels. Les faits viennent-ils démentir cette théorie ? Les faits et l'expérience en sont au contraire la confirmation. Certes s'il est un moment où l'on fut sans complaisance à l'égard des offices ministériels, c'est à l'époque de la Révolution.

Voyons donc ce qu'a fait la Révolution. Le ministère des notaires était trop indispensable, le caractère d'authenticité qu'ils donnaient aux actes était trop grave pour qu'on songeát un moment à les supprimer et la même loi des 29 septembre 6 octobre 1791, qui abolissait la vénalité et l'hérédité des anciens offices de notaires royaux, les remplaçait par des notaires publics, et créait pour les nominations ce fameux système de concours que l'expérience est bientôt venue condamner. Le privilége des agents de change avait été aboli en 1791 : il ne tarda pas à être rétabli, non par la monarche, mais par la Convention. « On sentit, dit Rossi, la nécessité d'une police de la Bourse : une concurrence illimitée d'hommes se faisant agents de change avait porté une telle perturbation dans les négociations qu'il devint nécessaire de réduire le nombre des agents à 25 *Loi du 28 vend. an IV.* » On conçoit qu'il puisse s'élever des doutes au sujet de la nécessité du ministère des avoués. Cependant le privilége des avoués trouvait d'ardents défenseurs au sein de la Constituante dès le mois de Décembre 1790 : « Confierez-vous l'intérêt du citoyen à des hommes sans titre qui ne fourniront aucune garantie, disait M. Prugnon dans la séance du 14 décembre 1790? Ne faut-il pas que les officiers ministériels répondent par la finance de leurs offices des titres qu'on leur confie, des sommes qu'on est obligé de réaliser entre leurs mains? Quel recours le plaideur abusé pourrait-il exercer contre des hommes sans propriété ? » Dans la séance du 16 décembre Tronchet s'exprimait ainsi : « Les officiers ministériels ne sont pas une classe privilégiée, si c'est la nécessité publique qui exige que vous leur attribuiez des fonctions exclusives. Vous frémiriez si je vous développais toutes les ruses de ces charlatans, qui sous le titre de défenseurs officieux, entoureraient les tribunaux, abuseraient de la confiance du pauvre et du faible, s'empareraient de leurs pièces, les accableraient de frais. » Malgré ces avertissements, l'expérience fut faite, et voici ce qu'elle produisit : « L'improbité, l'ignorance, le charlatanisme occupaient les avenues de tous les tribunaux, et ne connaissant plus ni tarifs dans les vacations, ni pudeur dans les honoraires, ces sangsues impunies mettaient chaque jour les citoyens à contribution » *Discours de M. Riou Monit. du 7 brum. an VI.* Qu'arriva-t-il alors ? « On réclama de toutes parts le rétablissement des avoués pour faire cesser les nombreux abus qui s'étaient introduits dans les tribunaux, sans que les juges qui en gémissaient eussent des moyens suffisants de répression. » *Monit. du 6 germinal an VIII.* L'expérience a-t-elle été assez concluante ? Les dangers du libre exercice sont-ils actuellement moins à craindre ? Les intérêts confiés aux avoués sont-ils moins considérables et moins dignes de protection ? Voilà les questions que nous soumettons sans commentaire aux partisans de la libre concurrence, en matière d'offices ministériels.

DROIT ROMAIN

DES MILICES

La société romaine n'a pas connu d'institution semblable à celle de nos officiers ministériels. Elle eut bien ses scribes, ses logographes, ses « notarii, » mais c'étaient, nous le verrons, des fonctions sans caractère public, surtout sans ce caractère de vénalité et d'hérédité qui se retrouve dans les offices du Moyen-âge. Pour rencontrer non pas ces fonctions, mais ce dernier caractère, il faut interroger l'histoire du Bas-Empire et pénétrer dans la cour même des Empereurs, c'est là que l'on trouve sous le nom de Milices (*militiæ*) des charges du Palais auxquelles la faveur impériale finit par accorder successivement le bénéfice de l'hérédité et de la vénalité. Ce sont ces charges avec leurs attributions, leurs privilèges, leurs règles de droit spéciales que nous nous proposons d'étudier.

PREMIERE PARTIE

CHAPITRE PREMIER.

DE LA VÉNALITÉ DES CHARGES

A Rome, dans les premiers temps de la République, tant que subsista la sévérité des mœurs et le respect des institutions, la nomination aux charges publiques fut le prix du mérite. C'était le peuple dans ses comices qui élisait aux charges. L'élection était pour le nouvel élu la consécration absolue de son droit, sans qu'aucune confirmation, ni institution fût nécessaire. A peine élu, il entrait en fonctions ; c'était un mandataire révocable à la volonté du mandant et qui comme tel pouvait être interdit temporairement et même destitué avec note d'infamie de la main du censeur. A l'expiration de sa charge, le titulaire sortant ne pouvait avoir aucune influence sur l'élection de son successeur. Sous un pareil régime on ne comprend même pas la possibilité d'une résignation en faveur du successeur.

Cette sévérité primitive dura peu. Rome devint la maîtresse du monde ; avec l'extension de sa puissance et le dévoppement des richesses naquit la corruption, et comme conséquence inévitable la brigue des suffrages; le temps n'est pas éloigné où Lucain pourra dire :

> Hinc rapti pretio fasces, sectorque favoris
> Ipse sui populus; letalisque ambitus urbi
> Annua venali referens certamina campo.
>
> (Pharsale, livre 1.)

Le mal prit bientôt de telles proportions qu'en moins d'un siècle dix lois furent successivement rendues contre la brigue des suffrages. Ce sont les lois Protelia, Æmilia, Maria, Fabia, Calpurnia, Tullia, Aufidia, Licinia, Pomsæia, Julia, rapportées tout au long, par Rosinus *Antiq. Rom. L.* 8, c. 19. Dans cet assaut donné aux vieilles institutions César a sa place. C'est lui qui le premier se démit du consulat en faveur de Q. Fabius et de C. Trebonius, donnant ainsi le premier exemple d'une démission en faveur : double infraction, nous dit Dion Cassius dans son histoire romaine *Dion Cassius. Éd. Sturzius. livre* 43, n° 46, aux vieilles institutions ; car il devait conserver le consulat pendant toute la durée de l'année ; et il ne devait pas donner l'exemple d'une présentation contraire aux lois. Mais César était alors au comble de la fortune et c'était le moment où le Sénat remettait entre ses mains la nomination des magistrats dont l'élection appartenait aux comices par tribus. Le consul Fabius Maximus étant mort la veille de l'expiration de son consulat, César nomma Caninius Rebilius consul pour le seul jour qui restait *Plutarque, vie de César, Chap. 43.*

Auguste suivit l'exemple donné par César dans son second consulat, il se démit en faveur d'un autre consul. *Suétone, vie d'Octave, chap. 26.* Diverses charges nouvelles sont créées par lui, dont Suétone nous donne le détail : *Suétone, vie d'Octave, Chap. 37,* ce sont les inspecteurs des travaux publics, des chemins, des aqueducs, du lit du Tibre ; le Préfet de la Ville ; le Préfet du Prétoire, d'abord simple commandant de la garde prétorienne, mais qui, avec l'accroissement de ses attributions, va devenir en réalité le premier ministre des Empereurs ; le préfet de l'annone, chargé de la surveillance des distributions de blé au peuple ; le préfet des Vigiles. Ainsi commence à se former autour des Empereurs cette administration dont le réseau va bientôt étreindre l'empire tout entier. Toutefois, malgré la concession faite à César, le peuple n'en conserve pas moins encore le droit de nommer aux fonctions publiques ; Auguste proscrit la brigue et la frappe de peines. *Suét. vie d'Octave, Chap. 40.*

Bien que le prince décidât des élections les plus importantes, il y en avait d'autres néanmoins pour lesquelles on consultait le vœu des tribus. Ce vestige des libertés premières ne tarde pas à disparaître; avec Tibère la révolution est complète : alors pour la première fois les comices passèrent du Champ de Mars au Sénat *Tacite, Annales, livre 1, chap.* 15. « Tum primùm e campo comitia ad pa- » tres translata sunt ; » « le peuple dépouillé de son » droit ne marqua son mécontentement que par de » vains murmures; le sénat, dispensé d'acheter ou » de mendier bassement les voix, se réjouit de cette » innovation, Tibère se bornant d'ailleurs à recom- » mander quatre candidats qui devaient être élus » sans opposition comme sans brigue. » Ainsi en fait, c'est désormais l'empereur qui nomme aux fonctions publiques au moyen de cette présentation que le Sénat est tenu d'accepter. En même temps se trouve modifié le mode d'installation dans les charges : à l'élection primitive se trouve substituée la « designatio » faite par le Sénat, (*Tacite, Annales, livre* 1, *chap.* 15) désignation que vient consacrer l'institution faite par le prince. « Diploma, » c'est le nom que Sénèque et Suétone donnent à ces sortes de lettres de provision. A la suite d'une représenta- tion dans laquelle des enfants avaient dansé la pyrrhique, Néron leur offre les « diplômes » de ci- toyens romains. *Suét. Néron, chap. XII.* Dans la suite le nom de *Codicilli imperiales* est plus spé- cialement donné à ces lettres de provision. (*Cod. Tit. Ut omnes judices, loi* 1 *P.* — *Cod. De Dignit. loi* 12. — *Cod. de Præf. Præt. loi* 1). A partir de cette époque aussi s'établit l'usage du « suffragium »: c'était une somme d'argent que payait le candidat

pour se faire pourvoir de la charge ; le prix de la faveur. Cette faveur il fallait la quêter à tous les degrés, à tous les rangs : aussi voyons-nous les « suffrages » payés non-seulement au prince, mais encore aux courtisans, aux gouverneurs de provinces (*Nov.* 161, *chap.* 2). Cet usage devint ainsi pour les empereurs une source abondante de revenus : « Suffragia imperialibus referebantur ra-
» tionibus et magnum reddebant pecuniarum nu-
» merum. » D'ailleurs il ne faudrait point voir dans le « suffragium » un prix de vente : il n'y avait point là une vente consentie par l'empereur ; point de contrat, et par conséquent, point de prix ; rien enfin qui eût le caractère d'une aliénation par le prince ; rien qui rappelât la finance de nos anciens offices. Les charges n'en restaient pas moins à la disposition du prince, libre d'en faire la collation à qui bon lui semblait. Malversations de la part des fonctionnaires, pour rentrer dans les sommes qu'ils ont dépensées ; redoublement d'exactions de la part des gouverneurs de province : telles sont les conséquences du système. « Ruiner les provinces, et,
» juge vénal, écouter pour la forme les deux par-
» ties, quand on est gagné à l'une, n'est pas chose
» étrange, puisque vendre ce qu'on achète, c'est le
» droit des gens, *quando quæ emeris vendere,*
» *gentium jus est* » (*Sénèque*). *De Benef.* liv. 1. ch. 9).

Vespasien, nous dit Suétone, ne se fit aucun scrupule de vendre les honneurs aux canditats, et de se faire payer à lui-même le suffragium promis à ses courtisans (*Vespas. chap.* 16 et 23). Sous Hélio-gabale, le trafic est public, honneurs et dignités sont vendus tant par l'empereur que par les ministres de ses débauches. Les nominations aux places de sénateurs se font à prix d'argent (*Lamp. chap.* 6). Alexandre Sévère essaie de porter remède au mal : « Il faut nécessairement, disait-il, que celui qui » achète vende à son tour. Je ne puis supporter des » marchands de dignités : les supporter ce serait » m'ôter le droit de les condamner. » (*Sénèque. De benfi. livre* 1, *chap.* 9.) Désormais les fonctions de pontife, de quindécemvir et d'augure doivent être conférées par lettres patentes : « pontificatus, quin-» decemviratus et auguratus *codicillares* fecit. » (*Lampride, chap.* 48). Constantin poursuit de ses rigueurs ceux qui essaient d'obtenir à prix d'argent la délivrance des lettres de provision (*codicillos adi-pisci*). Celui qui sera convaincu d'avoir usé de ces moyens doit être rejeté dans les rangs de la plèbe. En outre une amende d'un taux fixe « certa mulcta » doit être imposée au coupable (*Cod. Théod. De Honorariis codicillis, loi* 2). Julien dans l'allocu-tion aux troupes qui viennent de le proclamer em-pereur à Lutèce, déclare avec fermeté que désor-mais « pour toute promotion dans l'ordre civil ou » militaire, le seul titre sera le mérite personnel : « neque alio quodam præter merita suffragante. » Devenu seul maître de l'Empire, après la mort de Constance, il persiste dans la même voie ; il refuse l'action en répétition pour les « suffrages » payés ; que si l'action en répétition a été antérieurement intentée et suivie d'effet, restitution doit être faite, avec condamnation à payer au fisc une somme égale : « Quia leges romanæ hujusmodi contractûs » penitus ignorant, omnem repetundi eorum quæ » prodigè nefarièque projecerint copiam prohibe- » mus. » (*Am. Marcel. livre 20. chap. 5. Cod, Théod. si certum ret. De suff. loi 1.*)

Théodose va même jusqu'à accorder au *suffraga-tor*, c'est-à-dire à celui auquel a été promis le suffra-gium, une action pour en exiger le payement, lorsque la place, objet du suffragium, a été obtenue, (*Cod. Just. de Suff livre 4, titre 5, loi 1*). Il faut toutefois distinguer le cas où il y a promesse verbale, stipu-lation : *sponsio*, et le cas où il y a promesse écrite : *commonitorium*; de la part du postulant. Dans le premier cas, le suffragator aura l'exercice de la con-dictio; « si certum petatur, » c'est-à-dire s'il réclame une chose ou une somme d'argent. S'il s'agit d'une chose mobilière, la propriété « dominium » se trouve transférée par la seule tradition faite de bonne foi, sans aucune écriture; ainsi doivent être entendus les mots du texte : « collatio rei mobilis inita integra fide. » (*Cujas. De suffragio. Com.*) s'il s'agit d'une chose immobilière, la seule tradition, qui serait suffi-sante pour le transport de propriété dans la vente, l'échange, ici n'est plus suffisante : il faut alors la réunion de trois conditions : 1° un écrit constatant la volonté de transmettre; 2° la tradition corporelle;

3º enfin un acte public, *gesta publica*, mentionnant l'accomplissement des formalités. A défaut d'une de ces conditions, la transmission de propriété ne s'effectue pas; c'était là une entrave salutaire mise aux aliénations à raison du « suffragium. » — Si le *suffragator*, non plus en vertu d'un engagement verbal, mais en vertu d'une simple promesse écrite : « dum solo commonitorio (de) suffragio nititur, « s'est mis de son autorité privée en possession de l'objet promis, il commet une violence, et tombe sous le coup de l'interdit « unde vi » s'il s'agit d'un immeuble. La victime de la violence est remise en possession de la chose, et le suffragator, auteur de la violence, est déchu du droit d'intenter son action (*Godefroy. Com. Cod. Théod. si cert. pet. loi* 2).

Zozime nous apprend que Théodose au début de son règne créa nombre de nouveaux offices qu'il vendit : « non à ceux qui avaient le plus de mérite, » mais à ceux qui avaient le plus d'argent. » Cependant par la suite, il exigea de tous les officiers à leur entrée en fonctions un serment dont nous avons la formule. (Cod. *Ad legem. Jul repet*, loi 6).
» Se pro administrationibus sortiendis, neque
» dedisse quidpiam, neque daturos postmodum
» fore, sive per se, sive per interpositam personam
» in fraudem legis sacramentique : aut venditionis,
» donationisve titulo, aut alio velamento cujus-
» cunque contractûs. » Une exception cependant est faite à l'égard des « *solatia* ». Bornons-nous pour le moment à en faire la remarque. Nous

verrons bientôt en étudiant spécialement les milices ce qu'il faut entendre par cette expression. —
C'est plus particulièrement aux gouverneurs de
provinces que s'adresse la constitution : importante
comme est cette fonction, elle doit être le prix non
de la brigue, mais d'une vie honorable et d'une probité éprouvée. S'il arrivait qu'il eût été donné ou
reçu quelque somme au mépris du serment, tout le
monde a le droit d'accuser le coupable : « crimen
publicum», et une amende est prononcée, quadruple
de la somme reçue. — A l'exemple de leur père
Honorius et Arcadius prohibent absolument les
suffrages, et prononcent contre le coupable la peine
de la déportation. (*Cod. Théod. Ad legem. Jul. de
ambitu*, loi 1).

En dépit de ces prohibitions le mal persiste et le
trafic continue, facilité encore par ce fait que l'empereur confère à certains officiers la nomination à
certaines charges. C'est ainsi que dès l'époque de
Valentinien le préfet du Prétoire a le droit de nomination aux fonctions de gouverneur de province
(*Cod. Ad leg. Jul. repet. loi* 6). Avec un contrôle
moins sévère, la corruption devient plus aisée, et
l'on voit la vénalité gagner ainsi toute l'administration. A Rome, lors de leur entrée en fonctions, les sénateurs sont tenus de payer une sorte
d'impôt sous le nom « d'*aurum oblatitium*. » Une
constitution de Zénon décide qu'à leur entrée en
fonctions les consuls devront payer cent livres d'or
pour la réparation des aqueducs. (*Cod. de Cons.*

loi 3). Dans les provinces les « *defensores civi-tatum* » pour se faire nommer prennent l'engage-ment de donner des jeux publics, et les décurions, ces membres des curies provinciales, versent une certaine somme au moment de leur entrée en fonc-tions. (Pline, liv. X, let. 113).

Comme ses prédécesseurs Justinien essaie de s'opposer aux progrès incessants de la vénalité. « Payer sa charge, dit-il, c'est acheter l'adminis-» tration. Or qu'arrive-t-il? On paie pour son en-» trée en fonction ; on paie pour les bénéfices qu'on » espère retirer de la charge : le plus souvent avec » des deniers d'emprunt. Il faut pourtant servir les » intérêts, et s'assurer un bénéfice pour l'avenir. » Aussi exige-t-on du contribuable le triple et » même le décuple de ce que l'on a déboursé soi-» même. » Il n'y a qu'un remède, c'est de frapper les suffrages de prohibition absolue; et Justinien proscrit dans les termes les plus formels la vénalité des offices de judicature. Comme Théodose il exige des nouveaux magistrats au moment de leur entrée en fonctions un serment, qui doit être prêté en présence de l'empereur, ou à son défaut en pré-sence du préfet du Prétoire, assisté des grands offi-ciers du Palais, le comte des largesses sacrées, le comte des largesses privées, le questeur du palais sacré, enfin du « *chartularius* » le grand archiviste du palais. (*Nov* 8. *P.* Chap. 1. Chap. 7). Toutes ces prescriptions eurent-elles quelque efficacité? Les édits des successeurs de Justinien contre la véna-

lité des charges ne peuvent guère laisser de doute
à cet égard.

Telle est brièvement résumée, l'histoire de la
vénalité des charges en droit romain. Toutefois au
moment même où les empereurs proscrivent le plus
sévèrement les suffrages, il est toute une catégorie
de fonctions qui échappent à ces rigueurs; dont les
attributions et les priviléges ne cessent de s'accroître; auxquelles les constitutions impériales accordent et confirment le double bénéfice de la vénalité et de l'hérédité. Ces fonctions, nous en connaissons le nom, ce sont les *milices* : elles constituent
dans la législation romaine un régime d'exception,
et pour bien mettre en relief ce caractère, il était
nécessaire d'entrer dans les détails que nous venons
de donner sur la vénalité des fonctions soumises au
droit commun.

CHAPITRE II

ORIGINE, FORMATION ET ORGANISATION DES MILICES

La *milice* peut être définie une fonction ou charge civile du palais, à laquelle sont attachés des appointements, une solde. A quelle époque apparaissent, dans l'organisation romaine, le nom de *militia*, ainsi que la fonction? C'est là une question à laquelle il nous est impossible de répondre, en l'absence d'un texte précis, à notre connaissance. Cette expression de *militia* semble s'être appliquée tout d'abord aux fonctions de greffiers du questeur : « adjutores quœstoris, » aux *silentiarii*, huissiers du palais, au *primipilus*, sorte de commissaire des vivres dans le palais des empereurs (Zonare. *Apost. Canon.* 82). Du temps des grands jurisconsultes, divers textes du Digeste montrent que les milices avaient déjà un caractère juridique et une sorte d'organisation, puisqu'elles peuvent être vendues et léguées. Il n'est pas douteux que les réformes de Constantin; que la création d'une noblesse nouvelle avec les titres de : *illustres, spectabiles, clarissimi, perfectissimi, egregii*; que l'institution de nombreuses charges subalternes du palais sous la dénomination de : *cubicularii, castrensiani, ministeriani,* n'aient eu une influence sur le développement et l'organisation des milices. C'est surtout à partir de cette époque que l'on opposa la *militia civilis* à la *militia armata.* Cette dénomi- nation ne fut pas réservée aux charges du palais de l'empereur, on l'étendit à certaines charges auprès des gouverneurs de province. Une constitution de Valentinien (*Cod. De Cohort. loi* 3) en confirmant aux *cohortales* de Syrie certains priviléges qui leur avaient été concédés par Dioclétien, donne à leurs charges la qualification de milices. Enfin cette désignation s'appliqua même aux charges des avocats : *advocati.*

Dans le dernier état du droit sous Justinien|, la *militia civilis,* comprend 1º la *militia togata* ou *forensis,* dans laquelle on rangeait les jurisconsultes et les avocats ; 2º la *militia palatina,* comprenant les divers offices de la maison de l'empereur ; 3º la *militia litterata (Cod. De Prox. sacr. scrin. loi* 8), dans laquelle on rangeait les membres des divers *scrinia,* secrétaires de l'empereur. C'est toute une administration : personnel nombreux, fonctions compliquées. Les textes du Code vont nous donner sur cette organisation, en général peu connue, des renseignements précieux.

SECTION PREMIÈRE

MILITIA LITTERATA

Personnel et fonctions des *scrinia*. — Mode d'a-vancement. — Du *magister officiorum*.

Le *scrinium* dans son sens propre est une boite ou cassette de forme circulaire et cylindrique où l'on serrait des livres, des papiers, des lettres (*Pline, H. N. XVI,* 84). Par extension, ce nom fut donné à la pièce même dans laquelle ces archives étaient conservées; et sous l'empire devint le nom de la corporation, *scola,* du service spécialement affecté à la garde de ces pièces.

La fondation des « *scrinia* » remonte à Auguste : à la suggestion de Mécène, il appela des chevaliers romains à ces nouvelles fonctions. (*Dion, livre* 52 *in f*). Elles ne tardent pas à prendre une grande extension : déjà sous Alexandre Sévère la distinc-tion des scrinia, en scrinia « ab epistolis, a libellis, a memoria » existe, et le princeps scriniorum est chargé de l'instruction des affaires déférées à l'Em-pereur. (*Lampride chap* 30 *et* 14) Sous Justinien l'institution a atteint son complet développement.

Les scrinia sont au nombre de quatre 1° scri-nium memoriæ; 2° scrinium ab epistolis; 3° scri-nium a libellis; 4° scrinium a dispositionibus. Les trois premiers avaient à leur tête un « *magister,* »

véritable chef de bureau. Immédiatement après lui
venait, comme second en dignité, un « *proximus,* »
Cujas fait remarquer à la préface du livre 12 titre 19
(*Code, De prox. sac. scrin*), que dans le *scrinium*
dispositionum, il n'y avait pas de *proximus.* Le
chef se nommait *comes dispositionum,* et s'il n'y
avait pas de *proximus,* c'est qu'il n'y avait pas de
magister. La loi 6, la loi 8 (*Cod. eo tit*) en faisant la
distinction entre les *proximi* et le *comes disposi-*
tionum ne laissent aucun doute à cet égard. Les
proximi et le *comes dispositionum* ont le même
rang, et à leur sortie de charge même dignité. —
Ensuite viennent par ordre hiérarchique : les *mello*
proximi (du grec μέλλω être sur le point de) ceux
qui doivent être *proximi* l'année suivante ; les
adjutores du *proximus,* les *laterculenses primates* :
qualification spéciale au *scrinium memoriæ;* le
laterculum était le registre des charges, le *later-*
culensis, l'employé chargé de tenir ce régistre ; en
dernière ligne viennent les *exceptores,* greffiers ;
les *antiquarii,* copistes, enfin les *adjutores quæs-*
toris. La questure était une haute charge du Palais ;
nous verrons que le questeur assistait le *magister*
officiorum dans ses fonctions de juge, qu'il avait la
garde du « *laterculum.* » Ce questeur n'avait pas
sous ses ordres d'employés spéciaux, c'étaient les
employés des *scrinia* qui l'aidaient dans son service
de la questure. Ainsi le même employé pouvait
être à la fois *adjutor quæstoris,* et « *memorialis* »
c'est-à-dire attaché au *scrinium memoriæ.*

Tous ces employés, ou pour se servir d'une expression plus exacte, tous ces officiers, étaient compris sous la dénomination générale de « *statuti* » gens en place. (*Cod. eod. tit. loi* 7. *loi* 10) par opposition aux « *supernumerarii* », surnuméraires, qui attendaient une vacance pour passer au rang de « *statutus.* » C'est à l'Empereur Claude que remonte suivant Suétone l'établissement des *supernumerarii:* « Instituit imaginariœ militiœ genus quod vocatur » supra numerum, quo absentes titulo tenûs funge-» rentur. » (Suét. chap. 25). D'après une loi de Léon reproduite au Code de Justinien, (*loi* 10. *Cod. eod. tit.*) le nombre des employés « *statuti* » est ainsi fixé : dans le *scrinium memoriœ*, 62; dans le *scrinium epistolarum*, 34; dans le *scrinium libellorum*, 34; les *antiquarii*, copistes, du *scrinium memoriœ* ne peuvent être moins de 4. Il est absolument interdit à tout officier de se faire attacher à deux *scrinia*, et de cumuler ainsi des bénéfices de deux charges.

Chacun de ces services avait ses fonctions et attributions distinctes. Les officiers des trois premiers *scrinia* sont spécialement chargés de rédiger la correspondance du prince, ainsi que les rescrits à adresser soit aux particuliers, soit aux gouverneurs de province. Ce sont ceux « quorum mentibus » ingeniisque principes committunt quidquid » sanctionum proferunt, (*Cod. Théod. livre* 6. *t.* 26. *loi* 2.) — *Ii qui peragendis signandisque responsis nostrœ mansuetudini obsecundant* (*Cod. Théod.*

De extraord. mun. loi 14). Les fonctions du *magister memoriæ* sont ainsi définies dans la *notitia dignitatum* : « Magister memoriæ adnotationes » omnes dictat et emittit et precibus respondet. » *Adnotationes*, ce sont les notes que le *magister* a prises sous la dictée du prince ; sur ces notes il dicte la réponse qu'il expédie. Les « laterculenses » employés du *scrinium memoriæ* tiennent le registre du *laterculum*, ainsi que nous l'avons vu. Le laterculum était double, le plus petit sous la garde du questeur (*Cod. De off. quæst. loi* 2) le plus grand sous la garde du « *primicerius notariorum.* » On désignait ces registres sous le nom de *Codices.* (*Cod. de agent in rebus, loi* 3 *inf.*) Le premier contenait le rôle des dignités subalternes, — le second, le rôle des dignités supérieures. — La *notitia dignitatum* nous fait également connaître les fonctions du *magister epistolarum.* « Legationes civitatum, consultationes, et » preces tractat. » *Consultationes*, ce sont les con·ltations ou rescrits adressés par le prince aux gouverneurs de provinces ou aux cités sur les appels qui lui sont déférés, et après connaissance de l'affaire prise par le Préfet du Prétoire dans le *Consistorium*, et par l'Empereur lui-même dans *l'Auditorium*. Ainsi le *magister epistolarum* reçoit les députations, il rédige les rescrits, et les réponses aux suppliques des cités, — Quant au *magister libellorum. (Not. Dign.)* « *Cognitiones et preces tractat.* » Le mot *libellus* désigne les placets remis au prince. Cet officier a pour fonction de prendre des notes sur l'instruction des affaires soumises à l'empereur ou au préfet du Prétoire (*cognitiones*), et de rédiger les réponses aux suppliques des simples particuliers. Les *scrinia ab epistolis et a libellis* avaient également dans leurs attributions de délivrer les lettres de provision : « *probatoriæ* » (*Cod. De Div. off. loi* 9 et 10) avant la délivrance desquelles nul ne pouvait entrer en fonctions. — Les membres du *scrinium a dispositionibus* ont des fonctions moins nettement définies. Ils avaient à tenir le recueil des mesures d'urgence prises journellement par le Prince : « *a quibus dispositionum » principis norma ac series servabatur* (*Cod. Theod. Livre* 6. *t.* 26, *loi* 9). Quant aux attributions du *comes dispositionum*, la *notitia dignitatum* est muette à ce sujet.

On peut se faire maintenant une idée des fonctions de ces divers services. Les trois premiers exigeaient de la part des officiers qui en étaient chargés, plutôt de l'intelligence et de l'instruction, le dernier plutôt de la régularité et de l'ordre. Cette différence ressort bien des termes de la loi 8 au Code. *De prox. sacr. scrin* : « Proximos sacrorum » scriniorum quos fides ac diuturnæ observationis » industria, *litterataque militia*, comitem quin » etiam dispositionum quem *probitas ac strenuitas* » merito commendant. » Les *magistri libellorum* étaient généralement des jurisconsultes, pour lesquels cette place était un acheminement vers la

Préfecture du Prétoire. C'est ainsi que Papinien fut magister libellorum avant de remplir cette haute fonction.

A la tête de tous les *scrinia* se trouve le « *magister officiorum.* » Il a sur les membres des *scrinia* comme sur les membres des diverses *scolæ*, que nous étudierons plus loin, un droit de juridiction exclusif, (Code de *Privil. scol.* loi 2.). C'est lui, nous dit Cassiodore (livre 6) qui est préposé comme juge à la discipline des mœurs du Palais, et dans ces fonctions, il est assisté du questeur. C'est lui qui introduit les sénateurs dans le consistorium : « glo- » riosus donator aulici consistorii, ut alter Lucifer, » et qui fixe le jour des audiences. C'est lui qui surveille le « cursus publicus, » véritable service de postes et de messageries, dont l'état avait le monopole. C'est lui qui choisit les surveillants (*curiosi*) du *cursus* parmi les *agentes in rebus.*. C'est lui qui a le commandement des troupes destinées à la garde du Palais (Zozime, Constantin). Le magister officiorum était donc une sorte de Maire du Palais des Empereurs du Bas-Empire.

Primitivement le droit de nommer aux milices appartenait au *magister officiorum* (*Loi 17 Cod. de re militari*). C'était là comme une sorte d'atteinte portée au suprême pouvoir des Empereurs. Aussi décident-ils promptement que la nomination aux *milices* ne pourra résulter que de lettres de provision, émanant de l'Empereur et signées de sa main : « *ex sacris probatoriis militiæ* sacramenta sortiri

» decernimus, non passim, nec licenter, sed ex
» authenticis tantum sacris probatoriis manu nostra subscriptis. » (Loi 9, Code *de divers. off.*) Aucun
officier ne pouvait entrer en charge tant que ces
lettres n'étaient pas expédiées : en même temps
que le *scrinium memoriæ* faisait l'expédition de
ces lettres, il devait en opérer la transcription sur
ses registres : « nemo sive divali probatoriâ, quam
» codices in sacro nostro scrinio memoriæ positi
» debeant inserendam accipere, militaribus hujus
» scholæ privilegiis potiatur. » (*Cod. De agent. in
rebus loi* 3).

Le passage du surnumérariat au rang de «statutus»
s'opérait au tour d'ancienneté, quand il se produi-
sait une vacance parmi les *statuti*. Toutefois le
mérite et le travail pouvaient faire passer avant
le tour d'ancienneté : mais il fallait alors pour
obtenir ce tour de faveur le témoignage de quinze
anciens et principaux employés (*quindecim primates*) du même *scrinium*, témoignage donné sous la
foi du serment. Une exception était faite pour
un seul des fils du *proximus* : à l'ancienneté,
quoique à inferiorité de mérite, le fils du *proximus*
était préféré. Le surnuméraire qui passait au rang
de *statutus*, payait au *proximus* 200 solides, au
mello proximus ou à *l'adjutor*, selon les habitudes
de chaque *scrinium*, 20 ou 15 solides. Différence profonde et caractéristique avec les autres charges :
tandis que Théodose proscrit formellement la vénalité des offices, pour les *milices* c'est lui-même qui

fixe le droit d'entrée. Ce droit se nommait : « *onus*
ou *introitus militiæ.* » Si le surnuméraire, que le
tour appelle, refuse la place vacante pour n'avoir
pas à payer le droit d'entrée, le second ou le troisième jusqu'au dernier peut exercer ce droit. Le
refus, fait une fois par le surnuméraire de se présenter, n'entraîne pas pour lui la déchéance du droit
de se présenter à l'avenir. Au cas d'une nouvelle
vacance, il aura, comme par le passé, la faculté de
payer le droit d'entrée et d'obtenir la place (*Cod.
De prox. sacr. scrin. loi* 7).

Le nouvel officier prenait alors dans le *scrinium*,
non le rang de celui qu'il remplaçait, mais le dernier rang parmi les *statuti.* Une sorte de numéro
d'ordre lui était donné sur les rôles de la compagnie ; c'était ce qu'on appelait la *matricule (Code.
De off. mag. off. loi* 1). Les éléments de l'avancement pour s'élever par les divers degrés de la hiérarchie jusqu'aux premières places du *scrinium*,
étaient d'une part le rang d'ancienneté, d'autre
part le mérite et le travail. Point de brigues, ni de
«suffrages», ils sont sévèrement bannis des *scrinia*.
La dignité du *proximat* s'obtient comme les autres
« *ordine ac merito* » (*Cod. De prox. sacr. scrin. loi* 6.)
Antérieurement à *Théodose* et *Honorius* le *proximus* restait deux ans en fonctions ; ces empereurs
en réduisent la durée à un an seulement.

SECTION II

PRIVILÉGES CONCÉDÉS AUX MEMBRES DES SCRINIA HÉRÉDITÉ. VÉNALITÉ

Les empereurs pour attirer les aspirants vers ces charges du Palais, et pour retenir les officiers dans ces places, leur concédèrent les privilèges les plus variés et les plus étendus, dont nous trouvons le détail dans de nombreuses lois du Code.

Du temps de Justinien, les *proximi* pendant la durée de leurs fonctions jouissent d'un triple privilége (*Cod. De prox. sacr. scrin.*, loi, 1.) 1° Ils ont la dignité de vicaires. Le vicaire, au bas Empire est le haut fonctionnaire qui administre le diocèse à la place du préfet; 2° Ils ont le pas sur les vicaires qui n'ont rempli qu'après eux leurs fonctions administratives; 3° Ils sont exempts de toute *descriptio*. Ce mot désigne les prestations que les juges imposaient aux contribuables (*Cod. De Dignit.*, loi 4.) Le temps de leur service expiré, les *proximi*, comme le *comes dispositionum*, ont le titre et la dignité de comtes du Consistoire (*comites consistorii. —* Code, loi 8, *De prox. sacr. scrin.*) Ces dignités et priviléges étaient communs au *magister scriniorum* (*Cod. De mag. scrin.*, loi unique).

Examinons maintenant les priviléges des miliciens : les simples membres des scrinia ont droit à l'entrée dans la chambre du conseil des juges *ordinaires (ordinarii)*; ils ont, en outre, le droit de siéger à leurs côtés. Ces juges ordinaires sont les *rectores*, les *præsides*, par opposition aux juges *spectabiles*, désignation qui s'appliquait aux proconsuls, et aux vicaires (*Cod. De prox. sacr. scrin.*, loi 2). Le mot *spectabiles* a été ajouté par Tribonien à la loi du Code Théodosien. C'est une erreur, semble-t-il, car la loi 5, même titre, prouve que tous les miliciens n'avaient pas le droit de siéger à côté des juges *spectabiles*, mais que cet honneur était réservé aux officiers ayant rang d'*exceptores* jusqu'aux *melloproximi*. Aux termes de la même loi, les miliciens de cette catégorie avaient le titre de « clarissimi », c'est-à-dire de personnages consulaires, pendant la durée de leurs fonctions, à la différence des simples miliciens qui ne jouissaient de ce titre qu'au bout de vingt ans, à leur sortie de service. (*Cod. eod. tit.*, loi 3.)

Sous notre vieille monarchie, la pesanteur des impôts résultait principalement du nombre énorme des exemptions. Il en fut de même au Bas empire ; au nombre des plus favorisés furent les membres des *scrinia*. Les empereurs leur accordèrent de nombreuses immunités : exemption des charges sordides (*munera sordida*); exemption de l'impôt sur les marchandises (*venalitium*); — exemption du « *superindictum* », taxe supplémentaire, sorte de centimes additionnels ajoutés à la cote ordinaire de l'impôt foncier, ou « indictio ». Les membres des *scrinia* étaient soumis au payement de « l'indictio » comme les autres citoyens, — exemption de l'obligation de fournir un cavalier, ou un fantassin; exemption de l'impôt du recrutement : *nullam temonum patiatur injuriam.* (*Cod. eod tit. loi* 4) Nous savons qu'au bas empire le cor· 'buable devait fournir un homme d'armes ou la valeur représentative de cette prestation : c'était *l'aurum tyronicum.* Les *temones* étaient les collecteurs de *l'aurum tyronicum.* — En outre les membres des *scrinia* ainsi que leurs fils étaient exempts des charges si lourdes de la curie municipale (*Cod. De priv. cor. loi* 2) A l'inverse les *curiales* ne pouvaient acquérir une milice, qui les eut exemptés de leur charges (*Cod. qui milit. possunt loi* 4). Tous les priviléges que nous venons d'énumérer sont conservés aux membres des *scrinia,* quand même ils seraient élevés à de plus hautes fonctions.

L'officier parti en congé temporaire avant d'être touché par une citation en justice, jouit pendant la durée de son congé du bénéfice d'immunité. (*Cod. De prox. sacr. scria. loi* 9.)

Nous ne connaissons encore qu'une partie des priviléges concédés aux miliciens. Il nous reste à étudier les principaux. Les membres des *scrinia,* leurs parents (*parentes*), leurs femmes et leurs enfants, ne sont justiciables que du *magister officiorum,* pour les causes criminelles et pour les causes civiles dans lesquelles ils sont défendeurs, privilége qui est étendu à leurs colons, à leurs *adscriptii,* à leurs esclaves (*Cod. Eod. tit. loi* 12). Une exception doit néanmoins être faite à ce principe s'il s'agit de *l'annone*, de tutelles ou curatelles, ou de servitudes. En ce cas ce n'est plus le *magister officiorum* mais le Préfet de la ville qui doit connaître de cette sorte d'affaires (*Cod. de palat sacr largit. loi* 12,) avec le concours du préfet de *l'annone*, s'il s'agit de l'annone, (*Cod Théod. De cond. in pub. horreis loi* 1). avec le concours de *prætor tutelaris*, s'il s'agit de tutelle, *Cod. Quando mul. tut. off. loi* 2); avec le concours des *architecti* s'il s'agit de constructions ou de servitudes. Le plus souvent, la préfet de la ville se dessaisit de l'affaire pour la renvoyer devant ces juges spéciaux. *Cujas, Cod De prox. sacr. scrin. loi* 12. Comment.)

Si l'affaire est de la compétence du *magister officiorum*, l'employé du *scrinium* contre lequel l'action est intentée, doit être, selon les expressions de la loi 12 eod. tit., remis à la foi de *l'adjutor* du *proximus* alors en fonctions, ou à la foi de l'un des *statuti* : « fidei pro tempore adjutoris viri specta- « bilis proximi committendos. » Comment interpréter ces expressions : *fidei committendos ?* Signifient-elles que le membre de la milice devra fournir comme fidéjusseur *l'adjutor* du *proximus ?* Mais cette disposition ne constituerait pas à son avantage un privilége; elle le placerait même dans une situation moins favorable que tout autre plaideur, puisque avant Justinien, ce qui est notre cas, le défendeur *proprio nomine* à l'action personnelle n'était pas tenu de donner caution. En outre la suite de la loi nous montre que si c'est en province que l'affaire se poursuit, on se contente d'exiger de l'employé du *scrinium* la *caution juratoire*. C'est le privilége qu'avaient les *illustres* sous le coup d'une poursuite criminelle ou civile de n'être point tenus de fournir des fidéjusseurs. On se contentait d'exiger d'eux leur serment à titre de caution (Cod. *De Dignit.* loi 17). La seule interprétation possible des expressions *fidei committendos* nous semble donc être que l'*adjutor* devait prendre l'engagement d'honneur que l'employé du *scrinium* serait présent au procès. Que si, au mépris de cet engagement ou de son serment, le milicien faisait défaut, dans les causes purement civiles, le juge envoyait le demandeur en possession des biens du défaillant ; dans les causes criminelles, la peine du parjure était la perte *ipso facto* de la dignité ou de la fonction dont le milicien était investi, et cela, sans qu'il fût nécessaire d'en référer au prince *inconsulto principe* (Code *De Dignit.* loi 17. Pr.)

De même que le préfet de la ville renvoie souvent les parties devant le préfet de l'annone ou devant quelque autre juge, de même aussi parfois le *magister officiorum* renvoie devant un arbitre qu'il délègue à cet effet. La loi 12 Cod. *De prox. sacr. scri.* nous donne le détail des frais de procédure, *sportulæ* : tant à l'arbitre pour ses honoraires, tant aux huissiers, *executores*, tant aux greffiers pour la rédaction des actes. Nous renvoyons à la loi pour le détail de ces sommes.

Il nous reste à étudier les deux priviléges les plus importants concédés aux membres des *scrinia*, c'est-à-dire la vénalité et l'hérédité des milices.

I. L'hérédité, c'était le droit pour l'officier de transmettre la milice après sa mort, et par là il faut entendre, non pas le titre qui était personnel au titulaire, mais le droit aux profits attachés à la fonction. Lorsque l'officier mourait dans l'exercice de ses fonctions, la milice constituait dans sa succession un bien d'une nature spéciale, et donnait ouverture à un droit de succession *sui generis*. En effet ce n'était pas à titre d'héritiers, mais à titre d'enfants que les descendants de l'officier recueillaient la milice. « Secundum jussionem nostram » hoc habeant, non tanquàm paternam hœre- » ditatem, si in aliis inops sit, sed tanquàm im- » perialem beneficentiam, ut et substantiam relin- » quentibus, et non habentibus, merito solatium » præbeamus » (*Nov.* 53, *Cap.* 5, § 1). Il y avait donc là en réalité moins un droit de succession qu'un privilége au profit des descendants. Par conséquent l'un d'eux pouvait même sans accepter la succession demander les lettres de provision et se faire nommer à la place vacante. Qu'il se portàt ou non comme héritier, le descendaut devait alors, conformément aux règles que nous avons exposées plus haut, payer son droit d'entrée au *proximus* et au *mello proximus*. Ce droit se nommait *onus* ou

introitus militiæ. (*Cod. De prox. sacr. scrin. loi* 7,
Nov. 35).

Si aucun des héritiers ne se présentait, et que ce
fût un étranger, par exemple un des surnuméraires
qui fût appelé à remplir la place vacante, il devait
payer la somme fixée par la constitution de Théodose et de Valentinieh (*Cod. De prox. loi* 7), soit
aux héritiers et successeurs du défunt, soit aux
enfants, soit aux créanciers pour fonds de charge :
ces derniers avaient un privilége sur tous les autres,
même au cas où il n'y aurait pas eu adition de
l'hérédité; et quant aux enfants, s'ils recueillaient
cette somme, ce n'était pas, ainsi que nous l'avons
vu, par droit d'hérédité, mais à titre de privilége.
(*Cod. De prox. sacr. scrin. loi* 11). Une action leur
est même concédée à cet effet. « Sibi petere ac vin-
» dicare permittantur. » Cette somme ainsi payée
aux héritiers ou aux ayants cause du défunt prenait
plus spécialement le nom de *casus militiæ.* (*Nov.* 53
Cap. 5). Une erreur assez longtemps répandue fut
de croire qu'il existait une classe spéciale de milices,
dites *militiæ ex casu,* ainsi que semblerait le faire
croire le titre du Chap. 5 de la Nov. 53. (Lælius
Taurellus. *De Militiis ex casu*). Cujas a démontré,
et la suite de cette étude prouvera qu'il n'en est
rien. Pour le moment contentons-nous d'invoquer
la première phrase du § 1er (*Nov.* 97, Cap. 5).
« Sancimus *ea quæ appellantur ex casu* non omni-
» bus prompte subjacere. » Puis la loi détermine
dans quel ordre devra se faire la distribution du

prix de l'office entre les créanciers et les enfants. Aucun doute ne saurait donc subsister sur la nature et la signification du *casus militiæ*.

Reste maintenant la question de savoir si l'*introitus militiæ*, droit d'entrée payé au *proximus*, et le *casus militiæ*, valeur de l'office payée aux héritiers, sont dus cumulativement par le nouveau titulaire. La question se présente, non pas pour l'héritier qui obtient les lettres de provision — celui-là ne doit que le droit d'entrée — mais pour le nouveau titulaire étranger. La raison de douter, c'est qu'on pourrait induire de certaines expressions de la loi 11 au Code *De prox. sacr. scrin.* : « *pro solatio, vel suffragio proximi* » que le payement de la valeur de l'office fait aux héritiers tient lieu du payement du droit d'entrée au *proximus*. Mais à cet argument on peut opposer les dernières expressions de la même loi 11 : elle dispose que le *proximus*, qui meurt avant d'avoir achevé son année de *proximat*, n'en transmet pas moins à ses héritiers le droit aux *solatia*, pour le reste de l'année à courir, et cela sans aucune réduction. Ces *solatia* auxquels il a droit pour le reste de l'année à courir, ne peuvent signifier autre chose que le droit d'entrée. C'est ce qu'atteste de la façon la plus formelle la loi 4 du Code *De domest.* Qu'en conclure, sinon que dans cette hypothèse spéciale les héritiers ont droit à la fois au *casus* comme héritiers du *proximus*, et au droit d'entrée comme ses représentants, pendant toute la durée de l'année? Mais ce qui doit dissiper tout doute à cet égard, c'esr la loi 102 § 2 au Dig. au titre *de Legatis.* 3° Voici l'hypothèse supposée : un legs a été fait à *Sempronius,* dans ces termes : « Sempronio alumno meo illud et illud, et cum per » ætatem licebit militiam illam cum introitu com- » parari volo : huic quoque omnia integra. » La milice a été achetée : la question qui se présente est de savoir si *Sempronius* pourra réclamer aux héri- tiers non-seulement le prix de la milice, mais encore ce qui doit être payé à raison du droit d'en- trée : « *An pretium militiæ, sed et id quod pro in-* » *troitu erogari solet,* ab heredibus consequi pos- » sit. » Ce texte établit d'une façon formelle que les deux sommes doivent être payées cumulativement.

Le droit d'entrée et le *casus militiæ* sont parfois réunis sous une domination commune. Ainsi on les appelle tantôt *suffragium,* parce qu'ils sont nécessaires, selon la remarque de Loyseau (*off. livre* 2. *Cap.* 8. n° 36), pour obtenir le suffrage soit de la compagnie, soit des héritiers ; tantôt *solatium* parce que le *casus* sert à consoler les héritiers de la mort du défunt, tantôt enfin « *scolæ placitum* » (*loi ult. Cod. de Pignor*).

II. La vénalité des milices, c'était le droit pour le titulaire d'attacher un prix à la présentation d'un nouveau titulaire. D'ailleurs ce privilége ne fut pas étendu à toutes les milices, et à maintes reprises, les textes font la distinction entre les milices véna- les, et celles qui ne le sont pas. *Eam tamen (militiam)* « *quæ vendi* vel ad heredes sub certa definitione

» transmitti potest » (*Cod de pig. et hyp. loi* 27).
Certæ consistunt militiæ, quæcumque vendi aut obligari possunt (Nov. 53. Cap. 5). — *Si de numero earum sit, quæ vendi possunt* (Nov. 136. Cap. 2).

Le principe posé, la conséquence qui en découle, c'est qu'il n'y aura de vénales que les charges dont la vénalité résulte d'une disposition expresse des constitutions impériales. S'il en était autrement les empereurs n'auraient pas pris le soin de spécifier les charges pouvant faire l'objet d'une vente.

Les constitutions impériales fixaient le nombre des adjoints au questeur du Palais à douze dans le *scrinium memoriæ*, à sept dans les deux autres *scrinia*, c'est-à-dire dans le *scrinium ab epistolis*, et dans le *scrinium a libellis*. La constitution de Justinien (*Cod. De prox. sac. scrin. loi* 13), nous apprend qu'il s'était introduit dans l'observation de ces réglements un relâchement nécessitant une réforme. Justinien pose donc en principe qu'il faut revenir au nombre fixé par les constitutions précédentes, non pas en excluant des *adjutores*, ceux qui excèdent le nombre réglementaire, mais en refusant toute nouvelle concession de ce titre jusqu'à ce que, par suite des décès ou des retraites, l'on soit retombé au nombre réglementaire. Toutefois *l'adjutor* élevé au rang de *laterculensis* dans le *scrinium memoriæ*, ou au rang de *proximus* dans les deux autres *scrinia*, aura le droit à sa sortie de charge, encore bien que le nombre réglementaire, n'ait pas été atteint, de présenter à son choix un successeur qui prendra la dernière place parmi les *adjutores*. — La suite de cette constitution nous donne des détails intéressants sur le mode de présentation. Au moment de la présentation, le titulaire sortant doit présenter au questeur un écrit sur lequel celui-ci doit apposer sa signature, et mentionner la date, le nom du nouvel officier, et l'objet de l'acte, c'est-à-dire la permission octroyée de servir (*mereri*) au nombre des *adjutores*. N'est-ce pas là comme la première trace du traité, que sous le régime actuel des offices, le titulaire sortant doit soumettre à l'approbation de la Chambre de discipline? Ajoutons pour terminer que c'est la date de cet écrit qui fixe le rang des *adjutores* entr'eux, sans qu'il y ait à se préoccuper de leur inscription matricule à titre de simples employés (*memoriales*). La loi ne dit pas, mais nous savons que la date de cet écrit sera rendue certaine par l'inscription sur les registres du *scrinium*.

La loi que nous venons d'examiner constitue en réalité au profit de l'ancien *adjutor*, passé au rang de *laterculensis* et de *proximus* un droit de présentation. Une seconde disposition de la même constitution établissait au profit des *adjutores* un second privilége, ils avaient le droit de présenter un successeur lorsque par suite de vieillesse, de maladie, ou de quelque autre nécessité, ils se trouvaient dans l'impossibilité de remplir leurs fonctions. De là un abus, et la prétention élevée par les membres des autres *scrinia* d'appliquer ce système de vente à la transmission de leur milice (*Cod. De prox. sacr. scrin. loi* 15), en sorte que le nombre des *adjutores* ne peut diminuer. Justinien décide donc que seule la première partie de la constitution restera en vigueur : que par conséquent, pour avoir le droit de présenter un successeur, il faudra être élevé à la dignité de *laterculensis* dans le *scrinium memoriæ*, ou au second rang, (celui de *proximus*) dans les deux autres *scrinia*. Quant à la seconde partie de la constitution, elle cesse absolument d'être en vigueur, et l'on pourra ainsi revenir à l'ancien nombre réglementaire des *adjutores*.

La novelle 35 apporte une modification à ces règles. Elle porte à 26 le nombre des *adjutores quæstoris*. Elle leur accorde à tous, ainsi qu'aux *proximi* des *scrinia*, le droit de présenter un successeur, et de vendre leur milice : *Habeant igitur jus vendendi militiam suam*. Il est impossible d'autoriser en termes plus nets et plus formels la vente des milices. Sont encore vénales les charges des *silentiarii* (*loi* 30 § 2, *in f. Cod. de inoff. test.* — *nov.* 53, *cap.* IV, *in fine*), et les charges des *domestici* (*loi* 6, § 3, *Code de advoc. divers. jud.* 2). Notons pour terminer que le successeur ainsi présenté devait être apte à remplir les fonctions : *idoneus*; et qu'en outre c'était le questeur lui-même qui devait le choisir : *electione quæstoris militet*.

Nous n'avons examiné jusqu'à présent que l'organisation des *scrinia* composant la *militia litterata*, il nous reste à étudier la *militia Palatina*,

SECTION III

MILITIA PALATINA ET SCOLÆ.

La *militia palatina* comprenait les offices de la maison de l'empereur. Ces fonctions comprises également sous la domination de *scrinia* étaient fort nombreuses; nous en trouvons le détail au titre de Palat. sacr. larg. Code, loi 7.

C'étaient les *scrinia privatarum largitionum* — *scrinia exceptorum*, ou greffiers — *scrinia numerariorum*, caissiers — *scrinia tabellariorum*, employés tenant les registres des sommes payées ou reçues — *scrinia canonum*, employés tenant les registres des sommes que les provinces devaient payer au trésor. — *scrinia mittendariorum*, envoyés dans les provinces, sorte de *missi dominici*. — *Scrinia aureæ massæ*, cette expression désignait l'or envoyé en lingot. A ce service étaient attachés des *aurifices specierum*, *aurifies solidorum*, des *sculptores Scrinia auri ad responsum*. C'étaient les dépenses nécessitées par l'envoi des instructions impériales *perveredos*, chevaux de poste du *cursus publicus*, —*scrinia a miliarensibus* (nov. 105 cap. 2, § 3 . Le *miliaresium* était une monnaie spéciale valant le dixième de l'or; elle servait à payer les soldats. De là l'établissement d'un *scrinium* destiné à tenir les comptes de ces payements, — *scrinia sacri vestiarii* — *scrinia ab argento*. C'était l'argent en lingot ou la vaisselle d'argent du prince — *scrinia a pecuniis*. C'était l'argent monnayé. Les employés de ces *scrinia* se nommaient selon leur grade : *primicerii, ducenarii, centenarii, epistolares*. Il y avait en outre diverses catégories dites *primæ, secundæ, tertiæ formæ*.

Il est probable, bien que les textes soient peu explicites à cet égard que les conditions d'avancement dans la *militia palatina* étaient les mêmes que dans la *militia litterata*. Ce qui le prouve, c'est ce passage de la loi 5, Code, au titre de *off. Mag. officiorum* : « Si quis locus in quacumque scola vaca- » verit, ille subrogetur quem nostra pietas per » sacrum rescriptum vacantem subire locum prœce- » perit. » Ce qui le prouve encore c'est que la durée des fonctions de *primicerius*, comme celle des fonctions de *proximus*, est réduite par une constitution d'Honorius et de Théodose de deux ans à un an seulement (*Code. De Palat. sacr. largit. loi* 11).

Comme les officiers de la *militia litterata*, les *palatini*, ainsi que leurs enfants et petits-enfants ont le privilége d'être exempts de toutes charges sordides et personnelles, privilége qui est étendu à tous leurs biens meubles et à leurs esclaves urbains (*Cod. De privilegiis eorum qui, loi* 1). Comme les mémoriales, ils sont exempts des charges municipales ; exempts de l'impôt du recrutement sous ses formes diverses, — (*turmarii*, recruteurs de la cavalerie, *temonarii*, recruteurs de l'infanterie) — et de la présentation d'un homme d'armes; exemption en un mot des charges censuelles, personnelles et corporelles, (*Cod. eod. tit. loi* 2). Les *palatini* ne sont soumis qu'au payement de l'impôt foncier. (*Cod. De Palat. loi* 1). Constantin accorde aux *palatini* le droit de conserver à titre de *pécule castrens*, qu'ils soient ou non en charge, les économies qu'ils ont pu faire, ou les donations qu'ils ont pu recevoir de l'empereur. (*Cod. De Castrens. omn. Palat. pec. loi unique*). Ces priviléges sont étendus à la *scola* des *agentes in rebus*. En même temps, défense est faite à quiconque a atteint dans un *scrinium* le rang de *primicerius* ou de *princeps*, de chercher à passer dans un autre *scrinium*. (*Cod. De Palat. loi* 5).

Les *palatini* ne sont soumis à la juridiction du préfet de la ville que pour les questions de constructions de *servitudes* ou *d'annone*. Mais pour toute autre cause pécuniaire et criminelle, ils ne sont justiciables que des *comites*. Dans les provinces, ils sont justiciables des *rectores* s'ils ne sont pas investis de quelque fonction publique, en outre, s'il s'agit d'une poursuite criminelle, la sentence ne peut être rendue contre eux qu'avec l'autorisation du chef *comes*, sous lequel ils servent (*Cod. eod. tit. loi* 12.) A leur sortie de charges le « primecerius to- » tius officii, » et les « tres primates scrinorium re- » rum privatarum et sacrarum largitionum» avaient le rang de tribuns militaires. (*Cod. eod. tit. loi* 14)

Reste la question de savoir si le bénéfice de l'hérédité, et celui de la vénalité furent concédés aux titulaires de ces milices. Nous savons que c'est là un régime tout-à-fait exceptionnel, un privilége faisant toujours dans les constitutions impériales l'objet d'une concession spéciale, nous savons enfin que si les milices des quatre « scrinia memoriæ, » dispositionum, epistolarum et libellorum » étaient héréditaires, toutes n'étaient pas vénales, et que ce privilége fut réservé à un très-petit nombre de ces charges. Ce sont bien là les caractères d'un régime d'exception. Pour étendre ces priviléges aux membres de la *militia palatina*, il faudrait une disposition expresse, des textes spéciaux. Nous avons vu tous les priviléges concédés aux *palatini*; en ce qui concerne l'hérédité et la venalité, il n'est pas à notre connaissance que les textes en parlent. Qu'en conclure sinon que ces priviléges n'ont pas été étendus aux *palatini*? Et la raison sans doute, c'est que dans la hiérarchie du Palais, les *palatini* tenaient un rang moins élevé que les membres de la *militia litterata*, confidents pour ainsi dire de la pensée de l'empereur, qu'ils étaient appelés à rendre et à exprimer.

Ce tableau serait incomplet si l'on passait sous silence les autres services que l'on retrouve dans l'organisation du Palais. Nous allons le compléter en quelques mots. Tous ces autres services sont compris sous le nom générique de *scolæ* : les employés sont les *scolares*. Placés sous la surveillance du *magister officiorum*, ils sont divisés en onze *scolæ* : la première, la seconde et la troisième des *scutarii*;

— les *agentes in rebus*, avec des fonctions d'inspection et de surveillance. Parmi eux se trouvaient les *curiosi* chargés de surveiller le *cursus publicus*. »
— Les « armaturarum seniores; armaturarum ju» niores; —gentilium seniores; gentilium juniores; » — scutarii sagittarii ; scutarii clibanarii ou cata» phracti, » c'est-à-dire absolument couverts d'armes ; la onzième était celle des *fabricenses*. (*Not. dignit.* — *Cod. de loc. loi ult.*) Il faut encore ajouter la *scola* des *silentiarii* ou gardiens du palais.

Comme les autres miliciens, les *scolares* sont soumis à la juridiction du *magister officiorum* sauf les exceptions énumérées plus haut; lorsqu'ils sont sous le coup d'une action civile ou d'une poursuite criminelle ils ne sont pas tenus de fournir des fidéjussurs étrangers; ils ont le droit d'officier comme fidéjussur, le comptable *numerarius* de la *scola* ; avec cette observation toutefois, que dans les causes criminelles, ils doivent en outre présenter comme fidéjusseurs cinq membres (*primates*) de la corporation tous consentants : *volentes et non recusantes*; s'ils refusent, alors seulement le *scolaris* devra fournir des fidéjusseurs étrangers. (*Cod, De privil. scol. loi 3. Pr.*)

En congé dans les provinces, ils sont pendant cinq mois à l'abri de toute action civile (à l'exception des actions criminelles et en recouvrement d'impôt). Au cas où ces cinq mois écoulés, ils seraient appelés en justice, ils ne sont pas tenus de fournir des fidéjusseurs, ils ne sont tenus que de la question juratoire. (*Loi 3, § 3, Cod. de priv. scol.*)

L'*Agens in rebus* qui mourait avec le titre de *du-cenarius*, transmettait à ses héritiers le droit aux salaires et aux *solatia* pour tout le reste de l'année. Aussi sa place restait-elle vacante pendant tout ce temps. (Cod. *De agent. in rebus, loi 3.*)

DEUXIÈME PARTIE

DES MILICES AU POINT DE VUE DU DROIT CIVIL

CHAPITRE PREMIER

DES MILICES DANS LE PATRIMOINE DE L'OFFICIER

Les milices qui réunissaient le double caractère de la vénalité et de l'hérédité, constituaient dans le patrimoine du titulaire un véritable bien, mais un bien d'une nature spéciale, et dont la transmission restait toujours soumise au contrôle de l'Empereur. Celui-ci, en effet, n'aliénait pas la milice, il n'en conférait que la jouissance au titulaire. Celui-ci ne pouvait donc la transmettre directement, et pour que la transmission fût parfaite, il fallait l'assentiment de l'Empereur.

Susceptibles d'hypothèque, ainsi que nous allons le voir, susceptibles d'êtres transmises à titre gratuit et à titre onéreux, entre vifs et par succession, les milices sont un bien, qui, à un certain point de vue, est dans le commerce. Ce qui est dans le commerce, en effet, ce n'est pas le titre, dont l'Empereur se réserve l'absolue disposition, mais seulement le droit pour le titulaire de se substituer un successeur, qui devra s'assurer l'agrément de l'Empereur : en un mot, ce qui est dans le commerce, c'est le droit de tirer un avantage pécuniaire de la faculté de présentation. Le droit du titulaire est donc loin d'être absolu. Ce n'est pas là certainement le droit de propriété, tel que ce droit était eutendu dans la rigueur des principes, c'est-à-dire absolu dans son étendue et dans sa durée. Même sous Justinien, les idées du droit romain sur la propriété ne permettent pas, selon nous, de donner ce nom au droit titulaire sur la milice. Nous croyons que dans la pensée des jurisconsultes romains la nature de droit n'a jamais été nettement définie, et la preuve de cette assertion, selon nous, c'est le silence presque absolu des textes au sujet des relations juridiques auxquelles peut donner naissance la transmission ou l'exercice de ce droit. Les milices doivent être rangées dans la classe des choses incorporelles ; mais le droit qui y est attaché est un droit d'une nature tout exceptionnelle, et le seul moyen de le définir, c'est de l'étudier dans les diverses relations juridiques dont il est susceptible.

SECTION I

DROIT DES CRÉANCIERS DU TITULAIRE SUR LA MILICE

On sait toutes les tempêtes que souleva à Rome l'éternelle question du capital et de l'intérêt. Faut-il voir dans cette antique préoccupation, la raison des dispositions spéciales à notre matière? Toujours est-il que sur ce point, et presque sur ce point seulement, des textes nombreux et précis réglementent les rapports des titulaires des milices avec leurs créanciers.

Dans le principe, — c'est Justinien qui nous l'apprend (nov. 53. Cap. V. P.)—les milices n'étaient pas susceptibles d'hypothèque : les créanciers du titulaire n'avaient donc contre lui que leur titre seulement, titre nu et sans garantie. Dans l'intérêt de leurs droits, on décida par la suite, non sans quelque hésitation, que les milices pourraient être hypothéquées. L'application des principes généraux doit d'ailleurs amener à décider que les milices vénales sont seules susceptibles d'hypothèque. D'abord, concession bénévole de la part de l'Empereur, au moment où la charge était conférée, cette hypothèque fut bientôt consacrée par la loi.

Au temps de Justinien, nous trouvons à l'égard des milices, deux hypothèques privilégiées : celle

du fisc, et celle des bailleurs de fonds. L'hypothèque du fisc pour le recouvrement de l'impôt est
la première de toutes. Le fisc est payé sur les biens
du débiteur par préférence à tous autres créanciers.
(*Loi* 1, *Cod.*, *liv.* 4 *tit* 46.)

A l'égard du prêteur de deniers et notamment du
prêteur de deniers pour le payement du prix d'un
immeuble, le droit commun était qu'il n'avait
d'hypothèque privilégiée qu'autant que cette hypothèque avait été spécialement stipulée dans le contrat d'emprunt. « Eum cujus pecuniâ prædium
» comparatum probatur; *quod ei pignori esse spe-*
» *cialiter obligatum convenit*, omnibus anteferri
» juris auctoritate declaratur. (*Loi* 7, *Cod. livre* 8,
titre 18), (*Loi* 17, *Code livre* 8. *t.* 14). Ces règles
furent étendues, nous venons de le voir aux milices,
et par application du droit commun, la stipulation
d'une hypothèque privilégiée au profit des bailleurs
de fonds devint de style dans les contrats. La Novelle 97 (Chap. IV) sur laquelle nous reviendrons
par la suite, prouve que la redaction d'un écrit
instrumentum, était nécessaire pour la conservation du privilége.

On alla plus loin, et une double faveur fut encore
accordée aux bailleurs de fonds. La première est
celle-ci. On n'exige même pas la preuve du versement des deniers, si le bailleur de fonds est en
compte courant avec un banquier. Voici l'espèce
que nous donne la loi 27 code, livre 8, titre 14, Si
un banquier achète pour ses enfants ou ses parents

une de ces milices qui sont vénales et transmissibles par succession, la présomption est que l'acquisition a été faite avec l'argent des créanciers; et ceux-ci auront le bénéfice d'une hypothèque privilégiée, sans avoir de preuve à faire, à moins toutefois que la preuve contraire ne soit faite contre eux. Cette présomption d'ailleurs ne s'appliquerait plus, si l'acquisition était faite pour le compte d'un étranger : en ce cas c'était au créancier à prouver que l'acquisition avait été faite de ses deniers. Il y avait là une présomption défavorable aux banquiers : Sur leur demande et par réciprocité, il fut décidé que le banquier qui aurait prêté des fonds aurait lui aussi un privilége sur le prix de la milice : « Habeant et ipsi hoc privilegii ut si quis » militet, aut ejus filii, ipsius quidem militia om- » nibus modis obnoxia teneatur, si de numero » earum sit quæ vendi solent » (*Novelle* 136, *Cap.* 2).

La seconde faveur est celle-ci. Les créanciers du titulaire ne pouvaient pas le forcer à vendre la milice dont il était pourvu. Une exception à ce principe est faite en faveur des bailleurs de fonds. Justinien décide que les bailleurs de fonds pourront contraindre à vendre la milice : 1° En prouvant qu'ils ont fourni les fonds, au cas d'une acquisition faite pour un étranger, c'est-à-dire une personne autre que le banquier ou ses fils; 2° s'il n'y a pas d'autre moyen de les satisfaire, « Ut liceat credito- » ribus, adhuc viventium debitorum jure hypothe-

» cæ vindicare militias, nisi sibi satisfiat » (*Loi* 27
Cod. livre 8, *titre* 15).

Cette double faveur était refusée aux créanciers
ordinaires : il leur fallait attendre la mort du titulaire; alors la milice se trouvait dans la succession,
et l'on procédait à la distribution du prix de la
façon suivante. En première ligne venaient les bailleurs de fonds, préférés non-seulement aux créanciers ordinaires, mais même, par une exception
remarquable à la femme. Celle-ci est préférée aux
créanciers qui ont aidé à la conservation des biens,
mais elle est primée par les bailleurs de fonds pour
l'acquisition de la milice : « Sancimus huic solo
» casui cedere mulierem. » D'ailleurs, pour que le
privilége puisse s'exercer, il faut deux conditions :
1º que la cause du prêt soit expressément indiquée
dans l'acte, « expressim hoc ipsum scribatur in
» instrumento; » 2º qu'il soit stipulé, que, le cas
échéant, la préférence est assurée au prêteur de
deniers : « In hoc fiat pactum, ut casu proveniente,
» prior sit solus qui ad hoc credidit. » Des précautions sont prises contre la fraude : ainsi l'attestation de témoins serait insuffisante; pour la conservation du privilége il faut un écrit, portant la
signature des témoins : « neque facile credendum
» neque per testes, sed negotio ex scripto gesto,
» et testium habente subscriptiones. » (*Nov.* 97,
Cap. 3 *et* 4).

A défaut de bailleurs de fonds, le prix était attribué à la veuve et aux enfants. En dernière ligne

venaient les créanciers ordinaires, entre lesquels la distribution était faite au marc le franc (*Nov.* 53, *Cap.* 5).

Une dernière hypothèse reste à examiner. Le prêteur de deniers peut être désintéressé par un tiers. Dans ce cas, la subrogation était-elle possible au profit de ce tiers, et à quelles conditions? Que la subrogation fût possible, c'est ce qui résulte des textes que nous allons examiner; mais en ce qui concerne les conditions auxquelles est soumise la subrogation, la question est plus délicate. Pour soutenir que la subrogation dans le bénéfice de l'hypothèque attachée à la créance du prêteur, ne peut avoir lieu que si la cession en a été faite en termes exprès, on invoque deux lois, qu'il nous est nécessaire de citer. La première loi 11 Code, livre 8, titre 41 est ainsi conçue : « Potuisti sane cùm fisco » solveres, desiderare ut jus pignoris quod fiscus » habuit in te transferretur, et si hoc ita factum » est, cessis actionibus uti poteris. » La seconde loi, loi 1, Code, livre 8, titre 19 n'est pas moins formelle ; elle s'exprime ainsi : « non omnino succe- » dunt in locum hypothecarii creditoris hi quorum » pecunia ad creditorem transit : hoc enim tunc ob- » servatur : cùm is qui pecuniam postea dat, sub hoc » pacto credat ut idem pignus ei obligetur, et in » locum ejus succedat. » Ces deux textes semblent bien établir de la façon la plus formelle que la su-brogation ne peut résulter que d'une convention expresse. On l'a contesté néanmoins, et l'on a soutenu que la subrogation, pour avoir lieu, n'avait pas besoin d'être expresse, et pouvait s'opérer de plein droit. A l'appui de cette opinion on invoque la loi 2 Dig. livre 42, t. 3, et au Code les lois 2, 3, 4, livre 8, t. 19. La loi 2 au Code s'exprime ainsi : « Cum pro » patre tuo in cujus potestate non eras, pecuniam » fisco intuleris et *jure* privilegio ejus successisti, et » ejus locum cui pecuniam numerasti consecutus » es. Nec hi creditores patris tui....., pignora tua te » ignorante distrahendo juri tuo aliquid derogave- » runt. » La loi 4 est ainsi conçue : « Si prior res- » publica contraxit, eique fundus est obligatus, *tibi* » *secundo creditori* offerenti pecuniam potestas est » ut succedas etiam in jus reipublicæ. » On conclut du silence de ces lois sur les conditions de la subro- gation, que la subrogation peut s'opérer de plein droit.

L'explication de cette contradiction apparente est, selon nous, dans une distinction faite par Cujas dans son commentaire (liv. 8, t. 19). Il faut distin- guer en effet entre le cas où celui qui désintéresse un créancier, est créancier lui-même et créancier postérieur — en ce cas la subrogation dans le bé- néfice de l'hypothèque s'opère de plein droit à son profit (lois 1, 5, 8, 10. Code liv. 8, t. 18) — et le cas où le créancier hypothécaire, dans notre espèce, le prêteur de deniers, est désintéressé par un tiers qui n'est pas créancier. Dans ce cas, il n'y a subroga- tion dans le bénéfice de l'hypothèque au profit du tiers que s'il y a cession et transport exprès de l'hypothèque, soit en vertu d'une sentence du juge, soit du consentement du créancier désintéressé. C'est là l'hypothèse que vise la loi 1, Code livre 8 t. 19, et dont elle règle les conditions. Placée immédiatement après elle, la loi 2 suppose évidemment réalisées les conditions posées par la loi précécente, et l'expression *jure*, loin de signifier de « plein droit, » doit s'interpréter en ce sens que la cession et le transport du gage ont été opérés par la sentence du juge ou par le consentement du créancier. Au cas où l'on n'accepterait pas cette explication, et où l'on soutiendrait que le mot *jure* signifie de plein droit, on peut encore dans notre système invoquer les mots *pignora tua*, qui semblent établir que le tiers qui désintéresse est lui-même un créancier postérieur. Par conséquent la subrogation de plein droit dans ce cas est possible. Il en est de même de la loi 4 dont les expressions prouvent qu'il s'agit encore d'un créancier postérieur qui désintéresse un créancier antérieur en usant du *jus offerendæ pecuniæ*. Au cas où le payement est fait, non pas au créancier lui-même, mais par l'intermédiaire du débiteur, il n'y a pas de doute que la subrogation en la place du créancier ancien ne puisse s'opérer au profit de celui qui a payé. Mais dans ce cas encore, il faut une stipulation expresse. C'est ce qu'établit d'une façon formelle la loi 12 § 8, Dig. livre 20, t. 5. Enfin, d'après une opinion qui a pour elle l'autorité de Cujas, par une sorte de tolérance, *benigne*, la subrogation à défaut de stipulation serait encore

possible, si l'on pouvait constater que l'argent était
parvenu au créancier privilégié, même par les mains
dn débiteur, pourvu cependant qu'il ne se fût écoulé
qu'un léger intervalle de temps (Loi 24. § 3 Dig. 42, 5).
Cette opinion émise par Ulpien d'une façon timide
et comme si elle lui était purement personnelle, ne
nous semble pas devoir être admise en face des
textes concluants cités précédemment.

SECTION II

TRANSMISSION DES MILICES A TITRE ONÉREUX

Nous avons vu que certaines milices étaient susceptibles d'être vendues. Les officiers qui jouissaient
de ce privilége étaient les *proximi*, l'*adjutor* élevé
au rang de *laterculensis*, les *silentiarii*, les *domestici*,
et enfin conformément à la novelle 35 les vingt-
six *adjutores quæstoris*. — Au moment d'aborder
cette matière, une véritable difficulté se présente ;
c'est le silence absolu des textes sur cette question
de la vénalité des milices. Comment se fait-il que
sur une question de cette importance, aucune disposition législative ne soit intervenue ? Ce silence
prouve d'abord la rareté des transactions, d'autre
part il est probable que les Empereurs virent toujours dans la vénalité des milices, bien moins la

matière de transactions privées qu'une concession purement bénévole de leur part, et comme telle toujours soumise à leur bon plaisir. Ainsi s'expliquerait le silence de la loi. En tout cas notre tâche à nous est de rechercher comment les principes généraux du droit peuvent se concilier avec les règles exceptionnelles de notre matière.

Les expressions employées par les textes, nous autorisent à dire que le contrat qui intervenait entre le titulaire de la milice, et le successeur qu'il présentait, constituait une vente avec les trois éléments essentiels du contrat de vente : *consensus, res, pretium*. Le consentement devait être exempt de vices. L'objet, c'était le droit de présenter à son tour un successeur et le droit aux appointements de la milice. Le prix ne devait pas dépasser certain taux : les novelles des Empereurs et notamment la Nov. 35 la fixent à 100 solides.

Quant à la réalisation complète du contrat, il est clair qu'elle ne résulte pas du simple consentement des parties, et qu'elle est subordonnée à l'agrément du successeur par l'Empereur. La vente de la milice ne peut donc être autre chose qu'une vente conditionnelle, avec les obligations respectives qu'elle comporte.

I. *Obligations du cédant.* — Elles consistaient pour lui, 1º dans la tradition, c'est-à-dire dans la démission et la présentation d'un successeur; 2º dans la garantie. — La démission était suivie de l'expédition des lettres de provision délivrées par les *scrinia*. Au cas où, par suite de deux ventes successives de la milice faites par le titulaire à deux cessionnaires, ces deux candidats se seraient trouvés en présence, la préférence était, non pas pour le premier cessionnaire dans l'ordre des dates, mais pour le premier mis en possession.

La garantie de droit, c'est-à-dire la garantie de l'existence de la milice au moment de la vente devait exister. Quant à la garantie pour cause d'éviction provenant du fait du vendeur, elle se comprend peu et ne semble guère possible en notre matière, du moment que c'était de l'Empereur lui-même qu'émanait la concession de la milice.

II. *Obligations du cessionnaire*. — La première obligation du cessionnaire consiste dans le paiement du prix. La tradition et le paiement du prix, c'étaient là, nous le savons, les conditions nécessaires pour la perfection de la vente, lorsqu'un terme n'était pas accordé pour le paiement. La vente de la milice était non pas à terme, mais conditionnelle. Par conséquent la vente n'était pas parfaite tant que le prix n'était pas payé.

D'autre part la réalisation de la vente étant subordonnée à l'évènement de la condition, c'est-à-dire à l'expédition des lettres de provision, c'est vraisemblablement à cette époque seulement que le prix devait être payé.

A défaut de payement du prix, quelle était la situation du vendeur ? Il ne saurait en notre matière être question du droit de rétention consacré

par les textes du Digeste (Loi 13 § 8 Dig. livre 19,
tit. 1) au profit du vendeur : la démission, l'expédition des lettres de provision ont épuisé le droit de
ce dernier. Aura-t-il au moins un privilège —
hypothèque privilégiée ou privilège personnel, —
sur le prix de revente de la milice ?

Voici sur ce point la doctrine du Président
Favre (Code, livre 3, tit. 7, note 2) : « Venditor
» quamdiu pretium solutum non est, retinere rem
» venditam necdum traditam, quasi jure pignoris
» potest, etiamsi de pignore nihil convenerit ; sed
» post traditionem factam, tametsi pretium solu-
» tum non sit, nec avocare possessionem potest,
» nec in eam ipsam rem exercere quasi servianam,
» non magis quâm in ceteras res emptoris, quum
» ex hâc causâ *tacitum pignus nullum contrahatur.*
» Cui consequens erit, ut in eâ quoque re quæ
» vendita, est potior causa sit anteriorum credito-
» rum hypothecariorum quam venditoris, qui non
» nisi *personalem* ad pretium actionem habet, qui-
» que imputare sibi debet, cur, cùm rem traderet,
» secutus fidem emptoris fuerit, nec expressâ
» pignoris conventione sibi meliùs caverit. » Ainsi
dans cette opinion le vendeur n'a pas de privilége,
il n'a qu'une action personnelle pour le paiement
du prix.

Cependant Loyseau soutient (*off.* livre 3 chap. 8,
nᵒˢ 15, 16, 46, 67) qu'en droit romain le vendeur de
la milice avait un privilége personnel, et à l'appui
de son opinion, il invoque la loi 34 Dig. *De reb.*

auct. jud., ainsi que les nov. 53, 97 et 136. Cette opinion a en outre été adoptée par Grenier (Hypothèques, tome 2, n° 383).

Ecartons d'abord l'argument qu'on prétend tirer des novelles, nous en avons donné précédemment l'analyse et l'explication ; toutes ont trait aux bailleurs de fonds pour l'achat des milices. C'est à eux qu'elles confèrent un privilége. Mais à l'égard du vendeur, elles sont absolument muettes. En conclure que le privilége doit être étendu au vendeur, c'est faire violence à la fois au texte, et à la logique; Au texte, car le privilége est de droit étroit et ne peut-être étendu au-delà des termes de la loi; à la logique, car l'analogie que l'on cherche à établir entre les deux intéressés n'existe pas, et l'on comprend que dans un empire tout militaire comme l'était l'empire romain un privilége fût assuré aux bailleurs de fonds pour l'achat de la milice.

Quant à la loi 34 Dig. *De. reb. auct. jud.* elle est ainsi conçue : « Quod quis navis fabricandæ, vel » emendæ, vel armandæ, vel instruendæ causa, vel » quoquo modo crediderit, vel *ob navem venditam* » petat, habet privilegium post fiscum. » En généralisant les expressions *ob navem venditam*, on est amené avec Loyseau à reconnaître l'existence d'un privilége au profit du vendeur. Mais faut-il admettre cette extension ? Favre (Cod. livre 8, tit. 8, Déf. 10, n° 2), et Bartole (L. *Procurator* § 18. *De trib. act.*) donnent de cette loi une explication qu'il nous est difficile d'admettre : la loi *quod quis*, d'après

— 65 —

eux, ne s'applique pas au vendeur, mais au créancier qui a fait des avances relatives au vaisseau saisi que l'on va vendre. Et la raison qu'ils en donnent, c'est qu'il est de l'intérêt public de favoriser ceux qui livrent leurs fonds au commerce de la navigation, tandis que le même motif n'existe pas à l'égard du vendeur qui se retire au contraire de ce commerce utile. Mais s'il en était ainsi, la loi 34 ne serait qu'une répétition inutile de la loi 26 au même titre d'après laquelle celui qui a prêté de l'argent « in » navem extruendam, vel instruendam, vel etiam » emendam » jouit d'un privilége. Nous n'admettons donc pas l'explication donnée par Favre et Bartole, et nous croyons que la loi 34 *quod quis*, s'applique bien au vendeur de navire et lui reconnaît un privilége. Mais, selon nous, il n'y a là au profit du vendeur qu'une disposition de faveur qui ne doit pas être généralisée. Telle est sur ce point l'opinion de Pothier (*Paud.* t. 3, p. 186, n° 33), et cette exception est facile à justifier. A Rome, en effet, il existait beaucoup d'exceptions en faveur de la navigation : *propter navigandi necessitudinem*, et nous voyons dans les règles d'Ulpien. (*Reg.* III, § 6) que la construction d'un navire valait à un latin, l'obtention du droit de cité. On comprend dès lors que sous l'empire d'une législation qui protégeait à un si haut degré la navigation, le vendeur d'un navire fut traité plus favorablement que les autres vendeurs.

Ces différents textes écartés, nous restons en pré-

sence d'une loi qui dément formellement l'opinion
de Loyseau. C'est la loi 5, § 18, Dig. *de tribut.
actione*. L'hypothèse posée par Ulpien est la suivante : Des marchandises ont été vendues, elles se
retrouvent en nature chez le débiteur; le vendeur
devra-t-il subir le concours des autres créanciers?
Il faut, dit Ulpien, faire une distinction : Si le vendeur a suivi là foi de l'acheteur, s'il lui a fait crédit,
il subira le concours, sinon il aura l'action en revendication : « Si quidem in creditum ei abii, tri-
» butio locum habebit, enimvero sinon abii, dicen-
» dum erit vindicare me posse. » Dans notre matière
la revendication ne se comprend pas, et n'est pas
possible postérieurement à l'expédition des lettres
de provision : par conséquent, le vendeur qui avait
livré la chose, c'est-à-dire la milice sans réserve, et
qui n'avait pas stipulé d'hypothèque à son profit,
n'avait pas de privilége, et se trouvait dans la situation d'un simple créancier ordinaire.

SECTION III

PACTES ACCESSOIRES AU CONTRAT. — |RÉSOLUTION RESCISION POUR CAUSE DE LÉSION

Nous avons vu que la vente de la milice subordonnée à l'agrément par l'empereur du successeur présenté, ne pouvait être pure et simple, et avait virtuellement le caractère d'une vente sous condition suspensive.

Il nous reste à examiner le cas où quelque modification au contrat résulte d'un pacte intervenu entre les parties. Les clauses de ce genre les plus fréquentes sont : l'*addictio in diem*, la *lex commissoria*, et le pacte de *retro vendendo*. Sur ces points encore le Code et les Novelles gardent un silence absolu, et notre seul guide en cette matière, ce sont les principes généraux du droit.

Pothier (Vente, Partie V. Chap. 2, sect. 4) définit l'*addictio in diem*. « C'était dit-il, une clause
» autrefois usitée chez les Romains dans les con-
» trats de vente, de stipuler que le contrat ne tien-
» drait pas si le vendeur, par la suite et dans l'es-
» pace d'un certain temps limité par le contrat,
» trouvait un autre acheteur qui lui fît une con-
» dition meilleure. » Ce contrat donnait à la vente

le caractère d'un contrat fait, pour employer des expressions usuelles en droit français, tantôt sous condition suspensive, tantôt sous condition résolutoire. « Quoties fundus in diem addicitur, utrum » pura emptio est sed sub conditione resolvitur, » an vero conditionalis sit magis emptio, quœstio- » nis est. Et mihi videtur veriùs interesse quid » actum sit. Nam si quidem hoc actum est ut me- » liore allatá conditione discedatur, erit pura emp- » tio quœ sub conditione resolvitur ; sin autem » hoc actum est ut perficiatur emptio nisi melior » conditio offeratur, erit emptio conditionalis » (Loi 2, Dig., *De in diem addict.*). La pensée du jurisconsulte se dégage bien clairement de ce texte : la question de savoir si le contrat est affecté d'une condition suspensive ou résolutoire dépend uniquement de la volonté des parties, et sur ce point leur liberté est complète.

En ce qui concerne les milices, il ne peut guère y avoir de doute sur le point de savoir si la convention affectée d'une condition suspensive était valable. Mais que décider, lorsque la cession était affectée d'une condition résolutoire, ou pour employer les expressions du droit romain, était « pura sed quœ sub conditione resolvitur ? » La condition resolutoire se comprend dans les contrats où par suite de l'événement de la condition les choses peuvent se trouver replacées dans leur état primitif. Mais il n'en est pas de même à l'égard des milices. En aliénant la milice, le titulaire a épuisé son

droit qui était la présentation d'un successeur. La
démission et la présentation ont comme conséquence l'expédition des lettres de provision au
profit du successeur. L'expédition de ces lettres
rendait la cession irrévocable, et ne pouvait être
affectée en aucune façon par la condition résolutoire, qui par conséquent était nulle et de nul effet.

Le pacte « de retro vendendo, » qui correspond à
notre vente à réméré ne semble pas absolument
inconciliable avec la vente de la milice, mais à une
double condition. 1° que l'acheteur à réméré présente à son tour comme successeur, le vendeur a
réméré, 2° Que cette obligation de se démettre
dans un certain délai ne soit pas inconciliable avec
le caractère et les fonctions de la milice.

La *lex commissoria*, convention par laquelle le
vendeur se réservait le droit en cas de non payement de reprendre la chose vendue, avait le caractère d'une condition résolutoire : « Si fundus
» commissoriâ lege venierit, magis est ut sub condi-
» tione resolvi emptio, quàm sub conditione con-
» trahi, videatur. (Loi 1 Dig. *De leg. commis.*)
Elle ne pouvait donc être valable dans le contrat
de cession d'une milice.

En ce qui concerne la rescision pour cause de
lésion, même silence du Code. Dioclétien et Maxi-
mien (Loi 2 Cod. *de rescind. vend.*) ont consacré au
profit du vendeur majeur un droit de rescision
pour lésion d'outre moitié. Mais ce bénéfice n'existe
qu'au profit du vendeur d'immeubles et ne peut par
conséquent être étendu aux milices.

SECTION II

DE LA MISE EN SOCIÉTÉ ET DE LA DONATION DES MILICES

Sur ces deux points le Code est muet.

En ce qui concerne la mise en société des milices, le droit de présentation étant, sous de certaines restrictions, dans le commerce, il semble bien qu'il pouvait faire l'objet d'un contrat de société, et le genre de société pour laquelle cette hypothèse semble le plus réalisable est la société *totorum bonorum*, celle dans laquelle, selon les expressions d'Ulpien : « Omnes res quæ coeuntium sunt, con- « tinuo communicantur. » (Loi 1, § 1, *Pro socio.*) Peut-être aussi les milices purent-elles faire l'objet d'un apport dans une *societas vectigalis*, c'est-à-dire dans une de ces sociétés formées pour la mise en ferme de l'impôt. Est-ce à ces cas que doit être restreinte la mise en société de la milice et des produits qu'elle donne, car pour le titre, il est bien évident qu'il reste propre à l'officier, et ne saurait faire l'objet de l'association; ou bien doit-elle être étendue aux autres espèces de sociétés? En l'absence de textes, et sur une question aussi délicate, nous

nous abstenons de pousser plus loin une conjecture, déjà peut-être hasardée.

Donation entre vifs. — D'après le droit commun, la donation pouvait être faite *pure aut sub condi-tione,* avec certaines charges : *sub modo,* pourvu que ces conditions et ces charges fussent imposées au moment de la donation : « Perfecta donatio con-» ditiones post non capit. » (Loi 4, Cod. *De donat. quæ sub. modo*) Ces conditions, sauf la condition résolutoire, s'appliquaient à la donation des mi-lices. De même les causes ordinaires de révocation, l'ingratitude du donataire, la survenance d'un en-fant au donateur, quand la libéralité avait été faite par un patron à son affranchi s'appliquaient à la donation des milices, et faisaient perdre au dona-taire le bénéfice de la transmission. D'ailleurs, à raison de la nature spéciale des milices, le titulaire ne pouvait se trouver dépouillé du titre qu'il tenait non du titulaire primitif, mais du collateur ; et la révocation de la donation à son égard, doit s'en-tendre en ce sens qu'il devait payer au donateur le prix de la charge.

Donation à cause de mort. —Ce genre spécial de donation, *quæ propter mortis fit suspicionem* (§ 1 Inst. de Donat.), était subordonné au décès du testateur ; elle pouvait, en droit commun, être affectée d'une condition suspensive ou résolutoire — Dans notre matière, l'emploi de la condition suspensive était possible, il n'en était pas de même de la condition résolutoire. Aux raisons que nous avons données plus haut, il faut en ajouter une, spéciale à la matière des donations. Les donations à cause de mort étaient révocables à la volonté du donateur ; or la nature des milices s'opposait à ce qu'après la collation du titre, le nouvel officier pût être dépouillé par la volonté de l'ancien titulaire.

CHAPITRE II

DES MILICES DANS LA SUCCESSION DU TITULAIRE

Les milices sont comprises dans la succession testamentaire et dans la succession *ab intestat* du titulaire.

SECTION PREMIÈRE

DU LEGS DES MILICES

Le legs de la milice pouvait avoir pour objet dans la pensée du testateur, non pas la fonction même, mais une certaine quantité, par exemple, les appointements attachés à la milice : « cui tessera vel militia legatur, æstimatio videtur legata. » (Loi 49 § 1, Dig., *De leg.* 2º.) Ainsi s'explique le legs de la milice fait à un esclave. Dans ce cas le legs subsiste malgré la perte de la milice.

Une milice a été léguée à l'esclave d'autrui. Le maître de l'esclave peut-il réclamer le bénéfice du legs? Il faut faire une distinction. Ou bien, le testateur a connu la condition de l'esclave, et alors l'estimation de la charge est due. Ou bien, au contraire, le testateur a ignoré la condition de l'esclave, et alors la délivrance doit-être refusée, car si le testateur n'avait pas été dans l'erreur, il n'aurait pas fait le legs. (Loi 11 § 16, Dig. *De legatis*, 3°).

Le défunt a voulu que Stichus fût affranchi par par ses héritiers, et qu'il lui fût fourni des aliments et des vêtements par Seius s'il restait avec lui. Puis il a ajouté : « Je te prie Seius, lorsque tu seras parvenu à l'âge de 25 ans, d'acheter une milice à Stichus, à moins toutefois qu'il ne t'ait quitté auparavant. » On se demande si les héritiers de Seius doivent acheter la milice, et s'il le doivent, à quel moment? Immédiatement, ou seulement à l'époque où Seius aurait eu 25 ans, s'il avait vécu? — La réponse est qu'ils doivent acheter la milice, mais pas avant cette dernière époque. (Loi 18 § 2, Dig., *De alim. vel cibariis*).

La disposition comprenait tous les frais rendus nécessaires pour obtenir l'investiture du titre, et notamment ceux désignés sous le nom « d'onera et » in troitus militiæ. » Testator liberto militiam his » verbis legavit : Seio liberto meo militiam do lego » illam : quæsitum est an onera omnia et introitus » militiæ ab herede sint danda. — Respondit » danda. » (Loi 102 § 3, Dig. *de leg*, 3°.)

SECTION II

DU RAPPORT DES MILICES A LA SUCCESSION DU DONATEUR

Nous avons vu que l'hérédité des milices constituait dans la succession du titulaire, moins un droit de succession, qu'un privilége au profit des descendants. Malgré ce caractère exceptionnel le rapport de la milice était du à la succession du donateur.

Nous savons que les principes et la portée de la *collatio* se sont modifiés avec le développement de la législation romaine. Dans le principe la *collatio bonorum* était due par le fils émancipé à ses frères restés en puissance : elle portait sur tous les biens acquis à un titre quelconque. Au bas Empire la *collatio bonorum* a presque entièrement disparu par suite du développement des pécules, pour laisser la place à la *collatio dotis*. D'abord restreinte à la dot fournie par l'ascendant, celle-ci s'étend par la suite à toute donation faite à des enfants par l'ascendant. Dès lors le but de la collation est de maintenir l'égalité entre les héritiers. Il s'en suit que quand un père s'était démis de sa charge en faveur d'un de ses enfants; quand il lui achetait une milice, ou quand il lui fournissait les fonds pour en acheter une, le rapport était dû aux cohéritiers.

En ce qui concerne le rapport Justinien fit une innovation. Antérieurement, au cas de succession *ab intestat* le rapport était toujours dû. Mais au cas de succession testamentaire, le rapport n'était du que si le testateur avait exprimé formellement sur ce point sa volonté. Justinien supprime cette distinction et décide que dans tous les cas le rapport sera du, à moins que la volonté contraire du testateur ne résulte d'une disposition expresse de sa part : « Sancimus, sive quispiam intestatus moria- » tur, sive testatus, omnino esse collationes, nisi » expressim designaverit ipse se velle non fieri col- » lationem » (*Nov.* 18. cap. 6)

Le rapport de la milice était donc dû dans tous les cas à la succession du donateur, sauf expression de volonté contraire, et l'imputation devait se faire sur la légitime : « Imputari filiis in legitimam » portionem et illa volumus quæ occasione » militiæ ex pecuniis mortui acquisita posse eos » lucrari manifestum est (Loi 30, § 2, Cod., de *Inoff.* » *test*). Une exception à cette règle existe au profit des « *silentiarii*. » Ils ne sont pas tenus de faire à la succession de leur père le rapport de la milice : ils la conservent « *jure castrensis peculii* » (Loi 5 Cod. *De silentiariis*).

Quel était l'objet du rapport ? La milice elle-même ou la valeur de la milice ? L'objet du rapport était la valeur de la milice. Les lettres de provision expédiées, le titulaire ne pouvait plus être dépouillé de son titre que par la volonté de l'Empereur, et, dans certains cas, sur les poursuites des bailleurs de fonds.

A quelle époque fallait-il se placer pour l'évaluation de la milice ? Au jour de la donation, ou au moment du décès ? Les textes ne laissent aucun doute à cet égard. Une première loi s'exprime ainsi : » Ut tanta pecunia in legitimam portionem com- » putetur, quantam dari constitutum est, si in eo » gradu mortuus esset is, qui militiam ex pecuniis » testatoris adeptus est. » (Loi 30, § 2 Cod. De *Inoff. test*) La seconde loi est tout aussi formelle : « (Con- » ferenda esse ea) quæ occasione militiæ ex defuncti » pecuniis acquisitæ lucratur is qui militiam » meruit : ut lucrum quod *tempore mortis defuncti* » ad eum pervenire poterat, ab intestato conferatur (Loi 20 P. Cod. *De Coll.*) Ainsi c'est à la mort du testateur qu'il faut se placer pour faire l'évaluation de la milice. Le rapport n'était pas dû si la milice avait péri par cas fortuit, par exemple par le fait du prince (Loi 2 § 2 Dig. *De Coll.*).

CHAPITRE III

Nous avons vu que la démission et la présentation du successeur étaient, de la part de l'officier démissionnaire les conditions de la transmission. Mais pour que la transmission fût parfaite, et le droit du cessionnaire définitif, il fallait la délivrance par le prince des lettres de provision, appelées *probatoriæ*. La délivrance de ces lettres était, nous l'avons vu, une des principales fonctions des *scrinia a libellis* et *ab epistolis*.

Les Empereurs ont toujours hautement maintenu sur la transmission des milices leur droit de contrôle, de surveillance et de souveraineté. D'eux seuls émanait la collation du titre. La démission ne donnait au cessionnaire qu'un droit à la milice : *jus ad militiam*. Le droit en la milice *jus in militiâ*, résultait de l'*investiture* conférée par l'Empereur.

Dans son pouvoir de contrôle sur la transmission l'Empereur puisait le droit d'accepter ou de refuser à son gré, le candidat qui leur était présenté. Il pouvait, la nomination une fois faite, destituer le titulaire pour cause d'indignité. Il pouvait enfin supprimer les milices ou en créer de nouvelles.

SECTION PREMIERE

FORMES DE LA COLLATION

Le taux des résignations était fixé par les constitutions impériales. D'après la nov. 85 les charges d'adjoints au questeur ne devaient pas être vendues plus de 100 solides. La même novelle nous apprend que le choix du successeur devait être approuvé par le questeur lui-même : *electione quæstoris militet.* Ici se présente une difficulté. Comment entendre ces expressions de la loi ? Signifient-elles que le choix du successeur appartenait exclusivement au chef de la compagnie, ou bien ne veulent-elles pas dire plutôt que ce choix, avant d'être soumis à l'agrément de l'Empereur, devait être préalablement approuvé par le chef de la compagnie ? Cette dernière explication nous semble seule acceptable. La constante préoccupation manifestée par les Empereurs de retenir entre leurs mains l'apparence encore plus peut-être que la réalité du pouvoir, leur susceptibilité jalouse à l'égard de tout ce qui était attribut du pouvoir, rendent peu vraisemblable l'abandon par eux d'un semblable droit entre les mains d'un subordonné. En résumé, de même que de nos jours, la Chambre de discipline de la compagnie soumet le candidat à un examen, de même en droit romain, le candidat à une milice ne pouvait se présenter à l'agrément de l'empereur qu'avec l'approbation du chef de la compagnie à laquelle il allait être attaché.

Les textes sont muets sur la question de savoir si l'Empereur avait le droit de refuser les candidats qui lui étaient présentés. La raison en est probablement dans le peu d'importance des milices, et le petit nombre des milices vénales. Il n'est pas douteux pour nous que l'Empereur n'eût un droit de refus absolu. Malgré la concession faite par l'Empereur, le régime était celui du bon plaisir. Toutefois, à côté du droit, il y avait une question d'équité. Le titulaire d'une milice vénale était dans la situation d'un acheteur qui a acquis avec l'intention de revendre. Refuser le candidat, c'était sinon empêcher, du moins retarder l'exercice de ce droit. Il est donc probable qu'en général l'Empereur agréait le candidat *idoneus*, et que pour un refus il fallait des motifs sérieux.

Une autre question se présente, relative à la déchéance de la faculté de disposer. L'Empereur pouvait-il priver de son titre l'officier qui s'en était rendu indigne ? Sans remonter jusqu'aux temps de la république, Suétone nous apprend qu'Alexandre Sévère marqua son avènement à l'Empire par de nombreuses épurations dans l'ordre de la magistrature. Le langage ordinaire avait consacré l'expression : *successorem alicui dare*, destituer. Diverses lois au Code (Loi 1. *De his qui in exilium* — Loi 3.

Ex quibus causis infamia) établissent qu'un officier pouvait être suspendu de ses fonctions pour un certain temps. Pendant ce temps l'officier était privé des prérogatives de son titre. Il est probable que cette pratique était applicable aux milices. — Dans un cas spécial, l'officier perdait de plein droit la jouissance de son titre, c'était, quand il restait cinq ans sans exercer ses fonctions : « quinquen- » nium si fuerit divagatus, ipso jam cingulo spo- » liandus est (Loi 3 Code *de domest. et protect.* — lois **2** et **3**, Code. *de Commeat.*).

Il n'est pas douteux pour nous que l'Empereur n'eût également le droit de destituer les titulaires des milices. En vain objecterait-on que les titulaires, ayant payé une certaine somme pour obtenir leurs charges, qui dès lors étaient entrées dans leur patrimoine, les en priver c'était les dépouiller de leur patrimoine. La législation actuelle, n'a pas tenu compte de ces raisons, il ne pouvait en être autrement en droit romain. C'est qu'en effet l'intérêt privé doit céder devant une considération d'ordre général : peu importe donc que les milices soient vénales ou non, les textes ne font à cet égard aucune distinction.

Par suite de cette destitution les droits des créanciers de l'officier, et principalement ceux des prêteurs de deniers se trouvaient compromis. Peut-être alors appliquait-on une méthode analogue à celle qui est en usage sous le régime de la législation actuelle. Peut-être mettait-on l'officier en demeure de résigner ses fonctions dans un certain délai. Peut-être aussi imposait-on au « supernumerarius » qu'on lui donnait comme successeur, l'obligation de verser une certaine somme entre les mains des intéressés.

Deux lois de Justinien, dont nous avons fait connaître plus haut les dispositions (loi 13, 15 Code de *prox. scrin.*) donnent l'exemple de suppression de milices. Ici se présente la question de savoir si dans ce cas un indemnité était allouée à l'officier qui se trouvait ainsi privé de sa charge. Les deux textes que nous venons de citer sont absolument muets sur la question d'indemnité. On peut en conclure qu'elle n'était pas due. D'autre part si l'équité voulait que l'officier fût indemnisé, légalement le droit à une indemnité n'existait pas. L'Empereur n'avait rien reçu lors de la collation; c'était de sa part, pure munificence, il n'avait donc rien à rendre lors de la suppression.

Si les suppressions de milices durent être assez rares, en revanche les créations durent être assez fréquentes. Ces créations n'avaient pas pour les anciens titulaires les conséquences qu'elles ont actuellement pour les officiers ministériels. Les milices romaines n'étaient pas des offices à clientèle; les officiers étaient des employés salariés par le Prince; l'accroissement des milices ne les constituait donc pas en perte, et ne pouvait donc créer à leur profit un droit à une indemnité.

SECTION II

APPENDICE

L'étude qui précède prouve que les milices romaines n'avaient aucun rapport avec les offices ministériels actuels. Dans la société romaine en effet ces fonctions jouèrent toujours un rôle effacé. La raison en est facile à donner : c'étaient les magistrats qui étaient chargés de recevoir la volonté des parties et de leur donner le caractère d'authenticité (Serrigny. Droit public de Rome n° 198). Leurs fonctions mêmes, les dépôts publics ou greffes attachés à leurs prétoires étaient autant de garanties. Il est vrai qu'il existait chez les Romains des *tabellions* chargés de rédiger les testaments et les contrats des particuliers (Code. Theod. loi. 1. *Ad leg. Corn. de falso* — Loi 3 de *Decur.* — Code just, loi 2. *De Eunuchis.* — Loi 24, *De Test.*). Mais ces tabellions n'étaient pas comme nos notaires des officiers publics ; il ne donnaient aux actes qu'ils rédigeaient aucun caractère authentique. Une constitution de Constantin, en établissant que les actes rédigés par les tabellions ne font foi que jusqu'à preuve du contraire, montre quel était le caractère de la procédure romaine à cette époque : le tabellion pouvait être soumis à la torture à raison des actes qu'il avait rédigés. « Nec vero is qui ante » fuerit tabellio ad eludendam quæstionem super » his quæ ante scripserit, factus decurio defendi hâc » poterit dignitate : quoniam scripturæ veritas, » (si res poposcerit) per ipsum debet probari aucto- » rem (*Loi 21 Code. Ad legem. Corn. de falsis.*) On conçoit aussi que la garde des actes entre les mains des tabellions offrait moins de sûreté que dans les greffes des « judices » de province ou des magistrats municipaux. Authenticité des actes, sécurité des conservations : voilà donc les deux avantages que présentaient ces magistrats. C'est pour cela qu'ils reçoivent les donations et les testaments.

Au Code de Justinien un titre est consacré aux *scribæ* et aux *tabularii*, mais il nous donne peu de renseignements sur ces emplois. Il faut donc remonter aux origines de cette institution pour en saisir le caractère. D'après le *glossarium vetus*, l'expression de *tabularius* serait synonyme de celle de *tabellio* pour désigner un scribe public, *scriba publicus*. On trouve aussi dans les textes, l'expression de *notarius*; elle désigne comme l'étymologie l'indique des scribes, dont la fonction était de prendre des notes. D'après (la loi 6 § 2 Dig. De *bonorum possess*), ces notes n'étaient pas prises sous forme de lettres : c'étaient donc des signes, quelque chose d'analogue probablement à notre sténographie. Les *scribæ* répondraient, semble-t-il à nos greffiers actuels, les *tabularii* à nos notaires, avec les réstrictions que nous avons expliquées précédemment.

A l'origine, ces fonctions de greffiers et de tabellions ne jouissaient à Rome d'aucune considération, puisqu'elles étaient remplies par des esclaves publics. C'est seulement au Bas-Empire qu'une constitution d'Arcadius et d'Honorius (*Loi 3 Cod. De tabul. scribis*) prescrit que ces fonctions soient exercées par des hommes libres. La même constitution montre qu'à cette époque, il y avait des *tabularii* attachés 1º aux *præsides* des provinces qui aux fonctions administratives réunissaient celles de juges; 2º aux défenseurs des cités : *defensores civitatum*, dont Justinien chercha à tirer la juridiction du discrédit profond dans lequel elle était tombée (*Nov.* 15). Auprès de l'empereur nous trouverons sous le titre de *notarii* de véritables secrétaires. Ainsi à cette époque on peut reconnaître qu'il existait trois espèces de greffiers et tabellions.

Par la suite ces fonctions furent mises au nombre des offices municipaux. C'était un honneur sans doute, mais c'était surtout une lourde charge. Il est probable que nombre de ces greffiers cherchèrent à se faire admettre dans la milice palatine, qui les eut dispensés des charges de la curie. Aussi les empereurs s'en émurent-ils; et une constitution impériale en ordonnant que les tabellions, les scribes seront rendus aux fonctions municipales,

leur défend expressément de s'introduire dans la
milice palatine (*Loi 1, Cod. De tab. scribis et logo-
graphis*). — Une constitution d'Arcadius Honorius
et Théodose (*Loi 8, Cod. de Adsess*) défend en outre
absolument aux *judices* à leur départ pour leurs
provinces d'emmener avec eux personne sous le
titre de *domesticus* et de *cancellarius* ; le *cancellarius* ou chancelier, qui n'est ainsi que nous allons
le voir, qu'une sorte de greffier, doit être choisi dans
la cohorte des officiers du gouverneur, de telle sorte
qu'à la fin de l'administration du gouverneur ,
l'ancien chancelier puisse reprendre son service
primitif, et que les provinciaux aient la faculté de
le traduire en justice à raison de ses méfaits. Ainsi
à tous les degrés de l'administration , ce sont les
les mêmes précautions pour empêcher la corruption,
la même impuissance à déraciner le mal.

Dans le dernier état du droit romain ces greffiers
sont divisés en plusieurs classes avec des attributions différentes.

Les *exceptores* écrivaient les sentences des juges
à l'audience, en outre ils prenaient en note les dires
des parties. Ensuite, ils donnaient lecture au
« praeses » des notes qu'ils avaient prises. « Exceptores dicti sunt, quod acta exciplant » (*Pancirole,
not. Dign. Cap. 19*). Du temps de Justinien ils
recevaient un traitement du Prince.

Les *regerendarii* mettaient les sentences au net
et les transcrivaient sur des registres. « Regerere

est iterum gerere et inde regestum, sive scriptum.» (*Pancirole not. Dign. Cap, 18*).

Les *cancellarii*, (de « cancellus, » barreaux, treillis), donnaient la forme voulue aux actes et aux jugements qu'ils délivraient ensuite aux parties. Ils écrivaient des lettres au nom du Préfet et des *Præsides*; ils signifiaient aux lecteurs et aux officiers les instructions du *Prefectus*. (*Pancirole not. Dign. Cap. 9*).

Les *actuarii* recevaient les actes de juridiction gracieuse : émancipations, adoptions, affranchissements, donations et testaments qui devaient être insinués. Ces actes devaient-être rédigés dans une forme déterminée, l'écrit devait constater le nom du contractant, du testateur, en un mot de celui qui faisait l'acte, la date de l'acte, et l'objet de l'acte. (*Loi 25 Code de donat.*) L'acte devait être passé ou tout au moins lu en présence du juge, à Constantinople, « apud magistrum censûs; » dans les provinces : « apud presides, vel magistratus municipales, » c'est-à-dire les decemvirs et les défenseurs. Ces actes ainsi rédigés faisaient preuve et foi contre tous. Une rédaction mensongère ou une fausse déclaration constituaient le crime de lèse majesté. L'institution des *actuarii* était nécessaire par cette raison que les actes des tabellions n'avaient pas ainsi que nous l'avons vu le caractère d'authenticité. (*Pancirole not. Dig. Cap. 14*).

Les derniers Empereurs et notamment Gordien établirent auprès d'eux des officiers ayant rang de

« spectabiles » et faisant fonctions de secrétaires.
Ces officiers étaient appelés tantôt *tribuni*, tantôt
candidati (*a togâ candidâ*) tantôt enfin *notarii*,
parce qu'ils devaient tenir note des délibérations
du conseil du Prince. Cassiodore (Variar. IV, 16)
pour donner une idée du secret auquel sont tenus
les *notarii*, dit qu'ils doivent imiter les armoires ou
coffres renfermant les actes qu'ils rédigent. Ces
secrétaires se divisaient en trois classes : ceux de
la première classe s'appelaient « tribuni honore
prætorianis æquati; » ceux de la seconde classe
s'appelaient « notarii familiares sive domestici. »
Ceux de la troisième classe s'appelaient : « infe-
riores tribuni notarii. » Les « notarii » formaient
une scola et étaient exempts des fonctions serviles.
Le premier de ces secrétaires : « primicerius notariorum » conservait pendant deux ans ses fonctions et cette dignité. Il avait dans ses attributions
le rôle des « scolæ, » ce que l'on appelait : « mati-
cula scolarum. » Ainsi on lit dans la notitia
dignitatum : « sub dispositione primicerii nota-
« riorum omnis dignitatum et administrationum
« notitia, tam militarium quàm civilium. » C'était
le « *laterculum majus*, » registre précédemment
tenu par un affranchi. Les fonctionnaires nommés
à certaines charges payaient certains droits entre
les mains du *primicerius*. Il lisait parfois au Sénat
les messages de l'empereur. (*Cod. de Primicerio*, —
Cod. Theod. liv. 6 *titre* 1er *loi oblationem*). Pendant
la durée de ses fonctions, il avait rang de proconsul,

à sa sortie de fonctions, le *primicerius* a le titre de *magister officiorum* (Pancirole not. Dign. Cap. 93).

Nous savons que c'est seulement au bout de six siècles que l'on put à Rome se faire représenter en justice. On plaida d'abord « cognitorio, » puis « procuratorio nomine. » Au Bas Empire les *procuratores* seuls subsistent, mais jamais ils ne furent revêtus d'un caractère public. Ce caractère se retrouve au contraire jusqu'à un certain point chez les *viatores* et *executores*, dont les fonctions consistaient à notifier aux parties les actes de procédures, et rappellent par conséquent celles des huissiers modernes.

On le voit par ce rapide exposé : ce n'est pas dans le droit romain qu'il faut chercher l'origine de l'organisation actuelle de nos officiers ministériels.

CHAPITRE PREMIER

DROIT INTERMÉDIAIRE ET DROIT MODERNE

Historique.

La vénalité des charges ne survécut pas à l'ancien régime. Lui mort elle ne pouvait subsister. Dans la nuit du 4 août 1789, au milieu de cette fièvre de renoncement qui saisit tout à coup sous l'impulsion d'une pensée généreuse tous les privilégiés, sur la motion de Freteau, conseiller au Parlement de Paris, l'Assemblée constituante décrétait, en même temps que « l'établissement d'une justice gratuite, » la suppression de la vénalité des offices de judicature et de municipalité. Dès lors se succèdent sans interruption toutes les lois et décrets relatifs à la suppression et à la liquidation des offices. Décret des 21-26 juillet 1790 qui supprime les offices de jurés priseurs, et ordonne la liquidation de la finance de ces offices. — Décret des 16-24 août 1790 sur l'organisation judiciaire qui déclare que la vénalité des offices de judicature est abolie pour toujours. — Décret du 12 septembre 1790 relatif à la liquidation des offices de judicature et de municipalité. — Décret du 24 décembre 1790, 23 février 1791 relatif au mode de liquidation des offices ministériels. — Décret des 29 janvier, — 20 mars 1791 concernant la suppression des offices ministériels, et l'établissement des *avoués* (articles 1, 2, 3). — Décret du 21 avril, 8 mai 1791 qui supprime les commissions d'agents de change et de courtiers. — Décret du 29 septembre, 6 octobre 1791 qui abolit l'hérédité et la vénalité des offices royaux de notaires (art. 1er), supprime les offices de notaires ou tabellions authentiques seigneuriaux (art. 2) et les remplace par des notaires publics (art. 3). Tel est l'ensemble des mesures prises par la Constituante relativement à la suppression de la vénalité, et à la liquidation des offices.

Au milieu de ce véritable dédale de lois et de décrets, une confusion à laquelle l'Assemblée constituante elle-même n'avait pas échappé se dissipe : et l'on voit se dégager une idée nouvelle. Les offices, qui, comme les magistratures ne sont qu'une délégation de la puissance souveraine, doivent faire retour à l'état ; tandis que les offices, tels que les offices ministériels, qui réunissent comme double élément le titre et une *pratique* jointe à la finance, doivent être l'objet d'une législation spéciale. A l'œuvre de destruction succède immédiatement une œuvre de réorganisation. Dans la séance du 16 décembre 1790 la nécessité du ministère des avoués était hautement défendue par Tronchet. Dès le mois de septembre 1790 la question de la liquidation des offices ministériels avait été posée dans toute sa précision, Sur quel taux devait se faire la liquidation? Fallait-il rendre aux titulaires la finance versée dans les caisses de l'état par le premier pourvu? Fallait-il prendre pour base le dernier contrat d'acquisition? Ou bien fallait-il s'attacher aux évaluations faites en exécution de l'édit de 1771? — Le premier moyen était injuste en ce que l'évaluation ne s'adressait qu'au titre, et cette base, juste pour les offices de judicature où le titre faisait toute la valeur de la charge ne l'était plus pour les offices à clientèle, Le deuxième moyen ouvrait la porte à la fraude en laissant aux officiers la faculté de dissimuler les anciens actes de cession, sous seing privé, et d'en présenter d'autres dans lesquels le prix d'acquisition serait grossi. A tout prendre le mode de remboursement le plus juste était le troisième. C'est ce dernier système qui fut adopté par l'Assemblée, avec quelques modifications suivant que l'évaluation de l'office ava t ou non été faite en exécution de l'édit de 1771. (Décret des 7-12 septembre 1790). (*Mon.* du 3 septembre 1790.)

La question de la liquidation des offices devait encore être posée à l'Assemblée dans les séances des 20-22 décembre 1790. Il s'agissait de savoir s'il ne fallait pas accorder une indemnité particulière aux titulaires qui justifieraient de contrats ou actes authentiques portant les offices et leurs accessoires à un prix supérieur à celui de l'évaluation. C'est

alors que M. Mougins vint dire à l'Assemblée :
« *Mon.* du 22 décembre 1790. Vous avez jugé le sacri-
».fice des offices ministériels utile à l'État, il était
» juste de le consommer. Mais l'état n'exige pas la
» ruine absolue d'une classe de citoyens. Vous avez
» consacré dans la déclaration des droits ce prin-
» cipe éternel que les propriétés sont un droit in-
» violable et sacré. Or vous toucheriez à cette pro-
» priété, et le remboursement serait imparfait s'il
» était borné à la seule évaluation du titre de la
» finance, parce que ces offices comprennent avec
» le titre la pratique ou la clientèle que chaque
» individu a fixée successivement à son titre par
» son travail, son zèle, ses soins. Ces deux objets
» réunis forment essentiellement le prix de ces
» offices. » « L'Assemblée adoptait le décret pro-
» posé par Mougins aux termes duquel le rembour-
» sement des offices devait s'opérer sur le pied de
» leur valeur marchande. » (Décret des 21, 23, 24 décembre 1790. 23 février 1791).

Au milieu de ces réformes qui sont la réorganisation sur une nouvelle base des anciens offices, et
malgré la consécration par l'Assemblée du droit à
une indemnité, il est curieux de voir l'idée d'une
transmission de l'office percer presque dès le principe. La loi du 20 septembre, 16 octobre 1791 précédemment citée en abolissant la vénalité des offices
de notaires, mettait ces fonctions au concours.
(Titre 4, Art. 1er). Cependant au titre 3 art. 5, on
lit la disposition suivante, qui, pour être une dis-

position de faveur, n'en a pas moins une importance significative, « les notaires qui auront cessé
» d'exercer, ainsi que les héritiers des anciens titu-
» laires décédés pourront dans un mois, remettre
» leurs minutes à celui des notaires publics qu'ils
» jugeront à propos de choisir parmi ceux établis
» dans le chef-lieu de résidence où les minutes de-
» vront être apportées, *et faire sur les recouvrements,*
» *telles conditions que bon leur semblera,* » l'art. 13
du même titre est conçu dans le même ordre d'idées :
« Lors de la démission ou du décès des notaires
» publics au remplacement desquels il n'y aura pas
» lieu de pourvoir, les démettants ou les héritiers
» des décédés auront la faculté de remettre leurs
» minutes à l'un des notaires publics de la rési-
» dence, et de s'arranger pour les recouvrements,
» dans le délai d'un mois, à compter de la démission
» ou du décès. » Ainsi, si l'ancienne distinction
entre le titre et la finance n'existe plus, cependant
la loi distingue toujours le titre qui désormais doit
être conféré gratuitement, duquel les minutes ne
peuvent plus être séparées (titre 3, art. 14) et la
clientèle, les recouvrements qui peuvent faire l'objet d'un contrat.

Le système du concours fut loin de produire les
bons résultats qu'on en attendait. Il fut une source
de brigues et de désordres pour le notariat; et il
fallut reconnaître qu'il n'était pas même une garantie. On avait bien imaginé de compléter le concours d'examen par un concours de primauté pour

la nomination aux places vacantes. Mais les résultats ne furent pas meilleurs : M. Réal l'a démontré
dans son exposé des motifs de la loi : « Le concours,
» dit-il, est une de ces idées brillantes que l'on peut
» caresser lorsque l'on rêve une théorie, mais qui
» réalisées, ont été reconnues injustes, inefficaces,
» et ne donnant au lieu de l'évaluation exacte
» qu'elle promettaient qu'une vague et très incer-
» taine probabilité. » (*Mon.* du 16 ventôse, an XI).
Après des discussions de projets de loi sur le notariat pendant le cours de l'an IV, de l'an VII, de
l'an VIII, paraît enfin la loi du 25 ventôse an XI,
la loi réglementaire du notariat. La nouvelle loi
permettait aux notaires en cas de remplacement ou
de suppression de traiter de leurs clientèles et de
leurs recouvrements : Art. 89 : « Le titulaire ou ses
» héritiers et le notaire qui recevra les minutes aux
» termes des Art. 54, 55, 56, traiteront de gré à gré
» des recouvrements, à raison des actes dont les
» honoraires sont encore dus, et du bénéfice des
» expéditions. » Le droit de transmission ne fut
pas expressément reconnu par la loi de ventôse
an XI. Il y avait certains ménagements à garder
avec les idées révolutionnaires; mais si le mot n'y
était pas, en fait la chose exista. C'est d'ailleurs ce
que M. Réal fait entendre d'une façon suffisamment
claire dans l'exposé des motifs : « Dans le projet
» soumis aux commissions législatives, dit-il, on
» avait inséré un article qui permettait les disposi-
» tions en faveur. Le projet que nous présentons ne

» prononce rien à ce sujet parce qu'il ne défend
» rien, parce que toute la théorie de cette partie
» de la loi se concilie parfaitement avec tout ce que
» pourront exiger les convenances. » Et pour rendre
cette déclaration encore plus nette, M. Réal ajoutait : « Nous avons insinué que la loi proposée se
» conciliait avec des aperçus moraux, avec des
» idées bien appréciées de la propriété, que contra-
» riait et que même anéantissait tout système de
» concours. C'est aussi une propriété que cette con-
» fiance méritée, que cette clientèle acquise par une
» vie entière consacrée à un travail opiniâtre et pé-
» nible. » Nous faisons pour le moment nos réserves
relativement à cette qualification de propriété donnée au droit des titulaires d'offices; c'est là une
question que nous aurons à examiner par la suite.
Pour le moment contentons-nous de constater cette
reconnaissance implicite de traités faits par les notaires démissionnaires pour la transmission des
minutes et répertoires, et de la clientèle, le titre
seul restant à la disposition du gouvernement, et
partant hors de commerce. C'est ainsi que la transmission s'établit par la force même des choses et
qu'un ministre des finances put dire à la chambre
des députés le 30 juin 1837 : « La transmission des
» charges a toujours été en usage pour les notaires,
» alors même qu'elle n'était pas consacrée par la
» loi. »

Les mêmes raisons sur lesquelles se fondait le
droit des notaires existaient pour les autres officiers

ministériels, avoués, agents de change, huissiers. Eux aussi avaient leur clientèle, dont ils se prétendaient propriétaires. L'analogie de situation amena des conséquences analogues. La loi du 27 ventôse an VIII sur l'organisation judiciaire, en ordonnant qu'il serait établi près le tribunal de cassation et près les tribunaux d'appel et de première instance un nombre fixe d'avoués et d'huissiers qui serait réglé par le gouvernement (Art. 93 et 96) disposait que les uns et les autres seraient nommés par le premier consul sur la présentation du tribunal près lequel ils devraient exercer leur ministère (Art. 95). Comme la loi de ventôse, la loi de l'an VIII était muette sur la transmission des charges. Comme pour les notaires, la clientèle et les recouvrements devinrent l'objet de traités. Un arrêt de la Cour de Bruxelles, du 24 février 1807 (Sirey, 1807, II, 258) reconnaissait que la pratique d'une charge d'huissier pouvait être valablement l'objet d'une cession. Une décision du ministre des finances du 31 mai 1808 déclare les cessions d'offices passibles du droit proportionnel de un pour cent, comme meubles incorporels d'une nature analogue à celle des créances. (Bioche, *Dictionnaire de procédure*, office n° 51.) C'est la preuve qu'à cette époque les cessions d'offices étaient reconnues par le gouvernement. M. Dard qui ne saurait être suspecté de partialité pour le droit de transmission le reconnaît : (*Du droit des officiers ministériels de présenter leurs successeurs à Sa Majesté*, 1836).

« Pendant le consulat, et sous l'empire, dit-il, les
» titulaires des commissions d'officiers ministé-
» riels renouvelèrent l'usage de traiter de leurs
» commissions en même temps que de leurs pra-
» tiques et clientèles. Le porteur de la démission
» achetée s'adressait au tribunal auprès duquel le
» titulaire démissionnaire exerçait ses fonctions,
» et en obtenait sa présentation au ministre de la
» justice en remplacement du démissionnaire. Or-
» dinairement, le sujet ainsi présenté était agréé
» par le ministre et commissionné pac le chef du
» gouvernement. C'était surtout la clientèle de
» l'officier qui donnait de la valeur à la démission
» dont on traitait, et lorsqu'il n'y avait pas de
» clientèle, mais ce qu'on appelait seulement un
» titre nu, la démission s'achetait à très-bas prix. »
Le prix de la démission était alors assez modéré :
c'étaient les bénéfices de l'office pendant 2 ou 3 ans.
Sur ce point, la pratique administrative ne varia
jamais : de sorte que le droit de transmission se
trouva rétabli au moins de fait par le gouvernement consulaire et impérial.

Telle était la pratique habituelle lorsque deux
arrêts, l'un de la Cour de Paris, en date du 12 octobre 1815, (Dev. 1815. II, 63) l'autre de la Cour
de Bordeaux du 27 janvier 1816 (Dev. 1816, II, 97),
causèrent une véritable émotion en refusant de
sanctionner des conventions relatives à la cession
d'offices ministériels. On a invoqué ces arrêts pour
soutenir que si la transmission des offices a existé

antérieurement à la loi de 1816, c'est uniquement
de fait, et sans la consécration de la loi. On n'a
pas assez remarqué la distinction faite par ces arrêts entre le titre et les autres éléments qui constituent l'office. Une convention était intervenue
entre un sieur Canone et une dame Huguenin, convention formulée dans ces termes ; « Moi, Canone,
» en conséquence du consentement à moi donné
par la dame veuve Huguenin *du titre d'huissier*
» dont son mari était pourvu, m'engage à payer
» pour le prix du dit titre d'huissier à la dame
» veuve Huguenin, la somme de...... » Au-dessous
de cet engagement, la dame Huguenin avait
écrit. « Je confirme le consentement par moi précédemment donné du titre d'huissier. » Canone
fut nommé. Sur les contestations survenues au
sujet du payement, l'arrêt débouta la dame Huguenin de sa demande, et déchargea Canone des condamnations prononcées contre lui : « Attendu
» qu'un titre d'huissier, étant dans la seule et libre
» disposition du prince, n'est pas susceptible d'être
» vendu. » Rien n'est plus vrai, et les tribunaux
appelés actuellement à décider une question semblable ne jugeraient certainement pas autrement.
Pas plus alors qu'aujourd'hui, le titre n'était dans
le commerce et ne pouvait faire l'objet d'un contrat.
La faute était aux parties qui, par une rédaction
vicieuse, avaient mal déterminé l'objet de ce contrat.

Tel était en résumé l'etat des choses et de la ju-

risprudence en 1816. On sait la situation pleine de
périls que faisaient au ministère des finances nos
désastres récents : charges de l'invasion, indemnité
de guerre à payer, occupation étrangère, — souvenir
pour nous doublement douloureux. Il fallait trouver
quelque expédient, quelque moyen de subvenir à
ces charges énormes. L'idée vint d'imposer aux
officiers ministériels une augmentation de leur cautionnement, c'est-à-dire de ce fonds de garantie demandé à certains fonctionnaires contre les abus
dont ils peuvent se rendre coupables ; garantie qui
consiste dans le versement d'une certaine somme
au trésor. Comme compensation du sacrifice qu'on
leur imposait, on voulait leur assurer l'exercice du
droit que les arrêts récents semblaient leur contester, l'exercice du droit de transmission. C'est de
cette pensée que sortit l'art. 91 de la loi de finances
du 28 avril 1816.

Cet article subit diverses modifications avant la
rédaction définitive. Dans le projet de loi présenté
par le comte Corvetto, il était ainsi conçu : « Les
» avocats à la Cour de cassation, notaires, avoués,
» huissiers, greffiers, commissaires-priseurs, agents
» de change et courtiers de commerce, *leurs veuves*
» *ou leurs enfants* pourront présenter pour les rem-
» placer des sujets qui réunissent les qualités
» exigées par les lois. — Cette faculté n'aura pas
» lieu à l'égard des titulaires qui auront été desti-
» tués. » Cette rédaction semblait restreindre aux
veuves et aux enfants des titulaires l'exercice du

droit de présentation, de plus la nécessité de l'agrément par le roi n'était pas consacrée en termes
formels. Ces deux points furent l'objet de modifications dans la commission, et l'art. 91 en sortit avec
la rédaction suivante : « Les avocats à la Cour de
» cassation, notaires, avoués, greffiers, huissiers,
» agents de change, courtiers et commissaires-
» priseurs pourront présenter à *l'agrément de Sa*
» *Majesté* des successeurs, *pourvu* qu'ils réunissent
» les qualités exigées par les lois. Cette faculté
» n'aura pas lieu pour les titulaires destitués. — Il
» sera statué par une loi particulière sur l'exécution
» de cette disposition, et sur les moyens d'en faire
» jouir les *héritiers ou ayant cause* des dits officiers
» (*Mon.* du 13 mai 1816, suppl. p. 289). » Enfin,
dans la séance de la Chambre des députés, du
29 mars 1816, après discussion sur le titre des cau-
tionnements, l'art. 91 fut voté dans les termes suivants : « Les avocats à la Cour de cassation, no-
» taires, avoués, greffiers, huissiers, agents de
» change, courtiers, commissaires-priseurs pourront
» présenter à l'agrément de Sa Majesté des succes-
» seurs, pourvu qu'ils réunissent les qualités exigées
» par les lois. Cette faculté n'aura pas lieu pour les
» titulaires destitués. — Il sera statué par une loi
» particulière sur l'exécution de cette disposition,
» et sur les moyens d'en faire jouir les héritiers ou
» ayant cause des dits officiers. — Cette faculté de
» présenter des successeurs ne déroge point au sur-
» plus au droit de Sa Majesté de réduire le nombre

» des dits fonctionnaires, notamment celui des no-
» taires, dans les cas prévus par la loi du 25 ventôse,
» an XI, sur le notariat. » La Chambre des Pairs
adopta le projet de loi sans modifications le 27 avril,
et l'art. 91 était inséré au bulletin officiel, le
29 mars.

Ainsi le droit qui avait été contesté aux officiers
ministériels leur était reconnu d'une manière formelle. Deux ordonnances relatives aux agents de
change et aux courtiers étaient successivement rendues le 29 mai et le 3 juillet 1816, et l'ordonnance
du 29 mai portait dans son préambule : « vu les
» art. 90 et 91 de la loi du 28 avril dernier qui ac-
» corde aux titulaires la faculté de *disposer de leurs*
» *offices* avec notre agrément. »

Mais ce droit nouveau mettait en présence deux
parties, divisées d'intérêts : d'une part, les officiers
ministériels, prétendant avoir sur leurs offices un
droit absolu, de l'autre le gouvernement, plus
jaloux que jamais de son droit de contrôle. De là
deux tendances, dont nous suivrons le développement, pendant tout le cours de cette étude. La circulaire de M. Pasquier du 21 février 1817 est le
résumé des réserves que tenait dès le début à formuler l'administration; en définissant le droit
nouveau créé par la loi 1816, elle cherchait à le
restreindre dans les limites les plus étroites possible. La circulaire s'exprimait ainsi : « On n'avait
» aucun égard aux traités avant la loi de 1816.
» Toutes les fois qu'il y avait lieu de faire des

» nominations, le roi était entièrement libre dans
» ses choix. Quelques officiers ministériels ont
» pensé que l'art. 91 de cette loi avait entièrement
» changé cet ordre de choses en leur laissant la
» libre disposition de leur état. Il vous appartient
» M. le Procureur du roi, de prévenir dans votre
» ressort les abus qui pourraient résulter d'une
» fausse interprétation de la loi du 28 avril 1816.
» Vous êtes sans doute bien convaincu qu'elle n'a
» pas fait revivre la vénalité des offices; qui n'est
» pas en harmonie avec nos institutions. Vous ne
» devez voir dans les dispositions de l'art. 91 qu'une
» *condescendance, qu'une probabilité de préférence*
» accordée aux officiers ministériels. » En quel sens
faut-il interpréter ces expressions de la circulaire,
« condescendance, probabilité de préférence, c'est
ce que nous nous réservons d'examiner par la suite.
La circulaire n'en indiquait pas moins de la part
du gouvernement une tendance à restreindre la
concession faite par la loi de 1816. Dès 1817 une
pétition était présentée, demandant qu'il fût statué
par une loi particulière sur la loi de 1816. Une proposition de loi fut déposée dans la séance du 22 décembre 1817 par le comte de Sallaberry, rapporteur
de la pétition (*Mon.* 23 décembre 1817, 8 janvier et
11 mars 1818), la proposition fut renvoyée à l'examen des bureaux, mais la session se termina sans
que la loi réglementaire fut rendue : on l'attend
encore.

C'est à cette époque que se placent un certain

nombre de décrets relatifs à l'organisation des offices ministériels. Déjà, sous l'empire, un décret du 19 mars 1808 avait réduit à cent cinquante le nombre des avoués près le Tribunal civil de première instance de la Seine. Un autre décret du 25 mars fixait l'indemnité à payer par ceux qui étaient maintenus, et consacrait au profit des officiers conservés un droit de préemption. Les deux ordonnances des 29 mai et 3 juillet 1816 réglaient le mode de présentation des successeurs des agents de change et courtiers. Une ordonnance du 12 février 1817 réduit à 150 le nombre des huissiers de Paris. Une autre ordonnance du 18 août 1819 fixe à 50 le nombre des avoués auprès de la Cour royale. Enfin dans le courant de l'année 1820 furent rendues 52 ordonnances portant fixation du nombre des officiers ministériels dans la plupart des cours du royaume.

L'année 1820 fut, on le sait, une époque de réaction dont le prétexte était l'assassinat du duc de Berry. Le gouvernement voyait d'un mauvais œil les officiers ministériels, qui professaient en grande partie des opinions libérales. De là un système d'intimidation, et de menaces à leur égard. Dans deux circulaires du 15 et du 31 juillet 1820, M. De Serres demandait à tous les procureurs du roi, de lui fournir « sur la conduite morale et politique des
» candidats qui se présentaient pour succéder aux
» officiers ministériels, tous les renseignements
» nécessaires pour s'éclairer sur les choix qu'il de-

» vait proposer à sa majesté. » En 1822 la destitution d'un avoué de Joigny par M. de Peyronnet, alors garde des sceaux, sans que cette destitution eut été provoquée par les tribunaux, fut l'objet à la Chambre des députés (*Mon.* du 22 juillet 1822) d'une discussion dans laquelle M. Tripier et M. Casimir Périer, répondant à M. de Martignac, prirent hautement la défense des officiers ministériels. En 1828 un huissier de Lille, en 1830 un avoué de Doullens furent destitués dans les mêmes conditions, et à ce moment des consultations furent signées par Edmond Blanc, Dupin aîné, Barthe, Odilon Barrot, Isambert et Duvergier pour démontrer l'illégalité de ces actes.

Avec la révolution de 1830 surgit un nouvel adversaire des charges ministérielles. Désormais ce n'est plus le gouvernement qui poursuit dans la personne des officiers ministériels un foyer d'opposition. Au contraire le gouvernement nouveau a intérêt à s'appuyer sur cette bourgeoisie aisée dont fait partie la classe des officiers ministériels, — c'est l'opinion émancipée par les derniers événements, qui se prononce sous forme de pétitions contre le monopole et ce qu'on appelle le privilége des officiers ministériels. En 1830 et 1831 les deux Chambres passaient à l'ordre du jour sur trois pétitions dirigées contre le droit de présentation, et exprimaient ainsi leur adhésion aux conclusions formulées par les rapporteurs. Dans la séance du 30 septembre 1830, M. Mauguin, l'un des plus énergiques soutiens de la liberté, avait même pris la parole pour défendre les officiers ministériels. Dans la séance du 24 septembre 1831, au sujet d'une pétition présentée à la Chambre des deputés, la discussion s'engagea entre les partisans et les adversaires du droit des officiers ministériels. Deux orateurs MM. Bavoux et Pourrat, avaient demandé la suppression du privilége des courtiers de commerce. MM. Gillon, de Schoonen et Charles Dupin repoussèrent au nom de l'intérêt public cette proposition qui aurait été une menace pour tous les possesseurs d'offices. L'assemblée leur donna gain de cause, et adopta encore deux rapports de pétitions, dont l'un appelait l'attention de M. le garde des sceaux sur la nécessité « de présenter enfin la loi » promise depuis 1816 pour régler l'exercice du » droit de présenter des successeurs. » (*Mon.* du 1er octobre 1831, p. 1774.) Ces votes furent suivis d'une trève de quelques années. C'est dans cet intervalle que fut rendue la loi de finances du 21 avril 1832 qui soumit les ordonnances de nomination à un droit d'enregistrement de 10 % sur le montant du cautionnement attaché à la fonction ou à l'emploi (art. 34).

En 1838 et en 1833 la création d'offices de courtiers dans plusieurs villes de commerce ayant donné lieu à des abus, il fut parlé dans la commission du budget de 1837 d'interdire le droit de présentation. Toutefois la commission se contenta d'appeler l'attention du ministre des finances sur ce sujet.

L'année suivante, lors de la discussion de la loi des dépenses de 1838, M. Regnard proposa un article additionnel qui, dans le cas de création d'offices nouveaux de courtiers, refusait aux titulaires la faculté d'en disposer. La discussion s'engagea sur ce point. Les ministres des finances et des travaux publics, MM. Lacave Laplagne et Martin (du Nord), combattirent l'article proposé. Mais la façon dont ils défendaient les officiers ministériels n'était guère de nature à les rassurer. M. Regnard avait présenté le système de la loi de 1816, comme le « rétablisse-
» ment de la *vénalité des charges que notre première*
» *révolution avait heureusement et justement abolie,*
» — com ne « un système abusif, un mal qui avait
» produit les plus fâcheuses conséquences. » Effec-
» tivement, dit le ministre des finances, de tous
» les sacrifices que les malheurs des temps ont
» forcé de faire à cette époque, il n'en est pas de
» plus *onéreux et de plus funeste* que celui qui,
» pour un très-petit avantage pour le trésor, *a créé*
» *la vénalité des charges,* et amené les consé-
» quences que tout le monde déplore. » Pour le ministre des travaux publics le système de la loi attaquée était « un *privilége,* qu'il n'y avait pas possibilité d'abolir. » Ce ne fut qu'après une première épreuve restée douteuse que l'amendement de M. Regnard fut rejeté. (*Moniteur* du 1er juillet 1837).

Peu de temps après, dans la session de 1838, trois nouvelles pétitions contre ce qu'on appelait la vénalité

des offices, furent présentées. Deux de ces pétitions
furent l'objet de rapports tendant au renvoi devant
le ministre de la justice, et l'Assemblée, dans sa
séance du 3 février 1838, se prononça dans le sens
de ces conclusions, c'est-à-dire contre l'intérêt des
officiers ministériels. Dans la séance du 17 février
1838, M. le comte d'Harcourt, rapporteur de la
troisième pétition s'exprimait ainsi : En 1816, on
» rétablit la vénalité et ce fut une grande faute. »
M. Martin du Nord répétait également que c'était
» une grande faute, » et déplorait « la loi qui avait
» déclaré que les offices seraient la propriété des titulaires. » Le baron Mounier faisait l'éloge de l'ancienne vénalité des charges, et qualifiait la loi de
1816 de « loi funeste, odieux trafic des offices, pâ-
» ture pour l'agiotage, » sous l'influence de ces attaques contre les offices ministérielles, la troisième
pétition fut, comme les premières renvoyée au
garde des Sceaux.

L'émotion causée par ce triple renvoi fut grande
parmi les officiers ministériels. Leurs droits al-
laient-ils être remis en question ? L'impression première n'avait pas été effacée par le rejet d'une nouvelle pétition au rapport de M. Mérilhou, 4 avril
1838, lorsqu'au *Moniteur* du 5 septembre 1839 parut
le décret de nomination et de convocation d'une
commission « chargée d'examiner les questions qui
» se rattachaient à la création et à la transmission
» des offices. » Elle devait se réunir sous la prési-
dence du Garde des Sceaux. Bien qu'une ordon-

nance du 26 août eût doublé le nombre des courtiers
de commerce à Marseille, jamais les craintes des officiers ministériels ne furent plus vives. La pas-
sion politique vint s'en mêler et la presse se divisa.
Les journaux de l'opposition tonnèrent contre
« cette dérogation à l'une des plus précieuses con-
» quêtes de la Révolution sur l'ancien régime, »
(*Droit*, 21 septembre 1830) ; contre ce vaste « édifice
» d'abus reconstruit par l'imprévoyance ou le ma-
» chiavélisme des législateurs de 1816 » (*Siècle*,
7 septembre 1839). D'autre part les journaux conservateurs, les *Débats*, la *Gazette des tribunaux* prenaient en main la défense des officiers ministériels.
Leurs craintes furent portées au comble par la première séance de la Commission, dans laquelle
MM. Mounier et Delaire soutinrent que la propriété des offices n'était pas consacrée par la loi de
1816. L'inquiétude s'accrut encore de l'incertitude
dans laquelle on était sur les décisions de la Commission. Bien que les officiers ministériels fussent
représentés au sein de la Commission, on savait la
résistance que trouvaient leurs défenseurs. Pour la
monarchie de Juillet, c'eût été une grande faute de
s'aliéner une classe de la bourgeoisie aussi influente
que l'était celle des officiers ministériels ; le Roi ré-
solut d'intervenir dans le conflit. Une députation
des notaires d'Eure-et-Loir lui ayant été présentée
par M. Desmousseaux, le Roi dit aux députés
« que l'opinion de tout le ministère était qu'on
» ne devait porter aucune atteinte à la loi de

» 1816; que pour son compte personnel il ne s'y
» prêterait jamais.» (*Siècle* 1er décembre 1839.) Ces
paroles du Roi ne furent pas sans influence sur la
chute du ministère du 1er mai.

A la suite d'une nouvelle pétition, au sujet de
laquelle M. Carl disait le 22 février 1840 dans son
rapport à la Chambre des députés « que le droit de
» propriété des offices est consacré par la loi de
» 1816, et qu'aucune atteinte ne saurait être portée
» à ce droit », était rendue la loi du 25 juin 1841
(art. 6 et 7) aux termes de laquelle le droit de 10 °/₀
sur le montant du cautionnement établi par la loi
du 21 avril 1832 pour l'enregistrement de l'ordonnance de nomination était remplacé par un droit
d'enregistrement de 2 °/₀ du prix exprimé dans
l'acte de cession, et du capital descharges pouvant
ajouter au prix pour les transmissions d'offices à
titre onéreux. Le rapport présenté à la Chambre
des députés constatait que les offices constituaient
« une valeur transmissible dans la main des titulaires. » Enfin le rapport précédant l'ordonnance
du 4 janvier 1843 sur la discipline du notariat,
reconnaissait encore et consacrait en termes formels
« le droit de transmission des offices. »

Lorsque la Révolution de 1848 éclata, un nouveau déchainement se produisit contre les offices
et les titulaires se crurent de nouveau menacés.
Cependant, lorsque la question des offices fut
abordée au sein de l'Assemblée nationale, le droit
de transmission y fut reconnu de nouveau; ainsi

lorsque dans l'Assemblée constituante on discuta les divers articles de la constitution de la République Française, il fut déclaré explicitement dans la discussion que l'art. II ainsi conçu : *Toutes les propriétés sont inviolables*, s'appliquait aux offices. (Séance du 21 septembre 1848). Plus tard sur une nouvelle pétition demandant la suppression des offices, l'ordre du jour fut adopté conformément aux conclusions de M. Arbey. (*Mon* du 25 décembre 1848).

Sous l'Empire aucun fait nouveau ne vint troubler la sécurité des titulaires, jusqu'en 1864. A cette époque, des plaintes nombreuses s'étant élevées contre l'institution des courtiers et les entraves qu'elle créait au commerce, en compromettant la liberté des transactions, une commission fut nommée au mois de juillet 1864 par les soins du ministre de l'agriculture et du commerce. Les chambres syndicales des courtiers et les chambres de commerce furent appelées à déposer, et sur vingt trois chambres de commerce consultées, quatorze se prononcèrent pour la suppression du courtage en matière de vente et d'achat. La conséquence de cette enquête solennelle qui dura près de deux ans fut la proposition par la commission d'un projet de loi dont l'article Ier portait suppression du privilége de tous les courtiers indistinctement et liberté générale du courtage. Cette idée ne fut pas acceptée par le Corps législatif, et l'art. Ier de la loi du 18 juillet 1866 est ainsi conçu : « A partir du

» 1er janvier 1867, toute personne sera libre d'exer-
» cer la profession de courtier de marchandises, et
» les dispositions contraires du Code de commerce,
» des lois, décrets, ordonnances et arrêtés actuelle-
» ment en vigueur seront abrogées. » **Ainsi la
liberté du courtage n'a pas été étendue aux courtiers
d'a surances, et aux courtiers interprètes et con-
ducteurs de navires. Notre plan n'est pas d'entrer
dans le détail de la loi du 18 juillet 1866. Ce que
nous voulons seulement établir c'est la position
qu'elle fait aux autres officiers ministériels, au
monopole desquels aucune atteinte n'a été portée.
Ces derniers s'étaient émus du projet de loi, et
crurent y voir une atteinte.** « *irrémédiable et
funeste* » portée à leur privilége. Le rapporteur de
la loi M. Pouyer-Quertier s'attacha à dissiper ces
inquiétudes. Il insista sur ce fait qu'il n'y avait
aucune analogie à établir entre la nature des fonctions des officiers ministériels et celle des courtiers;
que l'intervention de ces derniers n'était amais
obligatoire, (assertion inexacte d'ailleurs puisque
cette intervention est nécessaire pour les ventes en
gros de marchandises), tandis que celle des autres
comporte presque toujours un caractère de nécessité.
En effet, personne ne peut, dans certaines circonstances spéciales déterminées par la loi, se dis-
penser d'avoir recours au ministère des notaires,
des avoués, des huissiers. « Aucun citoyen ne peut
» se soustraire à cette obligation tant que le sys-
» tème de notre législation n'aura pas été trans-

» formé, et personne ne songe à le faire. » Aussi le rapporteur concluait-il en ces termes : « Votre com-
» mission, et le gouvernement, qui a passé devant
» elle les déclarations les plus formelles à cet égard,
» sont donc unanimes pour affirmer que, dans leur
» pensée, aucune atteinte ne peut résulter pour
» l'avenir des notaires, avoués, ou huissiers, de
» l'adoption du projet de loi qui nous est en ce
» moment soumis. » Tel est encore actuellement l'état de la question.

Il nous reste pour terminer cette esquisse rapide de l'histoire des officiers ministériels depuis la révolution à faire connaître les lois par lesquelles diverses corporations ont été successivement réorganisées.

Avocats au Conseil d'État et à la Cour de cassation. Les anciens avocats aux conseils ont été rétablis auprès du tribunal de cassation par la loi du 27 ventôse an VIII sous la dénomination d'avoués. Un décret du 25 juin 1806 déclara que les avoués en la Cour de cassation prendraient le titre d'avocats. — Les avocats au Conseil d'État formaient primitivement une corporation distincte. Les deux coporations n'ont été réunies que par ordonnance du 10 septembre 1816.

Notaires. Ils furent rétablis sur les bases actuelles par la loi du 25 ventôse an XI, qui supprima le concours et attribua au chef de l'État le droit de nomination.

Avoués. La Constituante les avait maintenus. La

Convention les supprima par le décret du 3 brumaire an II : ils ont été rétablis par la loi du 27 ventôse an VIII.

Huissiers, greffiers. Leur organisation actuelle remonte à la loi du 27 ventôse an VIII ; à l'égard des huissiers leurs attributions. droits et devoirs sont réglés par le décret du 14 juin 1813.

Commissaires priseurs. Ils ont été rétablis à Paris par la loi du 27 ventôse an IX ; dans toute la France par l'ordonnance royale des 26 juin. 21 juillet 1816, en exécution de l'art. 89 de la loi du 28 avril 1816.

Agents de change et courtiers. Ils ont été rétablis en exécution de l'art. 6 de la loi du 28 ventôse an IX, portant : « que dans toutes les villes où une bourse serait établie, il y aurait des agents de change et des courtiers nommés par le gouvernement. »

Colonies. A l'égard des officiers ministériels dans nos colonies l'art. 9 de la loi du 19 Mai 1849 dispos-s· « Dans les colonies de la Martinique, de la » Guadeloupe et dépendances, de l'île de la Réunion » et de la Guyane française, les dispositions de l'ar-» ticle 91 de la loi du 28 avril 1816 sur les recettes » sont applicables aux notaires, avoués, huissiers » courtiers et commissaires priseurs. Sont égale-» ment exécutoires dans les mêmes colonies les » dispositions de la loi du 25 juin 1841. » L'art. 9 ne parle pas des agents de change : c'est qu'en fait aux colonies les fonctions d'agents de change sont réunies à celles de courtier. Même silence à l'égard des greffiers : la raison, c'est que ce ne sont pas des offices à clientèle. Le droit consacré par l'art. 9 est refusé aux officiers des colonies non désignées par l'art. 9.

L'Algérie spécialement est soumise à une législation tout exceptionnelle. Le droit de cession a été formellement refusé aux greffiers par l'ordonnance du 9 décembre 1845, art. 2; aux défenseurs, qui plaident concurremment avec les avocats, par arrêté du 23 novembre 1842, art. 9; aux huissiers, par arrêté du 26 novembre 1842, art. 17; aux notaires, par arrêté du 30 décembre 1842, art. 14; aux commissaires priseurs par arrêté du 1er juin 1841 art. 8. — Le ministère des agents de change n'est pas connu en Algérie. — La loi du 18 juillet 1866 a été étendue à l'Algérie par décret du 25 août 1867.

La loi de 1816 a été étendue aux offices ministériels de la Savoie par décrets du 26 septembre 1860, art. 6; et du 1er décembre 1860, art. 3 et 4.

CHAPITRE II

DE LA NATURE DES OFFICES ET DU DROIT DE PRÉSENTATION

La première question qui se présente au début de cette étude, c'est la question de savoir quelle est la nature du droit conféré aux titulaires par la loi de 1816. La question est des plus délicates, et ce qui vient encore accroître la difficulté c'est que les documents législatifs manquent pour la résoudre. Il faut bien le reconnaître : l'art. 91 de la loi du 28 avril 1816, cet article dont on allait extraire pour ainsi dire une théorie nouvelle de la propriété, a été jeté dans notre législation presque sans discussion. Les mots de vente, de cession ou toute autre expression équivalente, qui pourrait fixer la nature et le caractère du droit nouveau, ne sont pas prononcés par le législateur. L'idée d'un traité entre deux titulaires successifs ne se découvre que sous forme de sous-entendu. « Ce sont les actes de la chancellerie et les jugements des tribunaux qui ont développé ce germe et formé un corps de doctrine. » Il ne pouvait en être autrement ; il fallait un principe, une règle en une matière donnant lieu à des transactions si multipliées, et d'une si grave importance.

Entre autre griefs formulés contre la loi de 1816 on a dit qu'elle avait rétabli l'ancienne vénalité des charges. C'est là une erreur : pour s'en convaincre, il suffit de comparer l'état actuel des offices, avec l'ancien régime de la vénalité. Pour qu'il y ait vente, il faut qu'il y ait un prix payé par l'acheteur. Ainsi, dans l'ancien régime, celui qui avait acheté le titre de l'office en versait le prix dans les caisses de l'État, qui ne le remboursait jamais, excepté dans le cas où il aurait supprimé l'office vendu. Aujourd'hui l'état ne reçoit aucun prix en échange du titre qu'il confère. En vain soutiendrait-on que la vente est déguisée, et que le prix consiste dans le supplément de caution que la loi de 1816 a exigé des officiers ministériels. En réalité, il n'y a là qu'une consignation servant à garantir la bonne gestion de l'officier ministériel. L'Etat ne conserve qu'à titre de dépôt les fonds versés pour le cautionnement. Ces fonds ne cessent pas d'apartenir à celui qui les a déposés, de telle sorte qu'ils peuvent être frappés d'opposition par ses créanciers, qu'il en touche les intérêts, et qu'il peut toujours les retirer en donnant sa démission. Il n'y a donc pas de prix touché par l'État, par conséquent, pas de vente. — Une autre preuve que la vénalité des offices n'est pas rétablie, c'est que le gouvernement peut refuser le successeur présenté, ce qui n'existait pas dans l'ancien droit pour les offices vénaux et héditaires. Les offices actuels n'ayant pas été vendus pas la loi de 1816 le gouvernement n'est pas lié. Le dernier paragraphe de l'art. 91 prouve de la façon la plus évidente la latitude que le gouvernement a entendu se réserver. (Rapport de M. Carl, 22 février 1840).

Ainsi absence de prix reçu par l'État, liberté pour celui-ci, de choisir à son gré le successeur, sans être lié par la présentation, ce sont là deux caractères essentiels de l'ancienne vénalité et qui manquent absolument au régime fait aux offices par la loi de 1816.

En réalité, la loi de 1816 a fait pour les offices ministériels ce que la loi du 19-24 juillet 1793 a fait pour ce que l'on a appelé la « propriété de littéraire. » « De même que la loi de 1793 en créant un » privilége au profit de l'auteur, à savoir le droit » exclusif à la vente de ses œuvres, a fait acquérir » à ces œuvres, à l'égard de l'auteur une valeur » pécuniaire qui compte dans son patrimoine, » (*M. Abel Flourens. législatson sar les droits d'auteur, n° 3*), de même la loi de 1816 en autorisant les titulaires d'offices à présenter un successeur à l'agrément du gouvernement a rendu leurs charges véritablement cessibles, et leur a fait acquérir une valeur pécuniaire. D'où il suit que la faculté de présentation elle-même constitue une valeur, dans le patrimoine du titulaire, et que par conséquent sous certaines restrictions, elle tombe dans le commerce, à la différence du titre qui lui, n'y tombe pas.

Faut-il aller plus loin et reconnaître au droit des officiers ministériels, le caractère d'un véritable droit de propriété ? C'est là un point sur lequel se sont engagées les controverses les plus vives. De nombreux arrêts, plusieurs rapports à la chambre des députés, sous la monarchie de juillet ont attesté ce droit de propriété. Avant même la Révolution de juillet à propos de la destitution d'un avoué de Doullens, M. Faure, rapporteur de la commission des pétitions disait à la Tribune. « Que les études des avoués comme celles des notaires ont toujours été considérées comme la *propriété privée* de ceux qui en sont titulaires ; que ce droit de propriété déjà si sacré est devenu plus respectable encore depuis la loi de 1816. » L'Assemblée adoptait ces conclussions à l'unanimité. Après la Révolution de juil- let, au sujet d'une pétition relative aux offices, M. Sappey, rapporteur, s'exprimait de la façon sui- vante : « La faculté de présenter un successeur » emporte indubitablement le droit de stipuler » un prix pour la cession de la charge ; la commis- » sion a pensé que l'art. 91 de la loi du 28 avril » 1816, en *rétablissant la propriété des offices*, » a donné le droit d'en disposer, et, par consé- » quent de stipuler un prix pour la cession. L'As- semblée consultée adoptait les conclusions du rap- port. (*Moniteur* du 20 septembre 1830). En 1831 au sujet d'une nouvelle pétition, M. Amilhau formu- lait ainsi les conclusions de son rapport. « Il est » vrai de dire qu'à partir de la promulgation de la

» loi du 28 Avril 1816 les charges d'officiers minis-
» tériels sont devenues entre les mains des titu-
» laires et de leurs successeurs de *véritables pro-*
» *priétés* tout aussi respectables que des propriétés
» d'une autre nature. » Conclusions adoptées par
l'Assemblée. Dans la discussion de 1831 au sujet de
l'abolition du privilége des courtiers, deux orateurs,
M. Fulchiron et M. Ch. Dupin insistaient sur ce
caractère de propriété des offices entre les mains des
titulaires. En 1838, lors de la discussion sur l'amendement proposé par M. Regnard, celui-ci faisait une
distinction entre les offices d'ancienne création, et
ceux dont on proposait la création nouvelle. « A
» l'égard des premiers, disait-il, le privilége est
» un droit acquis, qu'on ne peut leur enlever
» sans porter atteinte au droit de propriété ; leurs
» commissions ont le caractère de la *propriété*
» *privée.* » Dans la séance du 17 février 1831 à la
à la Chambre des Pairs le ministre des travaux
publics en reconnaissant « les droits acquis, » disait : « la loi de 1816 a déclaré que les offices
seraient la « *propriété des titulaires.* » Dans la
séance du 22 février 1840 à la Chambre des députés,
le rapporteur de la commission déclarait encore
que le droit de propriété des offices était consacré par la loi de 1816.

A ces déclarations faites du haut de la tribune
vient encore se joindre l'autorité de décisions
judiciaires. Plusieurs arrêts de la cour de Cassation
du 20 juin 1820; (Dev. 1821. 1. 43) du 23 février 1828,

(Bioche. Procédure, v° office, n° 49) du 16 fév. 1831
(Dev. 1831. 1. 74) en consacrant ce principe que la
cession de l'office peut faire l'objet d'un contrat de
vente, admettent et consacrent dit-on implicitement le droit de propriété en faveur des officiers
ministériels. Déjà la Cour de Limoges avait jugé
(arrêt du 10 nov. 1830, Sirey. 1831 2. 216) que le
» droit de présentation et celui qui en dérive de
» stipuler les conditions de cette présentation cons-
» tituent un droit de propriété.

Il est certain qu'il y a là en faveur du droit de
propriété sur les offices ministériels un ensemble
de preuves qui peut sembler des plus concluant.
Cependant on a contesté l'existence de ce droit de
propriété ; et on a tiré argument des expressions
mêmes de la loi : « pourront présenter », « cette
faculté. » Ces expressions a-t-on dit, prouvent que
la loi n'a pas entendu conférer aux officiers ministériels un véritable droit de propriété, que cette autorisation de présenter un successeur ne constitue
pas pour le pouvoir un engagement à toujours ;
enfin, qu'il n'y a là de la part du gouvernement
qu'une tolérance, une faveur, mais non pas un
droit accordé. A l'appui de cette opinion on a
trouvé un argument dans la circulaire de 1817 ; on
a invoqué les expressions, condescendance, probabilité de préférence, « pour soutenir qu'il ne fallait
» voir dans les dispositions de la loi de 1816 qu'un
» moyen légal donné aux officiers de solliciter de
» la bonté du roi un dédommagement des soins

» apportés dans l'exercice de leur profession. »
(Favard de Langlade, Répertoire vᵒ offices) et que
le roi peut se jouer de la présentation (Dard, Du
droit des offices ministériels).

Ces objections, répondent les partisans de droit
de propriété sont sans valeur. (*Gaz. des Tribunaux*, 11 novembre 1839.) Si la loi a employé ces
expressions : « pourront, faculté, » c'est qu'elle ne
pouvait en employer d'autres ; c'est que le droit de
présentation, ne saurait être considéré comme
absolu, étant de sa nature subordonné à l'agrément du successeur par le gouvernement. — Ce qui
prouve d'ailleurs que la loi n'a pas entendu donner et retenir tout ensemble, concéder une faculté
en se réservant de l'annuler, c'est qu'elle la perpé-
tue, c'est qu'elle en annonce la réglementation dans
la personne des héritiers et ayant cause ; c'est
qu'enfin dans un cas spécial, celui de destitution,
elle en prononce la suppression. L'exception prouve
la règle, et s'il y a déchéance c'est qu'il y a un
droit.

On a encore invoqué contre le droit de propriété
sur les offices ministériels le fait de la destitution.
Si, dit-on, l'office constituait une véritable propriété entre les mains du titulaire, la destitution
ne pourrait pas l'en dépouiller absolument ; elle
pourrait lui en interdire l'exercice personnel, le
frapper dans sa personne, mais sans pouvoir con-
fisquer son patrimoine, or la loi ne fait pas cette
distinction, par conséquent le droit de propriété

n'existe pas : autrement la loi en frappant la personne eut respecté la charge. Qu'arrivait-il en effet
sous le régime de la vénalité des charges, alors que
le droit des titulaires sur l'office constituait un
véritable droit de propriété ? La destitution attei-
gnait la personne, non la charge, dont la transmission était toujours permise au titulaire. Ainsi le
droit conféré par la loi de 1816 est absolument
différent de celui que conférait l'ancienne législation.

Raisonner ainsi, a-t-on répondu dans le système
contraire, c'est tirer un argument d'analogie de
situations absolument différentes. Dans l'ancien
droit en effet, l'office comprenait le titre et la
finance : le titre, délégation du pouvoir souverain,
appartenait à l'État, la finance, créance sur le roi
qui avait vendu la fonction, créance représentative
des deniers payés par le premier acquéreur de
l'office. La suppression absolue de la charge dans
l'ancien droit aurait eu comme conséquence le remboursement de la finance. Or comme ces idées de
remboursement n'ont jamais été goutées de la
royauté, on préféra n'enlever que le titre, et conserver la finance à l'officier, afin de pouvoir exiger
du successeur, la somme que les règlements attri-
buaient à la caisse des parties casuelles. Il n'en est
plus de même aujourd'hui : sans doute, on peut
distinguer, comme nous le ferons plus tard, le titre
et le droit de présentation, mais en droit la distinction ancienne entre le titre et la finance n'existe

plus ; il n'y a plus qu'une concession faite par l'État dans un intérêt d'ordre et de bonne gestion des affaires ; cette concession est soumise à des conditions d'aptitude et de moralité, qui sont un des éléments du contrat, et dont le défaut peut amener la résolution du dit contrat, selon l'effet habituel de toute condition résolutoire. La destitution ne constitue donc pas une confiscation, qui exclurait l'idée de propriété ; elle n'est que l'application d'une condition résolutoire, qui implique cette idée de propriété. — Ce qui prouve encore ajoute-t-on la reconnaissance du droit de propriété par le gouvernement, c'est qu'il a toujours hésité à pousser jusqu'au bout l'exercice de son droit ; et dans tous les cas de destitution, l'ordonnance de nomination du successeur lui a toujours enjoint de désintéresser jusqu'à concurrence de la valeur de l'office, les héritiers ou ayant cause du titulaire destitué. — On invoque encore dans ce système la circulaire du Garde des Sceaux du 21 février 1817, qui suppose une reconnaissance implicite du droit de propriété, la loi de 1832 sur les droits de mutation qui en consacre le principe ; et l'on rappelle les paroles de M. Taillandier : « L'exercice des charges est un » *droit de propriété*. Il est juste, dès lors, que ceux » qui en jouissent payent leur tribut à l'Etat comme tous les autres propriétaires. »

Il est impossible de méconnaître la portée et la valeur de ces arguments alors surtout que le temps et l'usage sont venus donner leur consécration à

l'idée de propriété sur les offices ministériels. Cependant on peut faire à ce système une grave objection dont on s'est, ce semble, peu préoccupé. De part et d'autre on suppose, on admet comme constante la possibilité d'un droit de propriété ayant pour objet les offices ministériels. Or pour nous la question se pose en ces termes : le mot de propriété peut-il s'appliquer au droit de l'officier ministériel sur son office ? Ne peut-on pas dire que dans la pensée des rédacteurs du Code, le droit de propriété ne devait porter que sur des objets corporels ? Que ce fût là une conception étroite, incomplète du droit de propriété nous ne le contestons pas. Néanmoins cette pensée semble résulter de la place que le droit de propriété occupe dans notre Code au titre deuxième, du second livre ; de ce fait qu'au titre de la distinction des biens, le droit de propriété, sans être défini, est considéré comme se confondant avec son objet : d'où cette conséquence qu'il ne pourrait porter que sur des objets corporels. Quelque bizarre que puisse sembler cette conception du droit de propriété, M. Demolombe (tome IX. n° 540) n'hésite pas à l'admettre : « Dans son accep-
» tion spéciale et technique, dit-il, le mot propriété
» ne s'applique qu'au droit de la personne sur les
» objets corporels, meubles ou immeubles qui lui
» appartiennent. » Dès lors, si cette conception n
droit de propriété restreint aux objets corporels est bien la pensée des rédacteurs du Code, ce serait là une première objection contre le mot de propriété attri-

bué au droit des officiers ministériels. Mais une objection plus grave peut se tirer de la nature même de ce droit.

La propriété, dans l'état actuel de notre législation et de nos mœurs, ne repose pas sur des bases uniformes et invariables. (Duvergier, *Revue étrangère*, 1840, p. 321.) « Les immeubles et les meubles
» ne sont pas régis par des dispositions identiques;
» les choses incorporelles ne sont pas assimilées
» aux choses matérielles; ainsi, la propriété est
» susceptible de se modifier selon les choses aux-
» quelles elle s'applique. Dès lors se demander si le
» titulaire d'un office est propriétaire, c'est faire
» une question complexe à laquelle on ne peut ré-
» pondre qu'en la décomposant. Or la propriété se
» manifeste par trois effets; un droit exclusif à la
» chose; la perception des fruits; la faculté de
» transmettre. » Dans les prérogatives accordées aux titulaires d'offices, on trouve quelque chose de ces éléments; mais aucun n'existe entier. Ainsi le droit des officiers ministériels à leur titre est exclusif, mais il est loin d'être absolu, et la prétention du gouvernement est de pouvoir les en priver, sans se soumettre à la décision des tribunaux. Les officiers perçoivent les produits de leurs charges, mais ces produits sont soumis à la réglementation de taxes et de tarifs; ils ont la faculté d'opérer la transmission de leurs charges, mais cette transmission est soumise au contrôle du gouvernement; quant à la transmission par voie d'hérédité, elle

n'est, aux yeux de l'administration, qu'une tolérance sans constituer un droit. Un droit soumis à
de semblables restrictions, peut-il être qualifié droit
de propriété? M. Davergier le pense : nous ne pouvons cependant admettre cette opinion. C'est, selon
nous, tenir trop peu de compte de la nature même du
droit de propriété, absolu en principe, et des termes
mêmes de la loi de 1816. On oublie trop facilement
que tout ce que la loi a reconnu aux officiers ministériels, c'est le droit de présenter un successeur, et
par suite de mettre à prix cette présentation. De cette
simple reconnaissance au droit absolu de propriété
la distance est grande. C'est là un point que plusieurs arrêts, contestant la phraséologie habituelle,
se sont attachés à mettre en lumière : « Considé-
» rant, disait la Cour d'Orléans, dans un arrêt du
» 8 février 1844 (Dalloz, répert, V° offices, n° 242) que
» l'article 91 de la loi du 28 avril 1816 s'est borné à
» autoriser les officiers ministériels à présenter à
» l'agrément de Sa Majesté des successeurs, et par
» suite à mettre à prix cette présentation, sans
» restreindre en rien le droit qu'a le Roi d'accorder
» ou de refuser son agrément. » Dans un arrêt du
1er août 1844 (Dalloz, loc. cit. n° 243) la Cour de cassation insistait d'une façon encore plus formelle sur
l'idée exprimée par la Cour d'Orléans : « Attendu
» que l'article 91 de la loi du 28 avril 1816 accorde
» au titulaire d'un office *non pas la propriété dudit*
» *office,* mais la simple faculté de présenter son
» successeur. » Il s'est produit à l'égard des offices

ministériels un fait analogue à ce qui s'est produit pour les œuvres de l'esprit. En réalité la législation sur les droits d'auteur n'est pas plus le Code de la « propriété littéraire, » que la loi de 1816 ne consacre la propriété des offices. La loi de 1816, comme les lois de 1793 et de 1866, n'a fait que donner une valeur pécuniaire à la chose, objet du droit. Il a fallu un abus de langage et le désir naturel des intéressés, pour en tirer la théorie d'un droit de propriété. D'ailleurs en repoussant cette qualification nous n'entendons pas porter atteinte au droit des officiers ministériels, et c'est un point sur lequel nous nous réservons de nous expliquer. La seule conclusion que nous voulons pour le moment tirer de cette discussion, c'est que le droit des officiers ministériels ne constitue pas un droit de propriété avec ses attributs essentiels, un droit de propriété dans le sens légal et juridique de ce mot.

Dans quelle classe rangerons-nous les offices : Dans celle des meubles ou des immeubles? Et comme conséquence, quelle sera la nature du droit dont ils sont l'objet : mobilier ou immobilier? Nous savons que dans l'ancien droit, les offices, c'est-à-dire les offices de judicature et de finance, étaient réputés immeubles. (Cout. de Paris, art. 95). Mais c'était là une règle qui ne s'était établie qu'après beaucoup de doutes et d'incertitudes. Primitivement le prix de l'adjudication ne donnait lieu qu'à une distribution par voie de contribution. C'est plus tard, par l'édit de fév. 1683, que les offices

ont été assimilés aux immeubles (art. 9), et déclarés
susceptibles de priviléges et d'hypothèques (art. 3),
à condition qu'ils eussent été saisis avant la résignation admise (Cout. de Paris, art. 96). Et même
fallait-il encore faire une distinction entre la finance
qui seule était immeuble, et la pratique qui était
au contraire considérée comme meuble, Aujour-
d'hui, sans distinguer entre le droit de présentation
— q i rappelle la *finance* des anciens offices, avec
cette différence qu'il ne constitue plus une créance
contre le Roi, — et les recouvrements qui répondent à la *pratique*, c'est dans la classe des biens
meubles que les offices doivent être rangés. Le
doute ne saurait guère, en effet, être possible :
l'office est un bien essentiellement immatériel et
incorporel ; à la différence des choses incorporelles,
qui, en s'appliquant à un objet corporel quelconque, meuble ou immeuble, peuvent lui emprun-
ter fictivément sa nature, l'office est incorporel
dans sa substance et dans son objet. Ceci posé, et
» la loi étant muette, le seul moyen de qualifier ce
» bien c'est de rechercher la nature des avantages
» appréciables qu'il peut procurer. Ces avantages
» sont pécuniaires et consistent en bien meubles.
» Par conséquent, le droit même qui les produit
» doit être considéré comme meuble. » (Demolombe, tome 9, n° 439.) En effet le droit de présen-
« tation c'est la cessibilité, non du titre que le
» gouvernement peut seul conférer, mais de l'émo-
» lument attaché au titre par l'investiture que

» recevra le candidat présenté. » (Dur., tome IV, n° 162.)

L'office constituant un bien meuble, dans quelle classe de meubles le rangerons-nous ? Nous savons qu'aux termes de l'art. 527 du Code civil, les biens sont meubles par leur nature ou par la détermination de la loi ? Essentiellement immatériel et incorporel comme nous venons de le voir, l'office ne peut évidemment être un meuble par nature. Il semble alors qu'il faudrait le mettre au nombre des meubles par la détermination de la loi. Sous ce titre l'art. 529 énumère successivement les obligations et actions ayant pour objet des sommes exigibles ou des effets mobiliers, les actions ou intérêts dans les compagnies de finances, de commerce, et d'industrie ; les rentes perpétuelles ou viagères sur l'État ou sur les particuliers. Peut-on dire que cette énumération n'est pas limitative ? Faut-il assimiler les offices aux meubles par la détermination de la loi, et admettre avec M. Demolombe ; « qu'il paraît » clairement résulter des dispositions combinées » du Code civil que la classe des biens meubles par » la détermination de la loi comprend tous les biens » incorporels qui ne s'appliquent pas directement » à un immeuble ? » Mais ce qui manque dans notre espèce, c'est précisément la condition essentielle, la détermination de la loi ; en ce qui nous concerne, nous sommes porté à croire qu'il y a toute une catégorie de meubles incorporels, offices, œuvres de l'esprit, achalandage des fonds de commerce, dont la détermination a échappé à l'attention des législateurs; et que vouloir procéder en cette matière par voie d'analogie, ce serait plutôt faire la loi que l'interpréter.

Reste maintenant la question de savoir si ce droit est réel ou personnel. Il est inutile d'insister sur ce point que si le caractère mobilier ou immobilier d'un droit dépend de son objet, c'est la cause de ce droit qui détermine s'il est réel ou personnel. Ce sont là deux points de vue absolument différents et qu'il faut bien se garder de confondre. Le droit réel, nous le savons, crée une relation directe et immédiate entre une personne et une chose; il suppose nécessairement l'existence actuelle de la chose à laquelle il s'applique ; le droit personnel crée un rapport d'obligation entre une personne, qui bénéficie de l'obligation, et une autre qui est obligée : il n'existe pas si, au moment où il prend naissance, il n'y a pas une personne actuellement obligée. Faisons l'application de ces principes à notre matière : si le droit du titulaire d'office ne peut s'exercer sans l'entremise d'une autre personne, s'il suppose l'existence née et actuelle d'une obligation, il est personnel. Mais si au contraire il se conçoit sans l'intermédiaire nécessaire d'une personne obligée; si la relation s'établit directement entre l'officier et la charge, ce droit est réel. Il nous semble que posée dans ces termes la question ne saurait être douteuse. Décomposé en ses éléments principaux le droit du titulaire comprend 1° le droit de présentation ; 2° l'exploitation de la charge, c'est-à-dire l'ancienne pratique. Or l'objet de ces deux droits, nous le connaissons; pour le premier, c'est non pas le titre, ainsi que nous l'avons dit, mais l'émolument attaché au titre ; pour le second, c'est la clientèle, ce sont les profits des actes. Pour comprendre l'existence et l'exercice de ces droits, il n'est pas nécessaire de supposer l'existence d'une personne obligée. Le droit peut être exercé directement, sans intermédiaire. Sans doute, ce lien d'obligation peut naître par la suite, il peut résulter de circonstances ultérieures, par exemple, d'un contrat intervenu entre le titulaire et un cessionnaire ou bien de recouvrements à effectuer; mais ce lien d'obligation, postérieur à la naissance du droit, n'en est pas la cause, il n'en est que la conséquence. En d'autres termes, il n'y a pas dès le principe de débiteur déterminé; et si le droit peut être invoqué contre une personne cette personne n'est pas connue à *priori*. Par conséquent le caractère essentiel du droit personnel, à savoir une obligation, source du droit, manque ici. Au contraire trouvons-nous un objet sur lequel le droit puisse porter directement sans intermédiaire ? Cet objet nous le connaissons; nous savons qu'il existe : c'est le monopole attaché à l'exercice du droit de présentation, à l'exploitation de la charge, monopole qui constitue dans le patrimoine de l'officier un véritable bien. Donc le droit existe comme les autres droits réels, indépendamment de toute idée d'obligation ; il porte directement sur son objet ; donc c'est un droit réel.

Nous prévoyons deux objections qu'on peut faire à ce système. On peut lui reprocher de créer un droit réel, en dehors des dispositions du Code, et de ne pas reconnaître un droit de propriété là où l'usage et le langage semblent l'avoir consacré. La première objection ne saurait nous arrêter. Le Code a omis toute une classe de droits : le silence des rédacteurs du Code ne saurait nous empêcher de déterminer et de définir un droit, dont la réglementation a échappé à leur attention.

A l'égard de la seconde objection nous tenons à bien fixer notre pensée. En refusant au droit des officiers ministériels le nom de droit de propriété, nous n'avons jamais songé à en contester la légitimité. Loin de là, nous sommes des premiers à reconnaître qu'il y a là un bien, d'après les principes économiques, éminemment susceptible d'appropriation, et qui, sous certaines restrictions, tombe dans le commerce. On l'a contesté, et l'on a soutenu que les offices ministériels ne pouvaient pas plus être aliénés par l'État, qu'ils n'étaient susceptibles d'appropriation privée. L'office ministériel, a-t-on dit, constitue une délégation de la puissance publique, cette puissance est inaliénable, l'État peut la communiquer, non la vendre. Cette thèse, n'est que la répétition d'une erreur que nous avons déjà rencontrée, et signalée, elle provient d'une confusion que l'on fait entre les offices de judicature et les offices ministériels dans l'ancien droit. Ils étaient soumis à une organisation analogue; on en avait conclu qu'ils dérivaient du même droit. C'était une erreur que l'Assemblée constituante a réparée en déclarant que les charges de judicature en faisant retour à l'état ne pourraient plus en être détachées, parce qu'elles émanaient de lui, tandis qu'au contraire les offices exercés en vertu d'une concession souveraine, ont néanmoins une existence, une durée, une valeur qui leur est propre. (Décret des 16 et 24 août 1790. Décret des 2, 6, 7 et 12 sept. 1790).

« Le droit du magistrat en effet est tout entier » dans la délégation souveraine qui l'investit : son » privilége, sa fonction, son titre sont absolument » indépendants de sa valeur personnelle. » (*Gaz. des Tribunaux*, 15 nov. 1839.) Le juge n'est ce qu'il est que par le titre qui lui est conféré, la considération de son mérite personnel est indifférente à celui qui recourt à son ministère; car ce ministère est imposé par la loi. On ne saurait donc trouver là le germe d'un droit de propriété au profit du magistrat, il n'a rien créé, il n'a rien produit. La seule chose qu'il pourrait céder ou vendre, ce serait son titre de magistrat, or, tout le monde le sait et le reconnaît, ce titre délégation de l'autorité souveraine est inaliénable. En est-il de même des officiers ministériels? Sans doute ils ont eux aussi un titre qui émane de la puissance publique. Mais ce titre, quelle valeur a-t-il, abstraction faite de la personnalité du titulaire, de son intelligence, de

son travail, de sa moralité? « Ce n'est pas le titre,
» c'est le titulaire qui donne à l'office sa valeur.
» D'après son mérite personnel, l'officier ministé-
» riel peut exploiter sa charge avec plus ou moins
» de profit; la clientèle, les bénéfices augmentent
» en raison de l'activité de l'intelligence, de la mo-
» ralité dont il fait preuve. La puissance publique
» lui donne une patente, c'est à lui de la féconder
en en faisant une profession. » L'office ministériel
disait un orateur, M. Guillaume, à l'Assemblée
constituante, est entre les mains du titulaire un
champ qu'il cultive et qu'il fertilise journellement
(*Moniteur* du 22 décembre 1790). En un mot, entre
le titre et l'office, il se produit un sorte d'accession
fondée sur l'intelligence, sur le travail du titulaire.
« Or, partout où on voit le produit d'un travail, dit
» M. Duvergier (sociétés n° 61), il est naturel de
» reconnaître le droit de propriété. » Peu importe,
dès lors que ce soit un droit d'une nature spéciale,
et non un droit de propriété, tel que l'entend le
Code. Le droit n'en existe pas moins; aussi légitime, aussi respectable que tout autre. Et, de même
que le propriétaire a droit sur sa maison, de même
que l'auteur a droit sur l'ouvrage produit de son
intelligence, de même l'officier ministériel a droit
sur sa charge, parce qu'elle n'est pas seulement une
concession de l'État, mais qu'elle est son bien.

Déterminer l'étendue de ce droit est chose fort
délicate. Deux droits ici se trouvent en présence,
celui de l'officier ministériel, et celui de l'État. A

côté de la profession il y a le titre indispensable à l'exercice de la profession, c'est là une chose qui n'appartient pas à l'officier, qui lui a été conférée, non donnée. C'est pour cela que la loi peut imposer certaines conditions à l'officier ministériel. Si les fonctions de l'officier ministériel ne procédaient pas dans une certaine mesure de la puissance publique, il n'y aurait pas de concession à demander, de conditions à subir. Mais du moment que le droit à la charge devait être consacré par une investiture, l'État a pu imposer des conditions : c'est pour cela qu'en compensation du titre qu'il confère, l'État exige des conditions de capacité, exerce un contrôle sévère, édicte une pénalité rigoureuse, et se réserve le droit de sanctionner ou de refuser la transmission.

Nous ne pouvons, pour ce moment, qu'indiquer ce pouvoir de contrôle, ce rôle d'arbitre réservé à l'État en cette matière. Fixer le point précis où finit le droit du titulaire, où commence celui de l'État ; déterminer le caractère que donne aux conventions particulières entre les parties, l'intervention de ce troisième élément, c'est là le sujet même de cette étude. Il ne faut pas que les parties puissent par leurs conventions porter atteinte au droit éminent de l'État ; mais il ne faut pas non plus que celui-ci, par l'exagération de ses prérogatives, devienne à son tour envahissant. De là une source de difficultés et de controverses qui, dans la doctrine, sont loin d'être tranchées. En thèse générale, la raison, comme la mesure de l'intervention de l'État, c'est l'ordre public, l'intérêt des justiciables. Toute ingérence de l'État, fondée sur un autre motif serait attentatoire à la liberté des conventions privées. Reste à faire aux cas spéciaux l'application de ces principes.

En résumé, le droit de présentation est bien un droit d'une nature toute spéciale. A la différence du titre, absolument personnel au titulaire, et ne tombant pas dans le commerce, le droit de présentation est dans le commerce, sous certaines restrictions il est vrai, et constitue une valeur pécuniaire, par conséquent, un bien dans le patrimoine du titulaire. Mais en même temps, le droit de présentation est l'accessoire du titre, et ne peut en être détaché, en ce sens qu'il ne peut reposer sur une tête autre que celle du titulaire; il s'en suit que le droit de présentation emprunte au titre lui-même quelque chose de son caractère personnel. D'où les conséquences suivantes : 1° du vivant du titulaire, le droit de présentation ne peut être exercé que par lui, et personne ne peut contraindre le titulaire à donner sa démission; 2° la perte du titre par suite de la destitution, entraîne comme conséquence la perte du droit de présentation. Entre le titre et le droit de présentation, il y a corrélation, non analogie.

L'énumération donnée par l'art. 91 de la loi de 1816 est limitative; c'est donc uniquement aux avocats à la Cour de cassation, notaires, avoués, greffiers, huissiers, agents de change, courtiers (sous la restriction de la loi de 1866), commissaires-priseurs que le droit de présentation, tel que nous venons de le définir est concédé avec ses conséquences et ses effets. On s'est demandé quelle pouvait être la valeur de traités conclus par les référendaires au sceau, et les agréés près le tribunal de commerce, à raison de la cession de leurs charges, par les maîtres de poste à raison de la cession de leur brevet? La réponse est bien simple : Ces traités ne sauraient avoir d'autre caractère que celui de simples conventions privées; elles ne sauraient en aucune façon avoir un caractère de droit de présentation. Il pourra en résulter certaines conséquences singulières au premier abord. Ainsi l'Etat n'a point à contrôler le prix de cession des charges d'agréé; il n'y a pas de nomination par lui, donc pas de contrôle; mais aussi le ministère de l'agréé n'est pas nécessaire, et le justiciable n'est point tenu d'y recourir. D'autre part, l'agréé qui encourt la peine de la destitution par le tribunal, ne se trouvant pas soumis à la loi de 1816, n'est pas dépouillé du droit de transmettre sa charge.

Nous nous proposons d'étudier le droit de présentation : 1° dans le patrimoine du titulaire; 2° dans la succession de ce dernier; 3° la cession et l'acquisition de ce droit à titre onéreux; 4° la perte de ce droit.

CHAPITRE III

DES OFFICES DANS LE PATRIMOINE DU TITULAIRE

SECTION PREMIÈRE

DU CONTRAT DE MARIAGE ET DES CONVENTIONS MATRIMONIALES

Aux termes de l'art. 1401 n° 1 du Code civil la communauté se compose activement de tout le mobilier que les époux possédaient au jour de la célébration du mariage, ensemble de tout le mobilier qui leur échoit pendant le mariage à titre de donation ou de succession, si le donateur n'a exprimé le contraire. L'office, nous le savons, comprend deux éléments : 1° le titre, délégation de la puissance publique, hors du commerce, 2° un droit droit mobilier quisqu'il tend à l'obtention d'une somme. Cette distinction faite nous avons trois hypothèses à étudier : 1° le cas où l'office est dans le patrimoine du titulaire à l'époque du mariage;

2° le cas où l'office est acquis au cours du mariage; 3° les conséquences de la dissolution de communauté à l'égard de l'office.

I. Tout titulaire d'office transmet à la communauté en se mariant, non-seulement les produits attachés à sa charge, l'ancienne pratique, mais encore la valeur même de l'office, c'est-à-dire, la valeur pécuniaire attachée au droit de présentation. Ce n'est pas d'ailleurs l'office en lui-même qui tombe en communauté. Toute charge publique est inhérente à la personne du titulaire. La communauté n'a donc contre l'officier qu'une créance représentative de la valeur : c'est cette créance non l'office qui fait partie des biens communs. Incontestablement la règle de l'ancien droit aux termes de laquelle l'office réputé immeuble n'entrait pas en communauté était plus rationnelle, et jamais la présomption de la loi : *Mobilium vilis possessio* n'a été moins fondée.

Telle est la règle au cas de communauté légale, mais la communauté peut être conventionelle, et la volonté des parties peut exclure l'office de la communauté, tel est le cas où le contrat contient une *clause de réalisation, ou d'exclusion de la communauté ou bien encore une stipulation de propres.* L'effet de ces stipulations est d'empêcher la communauté d'acquérir un droit quelconque sur l'office. Mais par application des principes généraux, les bénéfices réalisés par le titulaire dans l'exercice de ses fonctions appartiennent à la communauté (article 1401 n° 2). L'office est-il entré dans la classe des biens communs? Ce prix tombe dans la caisse de la communauté, si le droit de présentation est exercé au cours de celle-ci : les risques réciproquement sont à la charge de cette dernière. Il en est autrement si l'office reste propre à l'officier : en ce cas, l'officier venant à donner sa démission, la créance du prix n'appartient qu'à lui seul. Si le prix est versé dans la communauté, aux termes de l'art. 1433, Code civil, lors de la dissolution il y a lieu à prélèvement de ce prix sur la communauté, au profit de l'époux propriétaire. Le titulaire peut d'ailleurs empêcher ce résultat en faisant remploi du prix (Art. 1434). C'est à sa charge que sont les risques et périls, à sa charge, par conséquent, l'amoindrissement comme la perte de l'office. Si la communauté paie certaines taxes imposées à l'officier ou une indemnité mise à la charge de l'officier au cas d'une suppression d'office, celui-ci aux termes de l'Art. 1437 doit récompense à la communauté. Mais si ce payement ne rapporte aucun profit à l'officier, devra-t il néanmoins récompense? L'ancien droit décidait dans ce cas la négative (Loyseau, L. 3 Chap. 9, n° 13. Pothier Com. n° 680). Nous croyons que la solution contraire doit prévaloir : en réalité, il y a là une dépense nécessaire, et sans tenir compte ou non de la plus value, récompense doit être faite à la communauté de ce qu'elle a déboursé.

Que décider si le titulaire de l'office déclare en se mariant faire entrer son mobilier en communauté jusqu'à concurrence de certaine somme? Cette clause, nous le savons, a pour effet de « réserver au profit » des époux l'excédant de la valeur de leur mobilier » tant présent que futur sur la somme à laquelle ils » ont fixé leurs apports. ». La communauté acquerra donc sur le mari une créance égale selon les cas à la totalité ou à une partie de la valeur de l'office.

II. L'office possédé au jour du mariage tombe, nous venons de le voir, en communauté si l'officier ne se l'est pas réservé. S'il est acquis au cours du mariage il faut distinguer selon que l'office est acquis de deniers communs, avec l'argent du mari, ou à **titre gratuit.**

1° L'office acquis des deniers de la communauté fait partie du patrimoine commun (art. 1401). Même dans l'ancien droit où l'office constituait un droit immobilier, « lorsqu'un homme, dit Pothier » (Com. n° 663) acquiert un office durant la com- » munauté, cet office est un conquêt de commu- » nauté, qui est, par conséquent aux risques de la » communauté, et qui périt pour elle soit en cas de » suppression, soit en cas de perte de l'office. » De même actuellement, au cas de cession, le prix de la démission tombe dans la communauté; les taxes et indemnités mises à la charge des officiers maintenus au cas de suppression d'offices doivent être supportées en commun. Une question controversée quelque temps et qui maintenant ne présente plus d'intérêt fut celle de savoir quel était l'effet du supplément de cautionnement imposé aux officiers par la loi de 1816. On a décidé avec raison, selon nous, que la valeur pécuniaire donnée par la loi de 1816 au droit de présentation constituait réellement un acquêt de communauté, que par conséquent l'office ne pouvait être considéré comme propre, et que le surplus du cautionnement payé des deniers de la communauté devait faire envers celle-ci l'objet d'une récompense.

2° Si le mari, pour se faire pourvoir d'un office aliène un meuble ou un immeuble dont il s'était réservé la propriété exclusive ou bien s'il fait servir au payement du prix les deniers provenant de l'aliénation d'un bien qui n'était pas tombé dans la communauté, dans ce cas, en exécution des articles 1407 et 1433 du Code civil, l'office est subrogé aux lieu et place du propre aliéné.

3° Conformément à la règle de l'art. 1401 1° les offices advenant aux époux au cours de la communauté à titre de donation ou de succession, doivent tomber en communauté, à moins bien entendu, que le donateur n'ait exprimé la volonté contraire.

D'autre part, le contrat de mariage peut porter que les donations même mobilières n'entreront pas en communauté. De nombreuses difficultés peuvent alors se présenter. Prenons d'abord le cas où la donation est faite à l'un des époux, au mari. Le donateur a usé du droit de présentation en faveur du donataire : la donation est parfaite par la nomination et la prestation de serment du donataire.

Dans ce cas il n'y a pas de doute possible, la valeur de l'office restera propre au mari. Mais la question est plus délicate si le mari se trouve pourvu gratuitement de son office au cours de la communauté. Peut-on dire qu'il y ait là une donation dans le sens ordinaire du mot, et le mari pourra-t-il invoquer les termes du contrat de mariage pour se réserver l'office comme propre? Il est plus juste, selon nous de dire que l'acquisition qui a sa source dans la concession faite par le gouvernement à la capacité du titulaire doit être considérée comme un *fait de son industrie*, comme un bénéfice au profit de la communauté. Il n'y a pas là une donation, mais une obvention, une échute. Dès lors la valeur de l'office qui à ce titre profiterait même à la communauté d'acquêts, doit à plus forte raison profiter à la communauté légale. (Troplong, *contrat de mariage* n° 419. — Agen. 2 décembre 1836, Dev. 1837, II, 309. — Cass. 8 mars 1843. Dev. 1843. 1. 305).

En serait-il de même au cas où une clause expresse du contrat de mariage exclurait de la communauté ce qui obvient par succession, donation, ou *autrement?* Avant toutes choses il faudra s'en référer aux circonstances et à l'intention des parties. Voici cependant de quelle façon Pothier (Com. n° 323) interprète ce mot : *autrement* : « Lorsque les conjoints ont stipulé propre ce qui leur » adviendrait durant le mariage par succession, » dons, legs ou *autrement*, les termes ou autrement » comprennent les bonnes fortunes qui pourraient

» arriver à l'un ou l'autre des conjoints durant la
» communauté. Par exemple, si l'un des conjoints,
» durant la communauté, a trouvé une épave ou
» un trésor, ce qui lui revient *jure inventionis* lui
» sera propre, et sera exclu de la communauté par
» les termes ou *autrement.* » On est donc en droit
de conclure qu'une semblable clause n'exclut pas
ce qui est acquêt : qu'elle ne s'applique qu'aux
choses qui n'ont pas le caractère d'acquêt, et qu'en
conséquence même dans ce cas l'office devrait tomber en communauté. (Cas. 7, Nov. 1827, Dev. 1828,
1. 696).

La donation peut avoir été faite sous certaines
charges; ainsi le donateur peut avoir imposé au
futur officier le paiement d'une rente viagère. Si ces
obligations ont été acquittées des deniers de la
communauté, celle-ci au moment de la dissolution
aura droit à une indemnité.

La seconde hypothèse à examiner est celle où la
donation de l'office est faite à la femme. En ce cas
si le contrat de mariage exclut de la communauté
les donations mobilières, l'office, c'est-à-dire, la valeur de l'office restera propre à la femme. Il faut
supposer en ce cas que le donateur a exercé au
profit d'un tiers le droit de présentation. Le bénéfice de la donation consistera dans le paiement par
le tiers entre les mains de la femme de la valeur
représentative de l'office, valeur qui, nous venons
de le dire, restera propre à la femme. Mais la question se complique singulièrement si l'on suppose

que c'est au profit du mari que le donateur a exercé le droit de présentation, et que le mari se fait agréer. Alors, selon une opinion (Eug. Durand, n° 301) il faut distinguer l'exercice des fonctions et le droit de présentation. Ces deux éléments, dit-on, sont jusqu'à un certain point indépendants : s'ils sont réunis, on n'en conçoit pas moins qu'ils puissent exister séparément. Ainsi au cas de mort du titulaire le second de ces deux éléments survit à l'autre. Par suite, dans le cas spécial qui nous occupe le mari n'a que l'exercice des fonctions, s'il meurt le premier, la femme reprend la charge comme un bien qui lui appartient sans être tenue à récompense ; si le titulaire survit, il peut rester en possession, en tenant compte aux héritiers de la femme de la valeur de l'office. Mais, peut-on répondre, rien n'autorise cette distinction entre le droit de présentation, et l'exercice des fonctions ; deux personnes distinctes ne sauraient avoir en même temps l'une, le droit de présentation, l'autre l'exercice des fonctions. Dans l'espèce, comment comprendre que le titulaire exerce un droit qui reste fixé sur la tête de la femme ou de ses héritiers ? Pour être logique, il faut admettre que la présentation ne peut être faite que par la femme, assistée du mari ; mais comment concilier cette subordination du mari avec l'indépendance de l'officier ministériel ? Suppose-t-on que la femme vienne à mourir : alors la situation devient encore plus choquante, le droit de présentation passe aux

héritiers de la femme, tandis que le mari ne conserve plus qu'un titre nu. Il n'y a, selon nous,
qu'un moyen d'échapper à toutes ces inconsé-
quences, c'est d'admettre que l'agrément du mari
comme officier entraîne comme conséquence la
réunion sur sa tête du plein et entier exercice du
droit de présentation. Ce droit est l'accessoire du
titre, il ne peut en être séparé. Il s'en suit, selon
nous, que le droit de la femme ou des héritiers se
réduit à prélever à la dissolution de la communauté une somme égale à la valeur de l'office au
moment de la donation, ou plutôt au moment de
la nomination. (Art. 1471, 1472).

Régime dotal. — Un officier ministériel s'engage
à donner sa démission en faveur de son futur
gendre. Quelle est la valeur de cette obligation,
quand les époux adoptent le régime dotal? A défaut de convention particulière, il faut voir si la
constitution de dot est faite ou non sans estimation. S'il y a estimation (Art. 1551), l'office est le
bien du mari, et la femme ne peut que réclamer à
la dissolution du mariage le montant de l'estimation. A défaut d'estimation, selon une opinion
(Eug. Durand, n° 302), le mari n'aurait que l'exercice de l'office; la cession ne pourrait avoir lieu
qu'avec le consentement de la femme. — Pas plus
dans ce cas, qu'au cas de communauté légale, nous
ne pouvons admettre que le droit de présentation
soit distinct de l'exercice des fonctions. Le mari
aura donc l'un et l'autre. Quant à la valeur de

l'office, valeur qui devra être estimée au moment de la dissolution du mariage, elle a le caractère de dot mobilière, et partant elle est inaliénable en ce sens que tout acte accompli durant le mariage doit laisser intacte l'action en restitution qui appartient à la femme. (Art. 2121, Code civil).

L'administration n'admet pas ces conventions matrimoniales en vertu desquelles l'officier ministériel qui marie son fils ou sa fille leur constitue en dot son office. Mais la Cour de cassation en a reconnu le principe. (Cass., 4 janvier 1837. — Dev., 1837, 1. 449.)

III. Dans les deux hypothèses que nous avons examinées, — que le titulaire ait la possession de l'office au moment où il s'est marié, ou que l'office soit acquis au cours de mariage, le titulaire, au cas où le mariage se dissout par la mort de son conjoint ne peut être contraint par les héritiers de la défunte à réaliser le prix de l'office en le vendant. — Pothier dans l'ancien droit admettait déjà cette solution, et invoquait l'indécence qu'il y aurait à dépouiller ainsi le conjoint de l'office sur la demande des héritiers (Pothier. Com. n° 663). Cet argument n'a rien perdu de sa valeur aujourd'hui. En outre, qu'on le remarque bien. L'office en lui-même n'est pas dans le commerce; ce qui est dans le commerce c'est le droit de présentation ; or ce droit est entre les mains du titulaire survivant; les héritiers ne peuvent l'exercer qu'à défaut du titulaire, et par conséquent celui-ci peut toujours les désintéresser par un paiement proportionné à leurs droits.

Ainsi les héritiers du conjoint décédé n'ont aucun droit, aucune action contre l'office même, ils n'ont qu'un droit de créance sur le prix de l'office. Quelles bases prendra-t-on pour fixer le montant de cette créance? Prendra-t-on la valeur de l'office au moment de l'acquisition? Ou bien la valeur au moment de la dissolution de la communauté? Ou enfin le prix d'une cession de l'office faite par le titulaire postérieurement à la dissolution de la communauté? L'ancien droit prenait en considération la valeur de l'office au moment de l'acquisition. Dans cette opinion, la déclaration faite par le mari, après la dissolution de la communauté qu'il entendait retenir l'office avait un effet rétroactif au jour de l'acquisition. Pothier qui semble partager cette opinion (Communauté, n° 667), en fait cependant la critique : « L'office ayant toujours été aux ris- » ques de la communauté, il semble que l'équité demande que la communauté qui aurait souffert » de la perte, profite de l'augmentation, suivant cette » règle d'équité : « Ubi periculum ibi et lucrum. » Cette raison est en effet absolument convaincante, et les auteurs sont d'accord avec la jurisprudence pour appliquer ce principe que ce qui constitue l'actif et le passif d'une société doit s'estimer au moment de la dissolution de la société, et qu'en conséquence, c'est à la dissolution de la commu- nauté que devra être fixée la valeur de l'office.

(Toullier, tome 12, n° 173. — Zacharie, tome 3,
n° 413, note 7. — Rodière et Pont, t. 1, n° 364. —
Troplong, Contrat de mar. t. 1, n° 427.)

Un tempérament peut toutefois être apporté à
cette opinion : s'il ressortait des faits de la cause
qu'au moment de la dissolution de la communauté
le titulaire avait l'intention de vendre ; qu'il a géré
l'office dans l'intérêt de tous, non dans son propre
intérêt ; qu'en un mot, il a fait, dans l'intérêt de
tous, un acte d'administration, alors on peut
soutenir que c'est au prix de vente qu'il faut s'en
référer pour fixer la valeur de l'office. (Troplong,
Cont. de Mar. t. 1, n° 429.)

SECTION II

DE LA MISE EN SOCIÉTÉ DES OFFICES

Loyseau nous apprend que dans l'ancien droit
la mise en société des offices était pratiquée.
» L'office de soi, dit-il ne peut être à plusieurs ni
» quant à la qualité de l'officier, ni quant à la
» seigneurie de l'office qui gît en la provision. Mais
» l'office appartenant au pourvu seul, on s'y peut
» associer avec lui à telle condition que le prix
» d'achat sera payé en commun, et aussi les émo-

» luments,...., Il échet ainsi souvent que deux per-
» sonnes s'associent pour acheter en commun un
» office de valeur. Loyseau, offices, livre 3, ch. 9,
» n° 54. — Livre 3. chap. X, n°s 10 et 11.

Sous l'empire de la loi de 1816 pourrait-il en être de même? L'opinion qui voit dans le droit du tutilaire sur l'office un droit de propriété l'a soutenu : pourquoi a-t-on dit l'association pour l'exploitation des offices serait elle défendue? Quelle est la loi qui la prohibe? Sans doute le titulaire reste responsable envers le public; c'est lui qui gère, qui signe, qui donne la garantie de son nom, et quant aux associés, il est certain qu'ils ne peuvent pas s'ingérer dans l'exercice de la fonction qui est toute personnelle. Sur tous ces points pas de doute possible ; mais en ce qui concerne les émoluments de l'office, en quoi une société est elle contraire aux principes du droit civil? Le droit de présentation à la mort du titulaire tombe dans sa succession et devient commun à tous ses héritiers. Pourquoi ce même droit ne pourrait-il pas faire l'objet d'une association volontaire? (Dard. Traité des offices, p. 328, Mollot, bourses de commerce n° 284.)

Ecartons tout d'abord l'argument que l'on prétend tirer du droit ancien si dans l'ancien : droit l'office pouvait être l'objet d'une société, c'est qu'il y avait eu vente de l'office, que par conséquent l'officier en était propriétaire, sinon quant à la fonction, du moins quant à la finance. Il n'en est plus de même maintenant ; les principes de la matière sont tout autres, spécialement nous ne reconnaissons pas un droit de propriété dans le droit du titulaire sur l'office. Par conséquent on ne saurait tirer argument du droit ancien, et la question, doit être examinée en elle-même.

Selon M. Duvergier (*Société* nᵒ 59 et suiv.) la société formée pour l'exploitation de l'office est nulle parce que dans une telle association il n'y aurait pas de mise en commun. Le titulaire ne pouvant partager les fonctions, le droit de présentation lui étant personnel et ne pouvant être exercé que par lui, quand bon lui semble, on ne voit pas en quoi consisterait le fonds socia. Serait-ce la somme que paie le suscesseur ? Non puisqu'elle est le résultat d'un fait qui précisément mettrait fin à l'association, si elle avait existé. Enfin quels moyens d'action auraient les associés au cas où la gestion du titulaire serait nuisible à leurs intérêts ? Évidemment ils n'en auraient aucun. Si M. Duvergier entend dire que le titre ne peut entrer dans le fonds social, nous sommes pleinement d'accord avec lui. Mais a côté du titre, il y a la valeur vénale attachée au droit de présentation, valeur qui est dans le commerce ainsi que M. Duvergier l'enseigne lui-même dans son traité de la Vente (nᵒ 208), valeur susceptible d'être réalisée par une vente, et qui pourrait par conséquent faire l'objet d'un apport social. Apport d'une nature bien spéciale : il faut le reconnaître puisque le droit de présentation est attaché à la personne de titulaire, et que nul ne peut l'en dépouiller ou le contraindre à l'exercer. — Quant à l'objection tirée de ce que les associés n'auraient aucune action contre le titulaire, et ne pouraient ni le révoquer au cas où il gèrerait mal, ni le forcer à donner sa démission on a répondu : (Troplong Société. n° 91) que les associées pourraient toujours dans le cas où ils en auraient de justes motifs demander la dissolution de la société, faire estimer la charge que le titulaire voudrait conserver et se faire tenir compte de sa valeur à la suite de la dissolution. Mais quelle garantie constituerait pour les associés cette demande de dissolution alors que le gérant ou titulaire ne pourrait être contraint de réaliser l'apport social. Il est vrai qu'il pourait être condamné à des dommages intérêts mais est-ce là une garantie suffisante? La réponse porte donc à faux et le second argument argument de M. Duvergier conserve toute sa valeur.

Ce qui empêche les offices d'être mis en société, c'est que les charges étant une délégation de la puissance publique doivent être exercées avec désintéressement, probité, délicatesse ; or si une association était possible, les charges perdraient vite leur caractère ; l'esprit mercantile et la cupidité prendraient la place des sentiments qui doivent en régler l'exercice. On a voulu faire une distinction entre la fonction, qui demeure dans le domaine public, et ce que l'on appelle à tort la finance, laquelle est seule dans le commerce et fait seule l'objet de la société. « Mais cette distinction est une » chimère. Sans la fonction, la sociétéserait inerte » et la finance improductive ; la fonction est l'âme » et le mobile de la société, il est donc impossible » que la société soit indifférente à la fonction. La » fonction doit être libre et la société lui donnera » des surveillants, des tuteurs. (Troplong. Sociétés n° 94.) Pour que la responsabilité de l'officier ministériel réponde au vœu de la morale et de la loi « il faut que son action soit libre, qu'il ne puisse » être maitrisé par un associé, qu'il ne connaisse » d'impulsion que celle de sa conscience, d'empire » que celui des règles qui ont tracé les devoirs de » son état. (Dev. 1839. 2. 434.)» C'est ainsi que s'exprimait l'arrêt de la cour de Paris, que nous venons de citer, et c'est en ce sens que la jurisprudence est désormais fixée. (Encore en ce sens, Bédarrides. Des sociétés. n° 25.)

En ce qui concerne les offices d'agents de change, la question était plus délicate. Certains auteurs, qui repoussent la mise en société pour l'exploitation de tout autre office l'admettaient cependant pour l'office d'agent de change. La jurisprudence elle-même était hésitante, bien que par plusiers arrêts de la Cour de cassation se fut prononcée contre la validité de ce genre de société. (Cass., 15 déc. 1851. 27 mai 1862.) La question a été tranchee par la loi des 2-4 juillet 1862, qui a modifié les art. 74. 75 et 90 du Code de commerce. Cette loi décide que

» les agents de change *près les Bourses pourvues*
» *d'un parquet* pourront s'adjoindre des bailleurs
» de fonds intéressés, participant aux bénéfices et
» aux pertes résultant de l'exploitation de l'office
» ou de la liquidation de sa valeur. Ces bailleurs
» de fonds ne seront passibles des pertes que jus-
» qu'à concurrence des capitaux qu'ils auront
» engagés. » D'après l'exposé des motifs de la loi,
la situation des agents de change est mixte : elle se
compose de deux éléments qu'ils ne faut pas confondre. Comme certificateurs de l'identité des personnes, et de la sincérité des signatures, comme
chargés de la constation officielle du cours des valeurs, les agents de change sont des officiers publics.
Comme intermédiaires de la négaciation des effets
publics et autres valeurs cotées à la Bourse, ils
ont en outre un caractère commercial. Ce caractère
ressort de l'article 632 du Code de commerce, qui
déclare acte de commerce toute opération de change;
de l'article 84 du même code, qui impose aux agents
de change l'obligation de tenir les livres exigés des
commerçants, de l'article 89 d'où il résulte qu'ils
peuvent tomber en état de faillite; de l'arrêté du
gouvernement du 29 germinal, an IX, qui les renvoie
devant le tribunal de commerce pour les contestations
qu'ils ont entre eux à raison de leurs fonctions. Ce
double caractère qui n'existe pas dans les autres
offices, explique pour ces charges la possibilité d'une
association. D'ailleurs l'office public, le privilége
qui en découle, les fonctions qui en résultent, tout

cela doit rester exclusivement personnel au titulaire de la charge. La rédaction de l'art. 75, § 1er, en disposant que les agents de change auront le droit de s'adjoindre des bailleurs de fonds intéresés exclut soigneusement l'office lui-même de la mise en société. D'ailleurs, pour que les titulaires de la charge ne soient pas de simples prête-nom, la loi exige (art. 75) qu'ils acquittent en leur propre nom et sans le secours de l'association le quart au moins du prix de l'office, et le quart du cautionnement. La distiction imaginée par la loi est ingénieuse. Mais est-elle bien pratique? Conjure-elle pour l'officier public les dangers de l'association commerciale? La reconnaissance de ces associations était-elle d'ailleurs bien nécessaire? Les charges d'agents de change sont trop peu nombreuses, et exigent un capital tel que l'association devient nécessaire; pourquoi ne pas en avoir augmenté le nombre? Pourquoi n'avoir pas autorisé les agents de change à présenter chacun un nouveau titulaire? Ce mode de doublement aurait ce semble, eu le double avantage d'indemniser les titulaires en exercice, et de n'imposer aucune charge nouvelle à l'État.

La loi ne s'est pas expliquée sur le cas où les bailleurs de fonds s'immisceraient dans les affaires de la société. Mais, comme le fait remarquer l'exposé des motifs, si la loi n'a pas prévu cette immixtion, c'est que l'immixtion est impossible; les opérations qui constituent la profession, les affaires de l'agent de change sont réservées par la loi, elles sont inter-

dites sous des peines sévères à tout individu, à
l'associé comme à celui qui ne l'est pas. Si donc on
suppose qu'un bailleur de fonds se livre à quelque
opération de la nature de celles qui rentrent dans
les fonctions de l'agent de change, il ne s'immisce
pas dans les affaires de la société, il commet une
usurpation de fonctions, un délit purement personnel qui n'engage que lui, et qui l'engage dans
les termes du droit commun dans ses conséquences
pénales et civiles.

Il est bien évident d'ailleurs que cette loi tout
exceptionnelle, laisse subsister à l'égard des autres
offices l'impossibilité de la mise en société, et même
en ce qui concerne les charges d'agents de change,
elle n'autorise l'association que *près les Bourses
pourvues d'un parquet.*

La question de savoir si tel fait, telle convention
présente ou non les caractères d'une association
prohibée, sera parfois fort délicate. Ainsi faut-il
considérer comme une association illicite, la convention par laquelle il est stipulé que le titulaire
démissionnaire se paiera de son prix par un partage des bénéfices pendant un certain nombre d'années ? Non a-t-on dit, et avec raison selon nous : il
n'y a pas là une association, il n'y a là qu'une indi-
cation de payement faite par le débiteur au créancier,
partant d'une convention parfaitement licite. De
même est licite la convention par laquelle un officier
ministériel, un notaire par exemple, s'engage à
donner à un clerc une part déterminée dans ses

bénéfices, ou bien encore la convention par laquelle le successeur désigné d'un officier ministériel s'engage à travailler comme clerc dans son étude, mais à une condition expresse, c'est que les caractères de l'association ne paraissent pas, c'est-à-dire que l'officier ministériel soit libre de renvoyer son clerc, et que malgré la présence du successeur, le titulaire reste indépendant et absolument maître de sa gestion.

La société bien qu'étant illicite a pu néanmoins se former : quelles en seront les conséquences? Supposons opéré le versement des sommes promises par un associé, ce versement donnera-t-il lieu à répétition ? Si on appliquait à la matière des sociétés la jurisprudense constante en matière de contre-lettres, on dirait avec la Cour de cassation : aux termes de l'art. 1376 du Code civil : « celui qui reçoit par erreur ou sciemment ce qui ne lui est pas dû, s'oblige à le restituer à celui de qui il l'a indûment reçu. » Par conséquent, dans tous les cas et sans distinction, la répétition des sommes versées doit être admise. — Cependant une opinion soutenue par de nombreuses autorités fait sur ce point une distinction. Il est des cas en effet ou le caractère illicite de l'association est évident ; en sorte que les associés n'ont pu l'ignorer : ce sont par exemple les cas où l'objet de cette association était formellement interdit par la loi ou manifestement immoral. On comprend que dans ce cas la répétition soit repoussée, car pour l'intenter, l'associé est obligé d'invoquer un fait qu'il savait repoussé par la loi ou par la morale, et alors on est en droit de lui objecter : *« nemo auditur propriam turpitudinem allegans. »* — Ou bien au contraire le caractère illicite de l'association n'a pas cette évidence et résulte de considérations sur la valeur desquelles le désaccord est possible. On comprend alors qu'une personne ait pu entrer dans une société de ce genre croyant de bonne foi ne faire qu'une chose permise. Lors donc que cette personne veut ultérieurement répéter les fonds versés par elle, on ne peut lui opposer la maxime, *« nemo auditur propriam turpitudinem allegans »* Et comme celui qui a les fonds les détient sans droit, sans cause légitime il ne peut décliner l'obligation de les restituer.

Dans le sysième que nous exposons, cette distinction doit être appliquée à l'association en matière d'offices. Antérieurement à la loi de 1862, malgré les décisions de la jurisprudence, on comprend qu'un doute pût exister sur l'illégalité de l'association en matières d'offices : dans ce cas, la répétition des sommes versées était possible. Aujourd'hui la loi de 1862 en consacrant une exception à l'égard des charges d'agents de change a virtuellement consacré l'illégalité de l'association à l'égard de tous autres offices. Dès lors la répétition des sommes versées n'est plus admise, et l'on applique dans toute sa vigueur la maxime : *« nemo auditur propriam turpitudinem allegans.* « (En ce sens, Troplong. Des sociétés n° 105. — Pardessus. Droit com.

n° 1005. — Delamarre et Lepoitvin. Droit commercial tome 1er n° 51. Contra Duvergier. Sociétés n° 31) La conséquence de ce système, c'est qu'il ne doit naître au profit des associés aucune action en reddition de comptes contre le titulaire ; qu'ils ne peuvent ni demander le partage des profits et pertes, ni le faire régler en justice, ni déférer aux tribunaux le jugement de leurs différends sur les effets de leur association. Enfin la société étant nulle, les tiers n'ont pas d'action contre les associés.

Antérieurement à la loi de 1862 la jurisprudence n'admettait pas ces conséquences rigoureuses, et voyait dans les sociétés une communauté de fait rendant un règlement nécessaire en vertu de ce principe qu'il n'est pas permis de s'enrichir aux dépens d'autrui. (Paris. 11 juillet 1836. Dalloz. 36 2. 139 — Lyon. 23 décembre 1853. Dalloz. 54. 2. 207.) Notamment un arrêt de la Cour de cassation du 26 février 1851. (Dalloz. 51. 1,253) avait autorisé la répétition contre le titulaire des sommes versées par un associé.

SECTION III

DES DROITS DES CRÉANCIERS DE L'OFFICIER MINISTÉRIEL.

Sous l'ancien droit, les offices réputés immeubles et susceptibles d'hypothèque, pouvaient être saisis avant la résignation admise (Cout. de Paris, article 95), et vendus par décret comme les immeubles réels, à la requête des créanciers du titulaire. Le jugement par décret qui adjugeait l'office saisi tenait lieu de *procuratio ad resignandum*, si le titulaire refusait de la donner (Édit. de février 1683, art. 9). Sous le régime de la loi de 1816 il ne saurait en être de même : le caractère de l'office, la nature spéciale du droit de présentation, l'indépendance nécessaire à l'officier ministériel sous le contrôle de l'administration, sont autant d'obstacles à l'exercice du droit de saisie par les créanciers. La délégation de la puissance publique ne saurait être le résultat d'une adjudication ; l'ordre public s'y oppose, et d'ailleurs le gouvernement, libre comme il est d'accorder ou de refuser la nomination, pourrait toujours faire tomber l'effet d'une adjudication, impossible en fait à réaliser. La conséquence directe de cette impossibilité de saisie et de mise en vente, c'est que les offices ne peuvent être donnés en gage.

Si les offices ne peuvent être saisis, il en est autrement des bénéfices de la charge. Ainsi, pourront être saisis entre les mains d'un trésorier les fonds versés dans une caisse commune et destinés à être répartis entre les membres de la corporation. De même pourraient être saisies arrêtées entre les mains des débiteurs de l'officier les sommes dues pour frais.

C'est seulement sur le prix de vente que les créanciers sont admis à faire valoir leurs droits. Mais il ne leur est pas défendu de prendre des mesures conservatoires. Ainsi ils pourront pratiquer opposition sur les fonds du cautionnement; d'ailleurs, sur ces fonds, ils sont primés par les créanciers pour faits de charge (Art. 2102-7°). — Lorsque les créanciers ont connaissance de la vente de l'office, ils peuvent, ou former opposition entre les mains des membres de la chambre de discipline à la délivrance du certificat de capacité et de moralité sollicité par l'impétrant, s'il ne s'engage à mettre son prix à leur disposition — ou bien, saisir arrêter entre les mains du cessionnaire la somme stipulée comme prix de la cession. Administrative dans le premier cas, l'opposition est judiciaire dans le second. L'opposition administrative correspond à l'ancienne opposition au sceau. Elle se fait sur un registre tenu à cet effet par les chambres syndicales. Elle ne vaut que comme simple avertissement. Pour l'opposition judiciaire on suit les formes ordinaires de la procédure.

De son côté, l'administration, pour empêcher que les créanciers ne soient victimes de la mauvaise foi du cédant, proscrit impérativement tout payement anticipé, toute compensation, toute délégation au profit de l'un ou de plusieurs des créanciers. Des circulaires ministérielles, notamment une du 28 juin 1849, exigent pour le versement de la somme convenue, la stipulation d'un terme qui ne soit pas moindre d'un mois à dater du jour où le successeur sera entré en fonctions, et parfois aussi, le gouvernement impose au cessionnaire l'obligation de verser tout ou partie du prix avant de prêter serment.

La jurisprudence refuse de suivre l'administration dans cette voie, et applique le droit commun. Ainsi elle décide 1° que le prix d'un office peut être donné en payement dans l'intervalle qui s'écoule entre la cession et l'investiture du cessionnaire, à un créancier du titulaire (Cass., 16 janvier 1849. — Dev. 1849. I. 282); 2° que le prix d'un office est cessible de la part du vendeur, et saisissable par ses créanciers dans l'intervalle qui s'écoule entre la présentation et la nomination du successeur; que cette nomination, lorsqu'elle intervient, rétroagit

à l'époque de la cession du prix, et de conditionnelle qu'elle était, la rend définitive; que, par suite,
les tiers opposant postérieurs à cette cession de
prix sont mal fondés à la critiquer, lorsqu'elle a été
faite sans fraude (Cass., 21 juin 1864. Dev. 1864,
I. 347). Il résulte de cette jurisprudence que les
transports ou payements du prix d'un office so·t
valables, non-seulem·nt lorsqu'ils sont opérés
avant la prestation de serment, et après la nomination, mais aussi lorsqu'ils ont eu lieu avant la
nomination. Toutefois, si le contrat soumis à la
chancellerie portait que le prix serait payé *après
l'installation*, la convention secrète en vertu de
laquelle le prix devrait être payé immédiatement
constituerait une contre-lettre qui ne pourrait être
opposée aux tiers. Nous aurons à traiter longuement au cours de cette étude la question des contre-
lettres. D'autre part, le transport fait par le titulaire à l'un de ses créanciers antérieurement à
la cession de l'office, du prix à provenir de cette
cession, doit être considéré comme absolument nul.

Au cas où dans un but frauduleux l'officier aurait
stipulé un prix bien inférieur à la valeur véritable
de l'office, il n'est pas douteux que les créanciers
puissent invoquer l'art. 1167, car la portée de cet
article est générale. Mais quel sera l'effet du
jugement obtenu ? S'il est signifié à la Chambre
de discipline et au Garde des Sceaux avant
l'émission du décret de nomination, l'adminis-

tration surseoit au remplacement. Si le décret
de nomination est rendu, le cessionnaire conserve
son titre; mais les créanciers ont contre lui un titre,
en vertu duquel ils peuvent se faire tenir compte
de la valeur réelle de l'office.

CHAPITRE IV

DES OFFICES ET DU DROIT DE PRÉSENTATION DANS LA SUCCESSION DU TITULAIRE

SECTION PREMIÈRE

Une modification profonde se produit dans le régime de l'office par la mort du titulaire. Le titre, délégation de la puissance publique fait retour à l'État. Quant à la transmission de l'office, jamais on n'a douté que la valeur vénale du droit de présentation ne fût dans la succession : « Lorsque le » titulaire n'a pas été dépouillé de son vivant par » destitution du droit de présenter un successeur, » le droit au prix de l'office est incontestablement » transmis aux héritiers. Le prix de l'office fait » partie de l'actif de la succession. » (Conclusions du Proc. général, Cas, 23 mai 1854, Dev. 1854, 1 310).

Mais autre chose est la valeur vénale de l'office, autre chose est le droit de présentation. A l'égard de ce droit considéré comme délégation de la puissance publique, la transmissibilité héréditaire a été

contestée. La chancellerie a soutenu que la faculté
de présenter un successeur à l'agrément du chef de
l'État n'existe légalement qu'en faveur des titulaires seulement, et que s'ils viennent à décéder
dans l'exercice de leurs fonctions, leurs héritiers ou
ayant cause ne sont admis à jouir du même privilége que par une sorte de déférence administrative
pour un long usage ; par une concession d'équité,
non à titre de droit. (Rapport de M. le conseiler
Laborie. *Journal du Palais* 1854. II. 454). Dans ce
système, les modifications apportées par la commission au texte primitif du projet de loi, la suppression des mots : « veuves et enfants » et le renvoi à
une loi spéciale du soin de régler la première disposition auraient eu pour objet de restreindre jusqu'à la loi promise, le bénéfice et l'application du
nouveau principe aux seuls titulaires, à l'exclusion
de leurs héritiers ou ayant cause : de sorte que
pour employer les expressions d'un arrêt de la cour
de Caen du 12 juillet 1827, (Dev. 1827, II. 390) « lé-
» galement parlant les héritiers ou ayant cause
» n'ont encore que l'expectative d'un droit acquis
» et non promis. » Mais si le texte du paragraphe,
tel qu'il résulte de l'amendement de la commission se prêtait à cette conclusion rigoureuse, il faudrait aller plus loin, et soutenir que même pour les
titulaires il n'y a que l'expectative d'un droit promis et non acquis, car à leur égard aussi il doit
être statué par une loi particulière. Cette conséquence évidemment exagérée suffit pour démontrer

la fausseté du principe. La vérité est que, si le législateur a ajourné le soin de régler le mode d'exécution, il a proclamé et consacré le droit lui-même, et nous pouvons dire avec la Cour de Rennes dans son arrêt du 14 novembre 1832, (Dev. 1833, II, 3.) « Que l'absence de cette loi ne peut nuire à un droit » consacré par l'art. 91 et qui n'a plus besoin de » recevoir que des moyens ou des règles d'exécu- » tion. » C'est évidemment le sens le plus équitable. Ajoutons qu'il se justifie par le texte même de l'art. 91 qui en réservant à une loi spéciale le soin de la réglementation à l'égard des héritiers et ayant cause, suppose en leur faveur l'existence de ce droit. — Les deux ordonnances des 29 mai et 3 juillet 1816 réglant en exécution de la loi de 1816 les conditions sous lesquelles les agents de change et les courtiers de commerce exerceront la faculté de présenter leur successeurs à l'agrément du chef de l'État disposent par les articles 4 de la première ordonnance, 1 et 4 de la seconde que la même faculté appartient aux veuves et enfants des titulaires qui décéderaient en exercice. Dans son rapport à la Chambre des députés le 1er septembre 1830, M. Supey s'exprimait ainsi : « Les droits des veuves, » des créanciers et des héritiers institués ou pré- » somptifs du titulaire d'un office sont établis par » la loi commune et notamment par le Code civil. » — C'est encore cette opinion que sanctionnait le rapport de la commission du 25 juin 1841 quand il s'exprimait ainsi : « Lorsque l'office devient vacant

» par la mort du titulaire, le droit de présentation
» du successeur passe à l'hérédité, *suivant l'inter-*
» *prétation qu'à toujours reçue la loi du 28 avril*
» *2816.*» Et l'art. 9 de la loi confirmant les paroles
du rapporteur, statue dans la prévision expresse
des traités à intervenir entre les héritiers du titulaire pour la transmission de l'office à l'un d'eux, et
implique clairement par là la légalité de ces traités.

Il serait donc aussi contraire au droit qu'à l'é-
quité de faire prévaloir l'interprétation qui refuserait aux héritiers du titulaire décédé en exercice, le
droit de présentation. Ce droit, dont le titulaire est
investi, se continue quand il vient à décéder dans
la personne de ceux qui le représentent et qui
l'exercent alors de leur chef *jure proprio* comme
s'en trouvant personnellement investis. On comprend l'extension de la faculté exceptionnelle de
présentation en leur faveur. « Continuateurs de la
» personne du défunt, ils ont comme lui un double
» intérêt, un intérêt d'honneur, autant qu'un in-
» térêt de fortune à faire choix d'un successeur qui
» réunissant de suffisantes conditions d'aptitude
» et de moralité, doive maintenir l'importance et
» le renom de l'office cédé, et ne les expose pas à
» voir périr par suite d'une destitution le privilége
» destiné à assurer le payement du prix stipulé. »
(Rapport de M. le conseiller Laborie).

Remarquons en outre que dans la rédaction définitive de l'art. 91 les mots du projet primitif
« *veuves et enfants* » ont été remplacés par ceux-ci

« *héritiers ou ayants-cause.* » D'où la conséquence qu'au décès de l'officier ministériel le droit de présentation appartiendra non-seulement aux héritiers légitimes et directs, mais encore aux héritiers collatéraux, aux donataires, au légataire universel et à titre universel. Mais ce droit appartiendra-t-il aux créanciers ?

L'hypothèse la plus favorable aux créanciers est celle où, par suite du retard, mis par les héritiers à exercer le droit de présentation, au cas, par exemple, où ils ont laissé s'écouler sans prendre un parti, les délais pour faire inventaire et délibérer (art. 795, Cod. civ.) les créanciers demandent à se faire subroger par jugement dans l'exercice de ce droit. Sur cette question des plus délicates trois systèmes se trouvent en présence.

Voici sur ce point la doctrine de la chancellerie. Le législateur en faisant disparaître de la première partie de l'art. 91, c'est-à-dire celle où le droit est institué au profit du titulaire, ces mots « veuves et enfants » a entendu limiter aux officiers ministériels seuls le droit de présentation. Si dans la seconde partie du même article ajoutée par la commission, il est parlé d'une manière générale non plus des veuves et enfants seulement, comme dans le projet du gouvernement, mais des héritiers ou ayant-cause, ce n'est pas qu'on a voulu accorder davantage, mais c'est qu'on a voulu réserver la question. Toutefois l'usage s'est établi d'admettre les héritiers d'un officier décédé à présenter son successeur. Cet *usage fondé sur l'intérêt des familles* dont toute la fortune a été souvent employée à l'acquisition des offices doit être respecté, mais il ne saurait être étendu aux ayants-cause en faveur desquels i[1] n'existe pas les mêmes motifs, dont les titres sont souvent incertains, et que d'ailleurs on ne peut assimiler aux héritiers du titulaire décédé qui peuvent être considérés comme le perpétuant. Le droit que la loi accorde au titulaire ne saurait aux termes de l'art. 1166 être exercé par les créanciers, attendu qu'il est au nombre de ceux qui sont exclusivement attachés à la personne. En effet, le droit de présentation offre tous les caractères essentiels et constitutifs de la personnalité la plus absolue : les créanciers ne peuvent ni saisir la charge de leur débiteur, ni la vendre aux enchères, ni le contraindre à la céder : enfin quand les officiers ministériels sont destitués, tout droit sur leur office s'évanouit. Or, si les offices devaient être considérés comme constituant un droit incorporel qui se confond avec la fortune du débiteur, on ne comprendrait pas qu'un fait qui lui est personnel pût faire périr le gage de ses créanciers.

Aucune loi n'ayant réglementé le droit de présentation, le gouvernement a été libre d'adopter les règles qui lui ont paru convenables, et dont lui seul peut apprécier la portée. Or il a de justes motifs pour refuser aux créanciers ce que l'équité a porté à admettre en faveur des héritiers. Il suffit pour établir la qualité de ceux-ci d'un testament, d'un intitulé d'inventaire ou d'un acte de notoriété, tandis que la qualité de créancier est incertaine et contestable; elle peut faire naître de longs débats judiciaires; et le gouvernement qui dans l'intérêt du service et des justiciables doit pourvoir promptement aux vacances d'office, serait évidemment entravé dans l'exercice de sa prérogative s'il devait attendre, pour nommer, qu'il eut été statué sur tous les incidents de la procédure, et que l'instance eût subi tous les degrés de la juridiction.

Une distinction doit dès lors être faite entre le droit au prix de l'office incontestablement transmis aux héritiers, quand le titulaire est mort en exercice et le droit de présentation. Ce droit est par lui-même d'une nature toute spéciale, il est un démembrement du droit de nomination qui appartient à la puissance publique, à ce titre, il doit être strictement renfermé dans les limites de la concession qui est faite. Il est par sa nature autant que par les dispositions restrictives de l'art. 91 un droit attaché à la personne du titulaire, que les créanciers ne peuvent exercer, et qui ne saurait être au profit de ces derniers susceptible de subrogation dans les termes de l'art. 1166.

Telle est en résumé la doctrine de la chancellerie sur cette question. La jurisprudence a d'abord hésité. Un arrêt de la Cour de Colmar du 29 mai 1835, (Dev. 1835, 2. 387), un arrêt de la Cour de Paris, en date du 17 nov. 1838, (Dev. 1838, 2. 465), et un arrêt de la Cour de Limoges en date du 10 novembre 1830, (Dev. 1831, 2, 486), ont admis l'affirmative en faveur des créanciers. La Cour de Colmar allait même jusqu'à reconnaître aux créanciers subrogés le droit de saisir l'office : conséquence extrême que les deux autres arrêts ont avec raison refusé d'admettre. C'est en 1854 que la question a été pour la première fois soumise à la Cour de cassation, et par arrêt en date du 23 mai 1854, la Cour suprême s'est prononcée contre la prétention des créanciers. Conforme sur ce point à la doctrine de la chancellerie, cette solution s'en distingue par le point de vue auquel elle se place : elle reconnaît aux héritiers du titulaire un droit là où le système précédent n'admet qu'une tolérance. Différence profonde, mais à cette différence près les arguments diffèrent peu. Nous les trouvons dans le rapport de M. le conseiller Laborie.

A ne considérer, dit-on dans ce système, que le texte de l'art. 91 de la loi de 1816, il semble que dans l'état actuel de la législation, et tant qu'une loi nouvelle n'aura pas étendu et réglé le principe formulé dans la loi de 1816, le droit attribué aux titulaires de certains offices doive être considéré comme exclusivement attaché à leur personne. Nous connaissons toutes les restrictions que ce droit supporte dans la personne des titulaires. Or s'il en est ainsi, c'est parce que le droit de présentation est dans une certaine limite une délégation de la puissance publique, et que le titre à l'exercice de ce droit, c'est l'honorabilité de l'officier et la confiance qu'il mérite. Aussi, que ce caractère d'honorabilité s'efface, que ces titres à la confiance disparaissent par suite d'une destitution : le titulaire ne peut plus exercer le droit de présentation. Dès lors, comment admettre qu'un droit dont l'exercice est subordonné à ce point au caractère de la personne, puisse passer sur la tête des créanciers? Sans aller dans cet ordre d'idée aussi loin que la chancellerie, sans prétendre comme le garde des sceaux qu'à prendre rigoureusement les termes de l'art. 91 le droit de présenter un successeur devrait être refusé même aux héritiers du titulaire décédé, le caractère tout personnel de ce droit de présentation prouve que les mots *ayants-cause* qui ont été introduits dans le texte de l'art. 91 avec le mot *héritiers* au lieu des expressions : *leurs veuves ou enfants* ne peut être entendu dans le sens large qu'on lui donne généralement. Les créanciers sont après la mort du titulaire ce qu'ils étaient auparavant, leur condition n'est pas modifiée par cet événement. Or du vivant du titulaire ils ne pouvaient se faire céder ou déléguer ce droit de présentation, soit pour l'exercer aux lieu et place du titulaire, soit pour le céder eux-mêmes à d'autres· Et s'il en est ainsi c'est parce que le droit est personnel et incessible, et qu'il ne peut être exercé qu'à l'occasion de la transmission de l'office auquel il est attaché. Dès lors comment les créanciers pourraient-ils puiser dans la mort du titulaire un droit qui leur est refusé du vivant de ce dernier? Il y aurait là quelque chose d'illogique, et il faut en conclure, que de même que du vivant du titulaire les créanciers ne peuvent exercer le droit de présentation, de même après la mort ils ne peuvent être rangés au nombre des ayants cause dont s'occupe la loi de 1816.

Malgré l'autorité de la Cour suprême nous croyons que les créanciers ont le droit de se faire subroger dans l'exercice du droit de présentation. En résumé l'argument fondamental invoqué par les deux opinions que nous venons de rapporter c'est que le droit de présentation est purement personnel. C'est là un point sur lequel il faut bien s'entendre. Sans doute, le droit de présentation est personnel dans une certaine mesure : c'est lorsque l'exercice de ce droit par un tiers, ou les attaques dont il pourrait être l'objet porteraient atteinte à l'indépendance personnelle et à la dignité de l'officier : voilà pourquoi ce droit ne peut être exercé par un tiers, saisi par un créancier durant l'exercice du titulaire. Il est juste de dire qu'en ce sens le droit de présentation est personnel. Mais lorsque ces questions d'indépendance personnelle et de dignité ne sont plus en jeu, ce droit reste si peu attaché à la personne, qu'il devient, comme nous venons de le voir, transmissible aux héritiers; il est si peu attaché à la personne qu'il peut tomber dans le commerce et faire l'objet d'un contrat de vente véritable entre le titulaire et un cessionnaire; qu'un simple donataire peut en devenir le bénéficiaire. Dès lors la question se trouve ramenée aux termes suivants; l'exercice du droit de présentation par les créanciers en vertu d'une subrogation porte-t-il atteinte à l'indépendance et à la dignité de l'officier? Posé dans ces termes la question est résolue d'avance. Lorsque le titulaire est décédé, lorsque les héritiers n'usent pas de la faculté qu'ils ont d'exercer le droit de présentation, il est logique que les intéressés puissent se faire subroger dans l'exercice de ce droit. Et à l'appui de leur prétention, ils sont en droit d'invoquer l'expression « ayant cause » insérée dans le deuxième paragraphe de l'art. 91 : car il serait en vérité bien singulier qu'une expression plus générale eut été introduite dans la rédaction de la loi avec un sens restrictif. On nous objecte les lenteurs que cette pratique peut amener avec elle : mais à qui la lenteur est elle imputable sinon aux héritiers qui par négligence ont omis d'exercer le droit de présentation? Nous comprenons parfaitement le désir qu'éprouve l'administration de pourvoir rapidement aux vacances. Mais une pratique administrative, n'est pas la loi et si, comme nous le croyons, les créanciers puisent leur droit dans une analyse plus précise du droit de présentation, et dans les termes mêmes de la loi, c'est à l'administration de s'incliner devant la loi. Objectera-t-on que les créanciers ne peuvent puiser dans la mort du titulaire un droit qui leur est refusé du vivant de ce dernier ? Mais qui ne voit que nous avons par avance répondu à cette objection? Sans doute du vivant du titulaire ses créanciers ne pouvaient exercer ce droit : mais pourquoi? Est-ce parce que ce droit ne pouvait prendre naissance ? Nullement : l'officier ministériel n'a pas le privilège d'immunité, et un jugement peut être pris contre lui. C'est parce que ce droit n'était pas susceptible d'exécution : une exécution qui eût porté atteinte à l'indépendance de l'officier. Le titulaire meurt ; l'obstacle à l'exécution du droit, qui sommeillait simplement diparaît, le créancier rentre dans la plénitude de son droit, et si les héritiers sont négligents, quelle raison invoquer pour lui refuser le bénéfice de la subrogation dans les termes de l'art. 1166? Ces raisons nous décident à tenir pour bien fondée la prétention des créanciers. (En ce sens, *Rolland de Villergues.* V⁰ *offices n⁰* 100 — *Dard. Des offices p.* 214. *Bataillard propriété des offices p.* 306.)

L'intérêt des justiciables exige que la vacance des charges dure le moins longtemps possible, et que les héritiers du titulaire décédé exercent dans un prompt délai le droit de présentation. Les art. 55, 56, 57, de la loi du 25 ventôse an XI sur le notariat fixent à un délai d'un mois et de deux mois selon les cas pour la remise des minutes. On en a conclu que le droit de présentation devait être exercé dans le même délai. Devant la Chambre des députés le 10 septembre 1830 M. Sapey dans son rapport sur une pétition relative aux offices s'exprimait ainsi : « Le délai de présentation est fixé par les art. 54, 55, 56, 57 de la loi de ventôse an XI. (*Moniteur* du 10 septembre 1830. p. 1127.) En fait voici comment les choses se passent : le ministère public fixe aux héritiers un certain délai en les prévenant que le délai passé il sera pourvu d'office à l'avance. Si le délai expire, sans que la présentation ait été faite, le parquet demande à la Chambre de discipline de fixer la valeur de la charge et au tribunal de formuler son avis sur cet objet. Puis sur la liste des candidats qui se présentent le ministère public en choisit trois, et transmet leurs noms avec toutes les pièces au garde des sceaux sur la proposition duquel est faite la nomination, à charge par le pourvu de verser entre les mains des héritiers, ou de consigner à la Caisse la somme à laquelle l'office a été évalué.

SECTION II

DES OFFFICES DANS LA SUCCESSION A L'INTESTAT

Ce n'est plus à la qualité d'enfant, comme lorsqu'il s'agissait, à Rome, de la transmision des milices, mais à la qualité d'héritier que la loi attribue l'exercice du droit de présentation. Par conséquent pour être en droit de présenter un successeur il faut que l'héritier ou les héritiers du titulaire décédé acceptent sa succession. A l'inverse présenter un successeur ce sera faire acte d'héritier.

S'il existe plusieurs héritiers, l'office fait partie du patrimoine commun, et alors une distinction est nécessaire. Les cohéritiers sont-ils encore en état d'indvision ? En ce cas, la présentation doit-être faite par tous les intéressés. S'ils ne peuvent se mettre d'accord, c'est le gouvernement qui pourvoit d'office à la nomination. Au contraire le partage a-t-il eu lieu ? En ce cas nous appliquerons à l'office, comme nous appliquerons aux créances le principe de l'art. 883 : l'héritier au lot duquel l'office est tombé est censé y avoir succédé seul dès l'ouverture de la succession et c'est à lui seul qu'appartient le droit de présenter le successeur. Dans

l'un et l'autre cas les héritiers auront à justifier de
leurs qualités : elles seront établies au cours de
l'indivision par un intitué d'inventaire, et un acte
de notoriété constatant le nombre et la qualité des
héritiers ; après le partage, par un extrait de l'acte
partage. Au cas où l'office, constituerait le seul
actif laissé par le *de Cujas*, la licitation et la mise
aux enchères de l'office ne saurait être admise.
Elle est absolument inconciliable avec le droit
qu'à l'état de contrôler le prix de la cession, et les
conditions d'aptitude des candidats. Il faudra donc
que les héritiers se mettent d'accord sur le choix
du successeur.

Au cas où l'office vient à échoir à un mineur le
tuteur de ce mineur pourra-t-il exercer seul le droit
de présentation. Sur ce point deux systèmes sont
en présence : l'un soutenant que le tuteur doit s'en
remettre à l'administration pour le remplacement
du titulaire et la fixation du prix. L'autre déci-
dant que le tuteur peut disposer seul de l'office.
Nous pensons, pour notre part, que le mandat
confié au tuteur par l'art. 450 est général, et qu'il
peut faire seul, sans autorisation, ni homologation,
ni formalités, tous les actes pour lesquels la loi
n'exige pas quelqu'une de ces conditions. Par conséquent la présentation par le tuteur seul sera
selon nous parfaitement valable à l'égard des tiers.
Mais pour ce qui est de la responsabilité du tuteur
à l'égard du mineur, nous adoptons complétement
l'opinion de M. Demolombe, *Traité de la Minorité*.

Tome 1 nᵒ 587 et nous croyons avec lui que la responsabilité du tuteur peut se trouver engagée, s'il n'a pas pour un acte de cette importance requis l'avis et l'autorisation du Conseil de famille.

Si la succession n'est acceptée que sous bénéfice d'inventaire, l'héritier n'est plus qu'un simple administrateur, et s'il exerce le droit de présentation, il ne doit le faire qu'après s'être fait autoriser par le tribunal. D'ailleurs généralement dans ce cas la nomination est faite par l'administration. — Au cas de vacance de la succession, le curateur pourrait se faire autoriser par justice, à présenter un successeur. Mais dans ce cas, comme au cas précédent, la nomination est généralement faite directement par l'administration.

SECTION III

DU RAPPORT DES OFFICES A LA SUCCESSION DU DONATEUR. — RÉDUCTION.

Le rapport est la remise dans la masse partageable des biens donnés ou légués à l'un des héritiers. L'héritier donataire de l'office en doit le rapport à la succession du donateur. Cela n'a jamais été contesté. D'ailleurs il faudra se conformer aux règles des articles 847, 848 du Code civil. Ainsi au cas où la donation aurait été faite par le titulaire en faveur de son petit-fils, le fils ne serait point tenu de rapporter à ses cohéritiers la valeur de l'office; de même si là donation avait été faite au profit du fils, le petit-fils venant de son chef à la succession du donateur ne serait point tenu du rapport.

L'office étant un meuble, le rapport se fera, non pas en nature, mais de la valeur qu'avait l'office au moment de la donation. *Demolombe, tome* 16 n° 551. *Art.* 868, *Code civil.*) Par conséquent c'est au jour de la présentation, non au moment de l'ouverture de la succession qu'il faut se placer pour déterminer la valeur de l'office, et par suite le montant du rapport. Les intérêts seront dûs à partir du jour de l'ouverture de la succession, conformément à l'article 868: il est d'usage d'estimer les offices au moment de la donation, et l'administration exige cette estimation. On admet toutefois que les héritiers sont recevables à prouver que cette estimation ne représente pas la valeur de l'office. Que si l'estimation a été omise, elle devra être faite par experts (art. 868). Mais quelles bases prendra-t-on? Selon la jurisprudence, (Agen. 27 juillet 1843. — Dalloz, repert v° office, n° 373) l'évaluation doit être faite d'après le quart du revenu des actes multiplié par 20, c'est-à-dire au taux de 5 %. D'après l'administration, il faudrait au contraire additionner les revenus des cinq dernières années et en prendre la moyenne.

Ces deux procédés ont un défaut commun, d'être purement arbitraire.

L'obligation, pour le donataire, de rapporter, subsisterait-elle, même au cas où l'office périrait avant l'ouverture de la succession? Il est bien évident que, si la perte est imputable à l'officier, si par exemple, il a été destitué pour une faute grave, il est toujours tenu du rapport envers ses cohéritiers. Mais il faut aller plus loin et décider que, même au cas d'une suppression de l'office, le rapport peut toujours être exigé non pas seulement de l'indemnité allouée, mais de la valeur de l'office. En effet l'estimation, qui a été faite de l'office, a constitué l'officier débiteur non pas de l'office mais d'une certaine somme. Dès lors peu importent les modifications qui peuvent être apportées au droit de l'officier. Elles ne peuvent le délier de l'engagement qu'il a contracté de payer la valeur estimative de cet office. Il est débiteur d'une quantité, et comme les quantités ne périssent pas, sa dette ne peut s'éteindre que par le paiement.

Le rapport n'est dû par le cohéritier que s'il n'en est pas dispensé par une disposition expresse et précise du donateur. En ce cas l'héritier avantagé n'est pas tenu de rapporter l'office à la succession, à moins toutefois que la libéralité n'excède la quotité disponible. Alors il y aura lieu à réduction conformément à l'article 920 du Code civil. Mais comment déterminera-t-on si la réserve est entamée? On appliquera la règle de l'article 922, et l'on esti-

mera l'office d'après son état à l'époque de la donation, et sa valeur à l'époque du décès du donateur.
Pour procéder à l'estimation on appliquera les procédés que nous avons précédemment indiqués. Mais
si les procédés d'estimation sont les mêmes, les conséquences sont différentes. Nous avons vu qu'en
matière de rapport l'héritier est débiteur d'une
somme : par conséquent, peu importe que l'office
périsse, l'officier n'en reste pas moins débiteur de la
valeur. En matière de réduction, le principe est
tout autre : c'est au moment du décès du donateur
que la valeur de la donation doit être appréciée ; par
conséquent, si à ce moment la valeur est nulle, le
donataire échappe à la réduction. Concluons de ceci,
que si, au moment du décès du donateur, l'office a
péri par cas fortuit, par exemple, par suite, d'une
suppression, le donataire ne peut être comptable
envers la succession que de l'indemnité qu'il a reçue.
Mais s'il y avait eu faute du donataire, par exemple,
au cas de destitution, c'est lui qui devrait supporter
la perte de l'office.

SECTION IV

DU LEGS DES OFFICES

L'office, ou plus exactement le droit de présentation peut faire l'objet d'un legs. C'est l'exercice, par le testateur, d'un droit qui autrement aurait appartenu aux héritiers. En quel sens faut-il entendre cette disposition ? Faut-il nécessairement que le légataire se fasse agréer comme titulaire? Ou bien peut-il exercer lui-même, en faveur d'un tiers le droit de présentation? Si le testateur a légué l'office sous condition de nomination du légataire, la validité du legs est soumise à l'agrément du légataire par l'administration : si elle lui refuse l'investiture, le legs est nul sans que l'héritier soit tenu de payer l'estimation de la charge léguée.

Si le testateur s'est contenté de léguer sa charge au légataire, sans le désigner en même temps comme son successeur, alors rien n'empêche, semble-t-il, que le légataire, la délivrance du legs faite, puisse exercer lui-même au profit d'un tiers le droit de présentation. Toutefois l'exécution du legs présente de sérieuses difficultés. Si le legs est universel, le légataire a la saisine (art. 1006) et il nous semble incontestable qu'il se trouve. par la mort même du testateur, investi du droit de présentation. S'il se trouve en présence d'héritiers réservataires, ou bien si le legs est à titre universel, alors la demande en délivrance devra être formée contre les héritiers réservataires (art. 1004. 1011). Mais faut-il admettre avec une opinion (M. Dard. Des off. page 399. M. Eug. Durand n° 277) que les héritiers n'ont pas qualité pour faire la délivrance du legs, qu'ils ne peuvent que présenter le successeur à l'agrément du chef de l'État ? Nous ne comprenons pas cette dérogation au droit commun. Pourquoi la délivrance de ce legs ne résulterait-elle pas, comme pour tout autre legs, de l'acte par lequel les héritiers déclarent faire délivrance du legs au légataire ? Par suite de la délivrance le légataire se trouve investi du droit de présentation, et il a le choix ou de se faire agréer lui même ou de présenter un tiers à l'agrément de l'autorité.

Quant au légataire à titre particulier on admet généralement qu'il ne peut être investi, par la seule délivrance, du droit de présentation, et qu'il doit actionner les héritiers afin d'en obtenir la « *procuratio ad resignandum*. Si les héritiers se refusent à faire la présentation, alors le légataire s'adressera aux tribunaux, et leur demandera de fixer un délai dans lequel les héritiers devront faire la délivrance sous peine de lui payer une somme déterminée à titre de dommages-intérêts. Mais les tribunaux pourront-ils aller plus loin, et prononcer qu'au besoin le jugement tiendra lieu de présentation ? On admet généralement l'affirmative. Il est bien vrai en effet qu'au cas d'une promesse de démission par un titulaire, le jugement obtenu par le bénéficiaire de la démission ne peut prononcer qu'il tiendra lieu de la démission du titulaire. S'il en est ainsi, c'est qu'une démission de justice ne peut dépouiller le titulaire d'un titre qui lui a été conféré par l'Etat. Mais, dans l'espèce, en est-il ainsi ? Le titre a fait retour à l'Etat par suite de la mort du titulaire, il ne s'agit donc plus que du droit de présentation lequel est dans la succession. Si les héritiers refusent de l'exercer, le tribunal a le droit de l'exercer à leur place.

Le legs de l'office s'étend à la clientèle et aux accessoires, mais non selon nous, aux recouvrements qui ne sont pas nécessaires à l'exploitation de l'office, et n'en font pas partie intégrante.

Le legs de l'office est soumis comme les autres legs aux causes de caducité et de révocation déterminées par la loi. (Art. 1035 à 1047. Cod. civil.)

Aux termes de l'art. 8 de la loi du 25 juin 1841, en cas de transmission de l'office et des objets en dépendant par suite de disposition gratuite entre-vifs ou à cause de mort, les droits établis pour les donations de biens meubles par les lois existantes seront perçus sur l'acte ou l'écrit, constatant la libéralité, d'après une évaluation en capital. Dans aucun cas le droit ne peut être au-dessus de 2 0,0. Art. 9. La perception aura lieu conformément à l'art. 7. (C'est-àdire sur le taux de 2 0/0) lorsque l'office transmis par décès passera à l'un des héritiers ; lorsqu'il passera à l'héritier unique du titulaire, le droit de 2 0/0 sera perçu d'après une déclaration estimative de la valeur de l'office, et des objets en dépendant. — Art. 10. Le droit d'enregistrement ne pourra dans aucun cas être inférieur au dixième du cautionnement attaché à la fonction ou à l'emploi.

CHAPITRE V

DE LA TRANSMISSION DES OFFICES A TITRE GRATUIT ET A TITRE ONÉREUX

PREMIÈRE PARTIE

DE LA DONATION DES OFFICES

Le droit de présentation étant dans le commerce est susceptible d'être transféré à titre gratuit et de faire l'objet d'une donation. Nous venons de voir que l'art. 6 de la loi du 25 juin 1841 suppose une transmission entre-vifs à titre gratuit. Quant au titre lui-même, il est hors du commerce, et ne saurait être communiqué. Le principe admis, les difficultés commencent dès qu'il s'agit de passer à l'application.

D'abord, quel sera l'acte, « l'*instrumentum* » en vertu du droit duquel s'opérera la transmission à titre gratuit? La chancellerie s'est toujours refusée à nommer sur la production d'une donation faite en

la forme authentique (*Dec, min.*, juin 1852). La raison est facile à donner; car, ou il aurait fallu admettre que la liberté du gouvernement se trouvait
enchaînée par l'irrévocabilité du titre, solution
absolument contraire à l'esprit de la loi de 1816 et
partant inadmissible; ou bien alors, il fallait
repousser un titre irrévocable, qui engageait le
titulaire envers le successeur désigné, quel que fût
le choix du gouvernement. C'est le parti qui a été
adopté. Mais alors quelle forme employer? Sur ce
point, la Cour de cassation semble plutôt faire la
loi que l'appliquer. Elle décide (Cass., 8 février
1826. Dev. 1826, 1. 276) que la transmission à titre
gratuit du droit de présentation pourra résulter
d'une simple lettre dans laquelle le titulaire annon-
cera au gouvernement son intention de se démettre
en faveur de telle personne. La raison donnée par
la Cour suprême, c'est que : « la présentation n'é-
» tant ni un acte bilatéral, ni une donation à
» cause de mort, les lois qui règlent les formes des
» ventes, des donations, des testaments sont
» étrangères à la question; que la loi de 1816 n'as-
» sujettit les présentations à aucune forme déter-
» minée, et qu'elle n'attache leur efficacité qu'à
» une seule condition, celle de l'idonéité du can-
» didat. » Dans ce système, l'idée même de donation s'évanouit pour ne plus laisser place qu'à un
acte innomé dont la réalisation se trouve absolument subordonnée à l'agrément du gouvernement.

Voilà pour les conditions de forme, en ce qui concerne les conditions de fond, il est incontestable que la donation ne peut être irrévocable, en ce sens tout au moins que la réalisation de la donation est subordonnée au consentement d'un tiers, l'administration, toujours libre de se refuser à la nomination du donataire.

En présence de toutes ces difficultés d'exécution, faut-il dire, avec une opinion, que la donation de l'office ne constitue qu'une simple promesse, qui ne lie pas absolument, irrévocablement, le donateur? C'est, ce semble, tenir trop peu de compte du caractère de la donation. Une autre opinion (M. Dard, *Des off.*, p. 357, et Eug. Durand, n° 271) distingue entre le cas où la transmission à titre gratuit est suivie immédiatement de l'ordonnance de nomination du successeur désigné par le donateur,—en ce cas, la démission serait suffisante,—et le cas où le donateur ne se dessaisit pas actuellement de son office—en ce cas, un acte formel et authentique de donation serait nécessaire. Mais rien dans la loi ne justifie cette distinction. Ne pourrait-on pas, à un autre point de vue, faire une distinction entre le collateur et les parties? A l'égard du collateur, la donation ne peut jamais avoir que la valeur d'une simple promesse. Mais entre les parties, la donation pourrait recevoir un caractère d'irrévocabilité de la rédaction d'un acte authentique, auquel serait jointe la démission du titulaire. La donation serait dès lors irrévocable, en ce sens que le donateur ne serait plus libre de retirer sa démission une fois donnée. A défaut de démission, la donation de l'office ne constitue, selon nous, qu'une simple promesse, une obligation de faire, pouvant donner, à défaut d'exécution, naissance à une action en dommages-intérêts contre le donateur.

Il nous faut maintenant examiner une hypothèse un peu plus compliquée. Au cas d'une donation d'office faite avec promesse par le donateur de donner sa démission au profit du donataire, si le donateur était décédé avant d'avoir donné sa démission, et qu'un tiers autre que le donataire eut été nommé titulaire de l'office sur la présentation des héritiers du donateur, le prix de l'office devrail-il être attribué aux héritiers du donateur ou bien au donataire lui-même; en d'autres termes, la donation devrait-elle recevoir ou non son exécution? La Cour de cassation a été appelée à se prononcer sur cette question délicate, et l'a résolue en repoussant la prétention du donataire.

Une première opinion attribuait ce prix au donataire en faisant une distinction entre le titre et ce qu'elle appelait, par un souvenir de l'ancien droit, la finance de la charge; le titre appartenant à l'État, et la finance au titulaire. En effet, disait-on, si le titulaire n'est pas maitre de régler à son gré la transmission de l'office, il est maitre de la valeur que la charge représente, et de cette valeur il est libre de disposer. Par conséquent, cette valeur a pu faire l'objet d'une donation valable au profit du bénéficiaire, quand même la promesse de démission n'aurait pas été exécutée.

Cette opinion est spécieuse, mais elle repose sur une erreur, on a répondu : la distinction que l'on prétend établir entre l'office même et la finance ne peut se soutenir. « La somme stipulée par » suite de l'exercice du droit de présention n'est » que l'accessoire de ce droit et ne peut dès lors » être transférée qu'avec l'office, et comme l'of- » fice. » Cette valeur demeure partie intégrante des biens du titulaire, tant que le titre repose sur sa tête. « S'il en était autrement, l'indépendance de » l'officier serait compromise par les recherches » ou poursuites que de simples ayant droit privés » seraient autorisés à exercer sur l'office, en même » temps que le droit de contrôle exercé par le gou- » vernement sur la transmission des offices se » trouverait gêné et paralysé au grand détriment » de l'ordre public. » Ainsi la valeur de l'office ne peut être cédée indépendamment de l'office lui-même. Concluons donc que si un officier ministé-riel, dans un acte qualifié donation s'engage à se démettre de son office, cette disposition est su-bordonnée en ce qui touche sa réalisation, à l'ex-ecice du droit de présentation; que l'effet d'un tel engagement se trouvant subordonné à l'événe-ment de cette condition suspensive, l'office de-meure dans le patrimoine de celui qui a pro-mis de s'en démettre, et ne tombe dans les biens

de celui auquel la démission est promise que lorsque la démission a été donnée, et la présentation
agréée par le gouvernement (*Cass.*, 11 *nov.* 1857,
Dev. 1857, 1 . 55).

Supposons maintenant que par suite de la nomination du donataire, la donation ait reçu son
exécution. La stipulation d'un droit de retour au
profit du donateur. (Art. 951, Code civil) sera-t-elle
possible? Sur ce point la pratique de l'administration est constante : jamais elle ne souffrirait que le
droit de présentation fût soumis, entre les mains du
titulaire, à une semblable restriction. D'autre part,
si cette clause est inconnue de l'administration
elle sera nulle. En admettant même par impossible
que l'administration eût consenti à la stipulation
du droit de retour, la nomination du donataire,
en consolidant, pour ainsi dire, le droit entre ses
mains, ôterait toute efficacité à la clause stipulée.
Mais, a-t-on dit, si le pacte de retour ne peut pas
affecter le droit de présentation, ne pourrait-on
stipuler que la finance ferait retour au donataire?
— C'est reprendre sous une autre forme la distinction que nous avons repoussée précédemment, la
distinction entre le droit de présentation et la
finance, si l'office. Les raisons qui nous ont décidé
à la repousser précédemment sont les mêmes : la
finance de tant est que cette expression puisse être
actuellement employée, n'est que l'accessoire du
droit de présentation : par conséquent elle re peut
faire l'objet d'une transmission distincte. Ainsi

tout nous amène à cette conclusion qu'en matière de donation d'offices, la stipulation d'un droit de retour ne saurait être suivie d'aucun effet.

Il nous reste un dernier point à examiner. Quel effet produiront en notre matière les causes ordinaires de révocation des donations, l'inexécution des conditions, l'ingratitude du donataire, la survenance d'enfant? Le droit de présentation, dont le donataire se trouve investi par suite de sa nomination, ne peut plus lui être enlevé par le fait du donateur. Si donc le donataire refuse de se démettre de la charge, le donateur n'aura contre lui qu'un recours en dommages-intérêts. Ainsi le droit, pour le donateur, de reprendre la chose, objet de la donation, se transforme ici en un simple droit de créance, soumis au concours de tous les autres créancier du titulaire, lorsque ce droit s'exercera sur le prix de la charge.

DEUXIÈME PARTIE

DE LA TRANSMISSION DES OFFICES A TITRE ONÉREUX

SECTION PREMIÈRE

DE L'EXERCICE DU DROIT DE PRÉSENTATION PAR LE TITULAIRE

L'art. 91 de la loi de 1816 confère au titulaire le droit de mettre un prix à sa démission. Nous avons maintenant à exminer le cas où un contrat est passé pour la cession de l'office entre le titulaire et le successeur qu'il présente à l'agrément du gouvernement. Dans la pratique administrative et judiciaire, jamais ce contrat n'est désigné sous un autre nom que celui de *cession*. Il est soumis à des conditions spéciales que nous aurons à examine rpar la suite. La première question qui se présente à résoudre est celle-ci : Quelle est la nature de ce contrat ? Est-ce en réalité un contrat de vente ?

L'art. 91 de la loi de 1816 ne prononce pas le mot de vente. On s'est fait un argument de ce silence pour soutenir qu'en réalité le contrat qui intervenait entre le titulaire et un cessionnaire n'était pas une vente. C'est l'opinion de M. Demolombe :

» Une des conditions essentielles de la vente, dit-il,
» c'est un objet dans le commerce. Or l'office n'est
» pas dans le commerce bien entendu, donc l'office
» ne peut être l'objet d'une vente. Qu'y a-t-il donc?
» Un contrat innomé par lequel le titulaire s'en-
» gage à présenter à la nomination du gouverne-
ment celui avec lequel il a traité. » (Demolombe. *Tutelle*, tome 1er. n° 588. — En ce sens, *Dissert.* de M. Devilleneuve. Dev, 1835, 2.180.) La conséquence la plus grave dé ce système, c'est que, à défaut de vente véritable, le titulaire primitif ne pourrait réclamer sur le prix de cession le privilége de l'art. 2102.4°.

Malgré l'autorité de M. Demolombe, nous ne pouvons adopter cette opinion. Elle repose, selon nous, sur une erreur grave, et cette erreur provient d'une analyse incomplète des éléments divers qui constituent l'office. Sans doute, si sous ce mot d'office on comprend le titre, il est juste de dire que l'office n'est pas dans le commerce, et par conséquent, ne peut faire l'objet d'une vente. Mais le titre ne constitue pas tout l'office; à côté du titre, il y a le droit de présentation : c'est là, la distinction que nous nous sommes constamment attaché à établir. Ce droit de présentation est dans le

commerce. Ainsi l'enseigne M. Duvergier dans
son *Traité de la Vente* n° 208. Ainsi le reconnaît
également M. Troplong : « Aujourd'hui, dit-il, la
» loi de 1816 a fait entrer dans le patrimoine le
» droit de présentation à certains offices. » (*Traité
des sociétés*, tome 1er, n° 90.) Ailleurs encore il s'exprime ainsi : « Le droit de présentation a été mis
» dans le commerce et déclaré vénal » (*Contrat de
mariage*, n° 413.) M. Durantoï n'est pas moins
explicite (tome 4 n° 162.) « Le droit de présenta-
» tion n'est rien autre chose que la cessibilité, non
» pas du titre lui-même, mais de l'émolument atta
» ché au titre, » Ainsi le droit de présentation est
incontestablement dans le commerce. Or, quel est
l'objet du contrat qui intervient entre le titulaire
et le cessionnaire? Est-ce le titre? Évidemment
non. L'objet du contrat, c'est le droit de présentation, droit dans le commerce, et qui peut former
l'objet d'un contrat de vente. Par conséquent, le
contrat, qui intervient entre le titulaire et le cessionnaire, réunit les trois éléments essentiels du
contrat de vente : *consensus*, *res*, *pretium*. Par conséquent c'est une vente véritable. C'est la doctrine
qu'admet la grande majorité des auteurs : « Les
» offices, dit Toullier (tome 12 n° 112) sont dans le
» patrimoine du titulaire qui peut, au moyen du
» droit de présentation, les transmettre et les
» vendre. » « Si le prix d'une *vente* d'office parais-
» sait excessif, le roi refuserait de l'agréer. (Duvergier, *vente*, tome 1 n° 208). « Les officiers ministé-

» riels peuvent attacher un prix à leur démission
» qui est désormais une chose placée dans le com-
» merce. » (Troplong, *Traité de la vente* n° 220.)
Dans son rapport à la Chambre des députés, que
nous avons déjà eu l'occasion de citer, M. Sapey
s'exprimait ainsi : « La faculté de présenter un successeur emporte indubitablement le droit de stipuler un prix pour la cession de la charge. » La
jurisprudence a peu hésité sur cette question ; dès
1820 un arrêt de la Cour de cassation du 20 juin
(Dev. 1820, 1256), décidait que le contrat qui intervenait entre le titulaire et son cessionnaire était un
véritable contrat de vente. C'est en ce sens qu'ont
été rendus consécutivement un grand nombre d'arrêts (Besançon, 25 mars 1828, Dev. 1828. 2. 61. —
Lyon, 9 février 1830, Dev. 1830, 2. 393. — Rennes,
14 novembre 1832. Dev. 1833, 2, 5. — Paris, 11 décembre 1834. Dev. 1835. 2. 112.)

Si, malgré toutes ces autorités, il pouvait encore
rester quelques doutes sur la véritable nature du
traité que nous étudions ces doutes ne sauraient subsister en présence de la loi du 25 juin 1841 dont l'article 6 est ainsi conçu « A compter de la promulga-
» tion de la présente loi, tout traité ou convention
» ayant pour l'objet la transmission à titre oné-
» reux ou gratuit, en vertu de l'art 91 de la loi du
» 28 avril 1816, d'un office, de la clientèle, des mi-
» nutes répertoires, recouvrements et autres objets,
» en dépendant, devra être constaté par écrit et
» enregistré, avant d'être produit à l'appui de la

» demande de nomination du successeur désigné.
» Les droits d'enregistrement seront perçus selon
» les bases et quotités ci-après déterminées. —
» Art. 7; Pour les transmissions à titre onéreux,
» le droit d'enregistrement sera de 2 °/₀ du prix
» exprimé dans l'acte de cession, et du capital des
» charges qui pourront ajouter au prix. » Détermi-
nons bien la portée de cette loi. Antérieurement à la
loi du 21 avril 1832, toutes les fois qu'un acte de
cession d'une charge ou d'office était soumis à l'administration de l'enregistrement, celui-ci lui faisait
l'application du § 5 de l'art. 69 de la loi du 22 frimaire au VII, lequel frappe d'un droit de 2 °/₀ toute
vente ou cession de biens meubles. C'était donc
assimiler la transmission de l'office à une vente
de biens meubles. Survient la loi du 21 Avril 1832
dont l'art. 34 est ainsi conçu. « Les ordonnances
» portant nomination des avocats à la cour de
» cassation, notaires, avoués, greffiers, huissiers,
» agents de change, courtiers et commissaires pri-
» seurs, seront assujeties, à compter du jour de la
» promulgation de la présente loi, à un droit d'en-
» registrement de 10 °/₀ sur le montant du caution-
» nement attaché à la fonction ou à l'emploi. »
Dès lors l'application de la loi de frimaire aux cessions d'offices fut contestée. La régie prétendait qu'il
y avait lieu d'appliquer, comme par le passé, l'article 69 de frimaire, déduction faite toutefois, sur le
droit à percevoir, du droit exigé ou a exiger sur l'ordonnance de nomination en vertu de l'art. 34 de la

loi de 1832. Mais à la date du 26 février 1836 (Dev.
1836.1.469), un arrêt de la Cour de cassation décida
que le droit créé par la loi de 1832 devait tenir lieu
de toute autre espèce de perceptions sur le prix des
offices, et que si ce droit était disproportionné
avec la valeur de la chose transmise, c'était aux législateurs à y pourvoir, non aux tribunaux, la loi du 25
juin 1841 en rétablissant, pour les transmissions à
titre onéreux, la perception du droit de 2 %, a rétabli l'assimilation avec la loi du 22 Frimaire an VII.
Qu'en conclure? sinon qu'elle a reconnu par la
même, que la transmission de l'office était une
véritable vente de bien meuble.

En résumé « céder son office, c'est-à-dire trans-
» mettre ses minutes, sa clientèle, son droit d'exer-
» cer la fonction. sous la condition que l'état rati-
» fiera la cession, comment ne serait-ce pas une
» vente? La langue, l'usage, la jurisprudence ont con-
» consacré le mot de cession ou de vente, comme
» s'appliquant aux transmissions d'offices. Sans
» doute cette vente, se résoudra parfois en obliga-
» tion de faire, et par suite en dommages-inté-
» rêts. Cela aura lieu toutes les fois que l'exécution
» forcée ne pourra être obtenue contre l'une cu
» l'autre des parties, mais cela ne change en rien
» la nature du contrat. La vente la plus réelle peut-
» être suivie de ce résultat : telle est la vente d'un
» tableau non achevé par un peintre. Si ce peintre
» refuse d'exécuter, l'obligation qu'il viole se tra-
» duira en dommages-intérêts. De même on a pu

» décider que le cédant qui se refuserait à donner
» sa démission ne pouvait être condamné qu'à des
» dommages, intérêts » (*M. Ballot. Traité de droit
français et étranger 1848. tome 5 p. 828*).

Il faut toutefois se garder d'une équivoque, si, en contestant que les offices soient dans le commerce, on entend dire que l'acheteur ne peut pas son traité d'acquisition à la main, entrer immédiatement en exercice : tout le monde est d'accord. Il est bien évident qu'un office ne se vend pas comme un fonds de terre, et que pour la transmission une condition est nécessaire, l'agrément du gouvernement. L'acte de nomination n'est autre chose qu'une attestation donnée par le chef du gouvernement à la société que tel réunit toutes les conditions d'âge, de capacité et de moralité pour remplir telles fonctions. (*Opin. de M. Isambert*, Sirey, 34. 2. 73). Cette condition mise à la réalisation du contrat peut-elle en modifier la nature? Non, incontestablement. Le seul effet qu'elle produit c'est de rendre la vente conditionnelle, en tant que subordonnée à l'agrément du chef du gouvernement, lequel, dépositaire de la souveraineté, n'est pas lié par la présentation qui lui est faite. Ainsi, en résumé, pour rendre parfait le contrat dont nous recherchons en ce moment la nature, l'accord des parties sur la chose et le prix n'est pas suffisant. Le contrat n'est parfait que lorsque le choix de l'officier démissionnaire est ratifié par le chef de l'état. La cession de l'office a donc les caractères d'une vente sous condition suspensive.

Dans notre ancienne législation deux actes étaient nécessaires pour la validité de la transmission : un traité et une « *procuratio ad resignandum.* » Actuellement le traité qui intervient entre le titulaire et celui qu'il s'engage à présenter comme son successeur, étant impuissant pour opérer la translation du titre, doit être accompagné d'un acte spécial, par lequel le titulaire présente sa démission en faveur du successeur qu'il présente. Cet acte spécial et distinct porte le nom de démission en faveur.

Conformément à l'art. 1582 du Code civil, l'acte de vente peut être authentique ou sous seing privé. S'il est sous cette dernière forme, il devra être fait en deux originaux. A défaut d'acte écrit, la preuve testimoniale pourrait-elle être admise dans les cas où la loi admet cette preuve? Nous le croyons, car l'objet du contrat est un intérêt purement privé, et l'on comprendrait difficilement cette exception aux principes généraux. Nous savons enfin, qu'en exécution de la loi du 25 juin 1841, l'acte de cession produit pour obtenir la nomination doit être enregistré.

Les trois éléments du contrat sont, nous l'avons dit : le consentement des parties, la chose objet du contrat, le prix; il convient d'ajouter la capacité des parties.

SECTION II

CAPACITÉ DES CONTRACTANTS, CONSENTEMENT, OBJET DE LA CESSION, PRIX ET CONTRE-LETTRES

I. La capacité requise pour contracter est déterminée par les art. 1123-1124, Code civil. Mais, dans notre espèce, elle ne suffit pas. Il faut en outre, aux termes de l'art. 91 de la loi de 1816, que le successeur présenté réunisse les qualités requises par les lois. Ce sont des conditions d'honnêteté et de moralité, jointes à des conditious de stage ou noviciat. Le candidat doit en outre être âgé de 25 ans au moins.

Autrefois l'administration tolérait les traités dans lesquels figurait un *intérimaire* ou confidentiaire, qui était chargé de céder plus tard l'office à une personne qui n'avait pas encore l'âge requis. Elle admettait surtout cette sorte de traité quand un père conservait par là la charge à son fils, et cette convention a même été déclarée valable par les tribunaux. (Colmar, 3 janvier 1826. Dalloz. Répert. V. office n° 159). Aujourd'hui, il n'en est plus de même. L'administration rejette la présentation d'intérimaires. Elle pense que cette position ôte son indépendance à l'officier public, et peut donner lieu à de nombreux procès. Elle décide qu'il n'existe aucun lien de droit qui puisse forcer l'intérimaire à présenter pour son successeur celui auquel il doit rendre l'office. En conséquence, il ne peut être forcé de donner sa démission. — Mais son refus ne peut-il pas donner naissance contre lui à une action en dommages-intérêts? D'après une opinion (M. Eugène Durand, n° 269) l'intérimaire, en s'obligeant à présenter par la suite le cessionnaire à l'agrément du gouvernement, a contracté une obligation licite, puisqu'elle est l'exercice d'un droit conféré à l'officier. Donc en se refusant à exécuter cette obligation, l'intérimaire s'expose à une condamnation à des dommages-intérêts. — Selon nous, au contraire, l'obligation prise par l'intérimaire est inconciliable avec l'indépendance de l'officier ; elle est donc absolument nulle aux yeux de la loi, et ne peut produire aucun effet. (Dalloz. Répert. V. office, n° 159).

Quelle sera la valeur du contrat de cession conclu par le candidat qui n'a pas encore atteint l'âge de 25 ans? Selon nous, le contrat est valable, comme fait par une personne capable, mais affecté d'un terme : il ne sera donc susceptible de réalisation que lorsque le candidat aura atteint l'âge requis.

II. En ce qui concerne le consentement nous n'avons qu'à nous référer aux règles du droit commun.

III. L'objet du traité, nous l'avons déjà dit, c'est le droit de présentation. En outre, et comme accessoire, la cession faite par le titulaire comprend :

1° la clientèle ; 2° les minutes, dossiers, répertoires, procès-verbaux, expéditions, en un mot, tous les actes et pièces intéressant les clients.

En ce qui concerne les recouvrements, c'est-à-dire les créances de l'officier ministériel, à raison des actes qu'il a faits, l'officier ministériel peut-il se les réserver? Une circulaire ministérielle du 16 septembre 1843 défendait toute réserve de cette nature ; mais une instruction du 21 septembre 1848 permet aujourd'hui aux officiers ministériels de réserver dans le contrat de cession les sommes dont ils sont créanciers; et s'ils font entrer ces sommes dans le traité elles doivent faire l'objet d'une estimation spéciale,

On peut céder en mêmp temps que l'étude, le mobilier qui le garnit et les livres qui s'y trouvent. Mais la chancellerie n'admet pss la vente d'autres objets.

IV. Le prix doit être sérieux et fixé en argent. Il doit en outre être déterminé au moment de la cession. Ainsi il ne pourrait pas consister en une rente viagère. Cependant il ne faut pas conclure de là que que le réglement du prix ne peut être laissé à l'arbitrage d'un tiers, seulement en ce cas, la fixation du prix doit avoir lieu avant la présentation. Enfin le prix doit être stipulé payable au plus tôt après la prestation de serment. Toute clause par laquelle il serait convenu que le prix de cession serait payé avant l'installation est rigoureusement prohibée par l'administration. (*Déc. minist.* 10 *janvier* 1840,

8 *février* 1854.) Les intérêts du prix ne peuvent
excéder le taux de 5 %.

En principe les parties peuvent fixer entre elles,
comme elles l'entendent, le prix d'une vente, et l'intérêt personnel est la meilleure sauvegarde contre
l'exagération du prix. Cette règle était d'une application difficile à la matière spéciale des offices : à
peine la loi de 1816 fut-elle en vigueur, qu'elle eut
comme conséquence une incroyable exagération
des prix avec tous les abus qui en sont la suite. La
circulaire de 1817 essaya de porter remède au mal
en fixant des bases de prix excessivement étroites,
mais elle n'a pas été suivie dans la pratique, et la
cour de Cassation a décidé que cette circulaire
n'était pas obligatoire pour les tribunaux. (*Cass.*
20 *juin* 1820. *Dev.* 1820. 1. 256).

D'autre part l'administration se refusait à accepter la présentation lorsque le prix de cession était
notoirement exagéré. On eut alors recours à la
fraude pour échapper à cette difficulté : de là une
lutte dans laquelle les tribunaux étaient appelés à
dire le dernier mot.

Malgré la précaution prise par l'administration
d'exiger la représentation des traités, contenant la
cession d'offices, afin d'empêcher les exagérations
de prix, la vigilance de la chancellerie a été plus
d'une fois mise en défaut par l'emploi de contre-
lettres. Le traité ostensible, celui qui devait être
soumis à l'approbation de la chancellerie, portait
un prix ; mais par une contre-lettre, destinée à de-

meurer secrète entre les parties, le prix de la cession était porté à un chiffre, de beaucoup supérieur. Il y avait là un abus grave, auquel il fallut chercher remède.

Un usage s'introduisit au ministère de la justice, et fut observé pendant un certain temps : on faisait prêter aux titulaires et à leurs successeurs le serment que le prix porté au traité de cession était bien le prix véritable. Mais des plaintes s'élevèrent contre cette mesure administrative; elles parvinrent jusqu'à la Chambre des députés, et donnèrent lieu à la nomination d'une commission, dont les conclusions rapportées par M. Carl dans la séance du 22 février 1840, furent : « que le serment est une » mesure grave qu'un ministre n'a point le droit » de prescrire, et que la loi seule peut imposer; » que la loi ne l'autorisant pas, la sanction manquait; qu'enfin le serment avait le double inconvénient de placer les officiers ministériels entre leur intérêt privé et leur conscience, et de les mettre ainsi dans un état de suspicion qui n'était pas de nature à leur concilier l'estime et la confiance de leurs concitoyens. Ces conclusions furent adoptées par la Chambre à une grande majorité. L'usage du serment a donc été abandonné. Toutefois, quelques auteurs et parmi eux M. Greffier, pensent que dans certains cas graves et tout exceptionnels, le procureur général chargé par les circulaires de s'assurer de la sincérité du prix porté au contrat, peut exiger le serment des parties. En admettant que cette pratique, en l'absence d'un texte qui l'autorise soit fondée, il n'en est pas moins vrai que ce ne peut être qu'une mesure tout exceptionnelle.

Restaient les poursuites disciplinaires qui pouvaient être ordonnées par les tribunaux. Mais il fallait alors que l'exécution de la contre-lettre donnât lieu à une action judiciaire; que l'existence de cette contre-lettre se révélât au cours des débats; autant d'obstacles apportés à l'action disciplinaire. En outre celle-ci en punissant l'officier, n'en laissait pas moins subsister le traité occulte.

L'abus n'a cessé que lorsque l'intérêt privé pour se soustraire à l'exécution de ces conventions, est venu soutenir que ces contre-lettres, modificatives du traité ostensible, étaient nulles, d'une nullité absolue, et partant ne donnaient pas action pour en assurer l'exécution. D'abord hésitante, la jurisprudence décide que ces contre-lettres étaient valables. Maintenant elle est fixée, et avec raison, selon nous, en sens contraire, et elle admet la nullité absolue des contre-lettres.

On a dit pour soutenir la validité des contre-lettres : La faculté, accordée aux officiers ministériels moyennant l'augmentation de leur cautionnement, de présenter leurs successeurs à l'agrément du chef du gouvernement, pourvu qu'ils réunissent les qualités exigées par la loi, n'est autre chose que le prix d'un sacrifice. En se réservant le droit de nommer, le gouvernement se dessaisit du droit de choisir le successeur. Tout ce qu'il exige c'est que le successeur, aux conditions voulues par la loi pour remplir ses nouvelles fonctions, joigne des garanties suffisantes de moralité. Quant aux questions pécuniaires, quant aux conventions particulières qui peuvent intervenir entre les contractants, ce sont là des points auxquels le gouvernement reste et doit rester étranger. En ce sens, Toullier, tome 12, nᵒ 112. Et la preuve, ajoute-t-on, que telle est bien la pensée de la loi; la preuve que le gouvernement ne s'est pas préoccupé des contre-lettres, et des conventions secrètes pouvant intervenir entre les parties, c'est que bien antérieurement à la loi de 1816 et depuis de longues années déjà l'emploi des traités occultes pour la transmission des charges était très-répandu; c'est que depuis plus de dix ans, l'art. 1321 du Code civil, reconnaissant la validité des contre-lettres, était appliqué, et que cependant la loi de 1816 n'y a fait aucune dérogation. Dira-t-on que l'usage des contre-lettres est prohibé par la législation antérieure? Il est établi que sous le régime de la loi du 25 ventôse an XI les traités occultes étaient habituels. Il est bien vrai que sous l'ancien droit divers édits avaient prohibé la vente des offices soit en justice, soit à l'amiable, pour un prix supérieur à la fixation originaire portée dans les rôles de la chancellerie. Mais ces édits s'appliquaient plutôt aux offices de judicature qu'aux offices ministériels ; à l'égard de ces derniers, on distinguait le titre et la clientèle. le titre était soumis à la fixation légale ; mais pour

la clientèle on stipulait un prix distinct, « et l'au-
» torité restait étrangère au contrat dont les condi-
» tions était débattues entre les contractants.
» (*Cour de Toulouse*, 27 *février* 1840. *Répert.*
» *Dalloz*, v° *office*, n° 214). On ne saurait donc
tirer argument du droit ancien. On peut aller plus
loin, et soutenir que certains textes reconnaissent
la validité des contre-lettres. Une circulaire du
garde des Sceaux du 5 février 1840 s'exprime ainsi :
« Il faut veiller avec soin sur les traités de cette
» nature, et sur les conditions patentes et
» occultes. » Le ministre, dit-on, ne semble-t-il pas
admettre l'existence des contre-lettres comme
capable de produire un effet légal, puisqu'il se
borne à appeler sur ces conventions l'attention du
parquet ? On invoque encore l'art. 11 de la loi du
25 juin 1841. Cet art. frappe d'un droit supplémentaire, perçu à titre d'amende, les contre-lettres dont
l'existence est revélée dans les traités d'offices. La
conséquence à tirer de cette disposition, c'est que
ces contre-lettres peuvent avoir une certaine efficacité. On pouvait même en conclure qu'elle consacre la validité des contre-lettres, étant de jurisprudence, en matière d'enregistrement, que les
conventions nulles à l'origine ne donnent lieu à la
perception d'aucun droit.

Sans doute, il n'est pas contestable, que ces
stipulations secrètes d'un prix supérieur au prix
ostensible ne renferment quelque chose de blamàble,
et selon les expressions d'un arrêt : « une atteinte à

» la haute probité que commande l'emploi dont
» l'un des contractants veut être investi. » (*Toulouse*, 22 *février* 1849). « Mais que la crainte résul-
» tant de l'exagération présumée du prix d'office,
» qu'un danger incertain, que la violation des
» règles d'une délicatesse rigoureuse, offrent une
» atteinte aux bonnes mœurs et à la sécurité publi-
» que assez grave pour opérer l'annulation de stipu-
» lations qui ne sont pas défendues par la loi, »
(*Toulouse*, 22 *février* 1840) c'est là une conséquence
excessive. Aussi pour trouver dans les traités
secrets un intérêt d'ordre public, a-t-on été amené
à considérer le gouvernement comme étant partie
dans le contrat. Mais c'est un abus de mots. En
réalité le droit de présentation appartient au titulaire, et si l'autorité exerce sur le contrat un droit
de surveillance et de contrôle, c'est entre les parties
seules que les conventions sont arrêtées. L'art. 1321,
aux termes duquel les contre-lettres **ne** peuvent
avoir leur effet qu'entre les parties contractantes,
doit donc s'appliquer; et d'ailleurs, s'il y a fraude,
une fin de non recevoir s'élève contre l'action en
nullité des contre-lettres, car l'acquéreur ayant
concouru à la fraude, ne peut s'en faire une arme
contre son vendeur, et c'est le cas de lui appliquer
la maxime : « nemo auditur propriam turpitudinem allegans. » *En ce sens. Cour de Grenoble,*
16 *déc* 1837. — *Cour de Toulouse,* 22 *février* 1840.
Dalloz, Répert., v° office, n° 214).

Voici notre réponse aux arguments que nous

venons d'exposer. Il n'est point juste de dire que
la faculté accordée aux officiers ministériels de
présenter leurs successeurs soit le prix d'un sacrifice.
Non il n'y a point là un sacrifice, mais une concession du gouvernement, et en la faisant, celui-ci
n'a point entendu se désintéresser dans la question
au point de restreindre son contrôle aux seules
conditions de capacité et de moralité. Gardien de
l'ordre public, le gouvernement a tout le premier
intérêt à surveiller les conditions pécuniaires de la
transmission, et à empêcher que le cessionnaire ne
contracte des engagements trop lourds : double
danger pour la moralité des officiers, et pour les
intérêts des justiciables. S'il était vrai que la loi
de 1816 fût le prix d'un sacrifice, il faudrait dire
qu'elle a rétabli la vénalité des charges, ce que
d'ailleurs on n'a jamais prétendu; il faudrait tout
au moins soutenir que le gouvernement est tenu
de nommer le successeur désigné, du moment que
celui-ci réunit les conditions requises. Or, s'il est
une chose avérée, c'est que le gouvernement n'a
jamais entendu faire un semblable abandon de ses
droits : il a toujours maintenu la liberté de son
choix, et n'a jamais voulu se laisser lier les mains.
Il est si peu vrai de dire qu'il se désintéresse absolument de l'examen des conditions pécuniaires du
contrat, qu'il exige que ces traités soient soumis
aux Chambres de discipline et aux tribunaux; et
que « c'est en considération et sous la foi de ces
« traités, approuvés par l'autorité, et dont la sin-

» cérité est affirmée par les parties que la nomina-
» tion est accordée. » Cass., 7. juillet 1841. Dalloz.
Repert. « Vᵒ offic. nᵒ 216. Dès lors comment peut-on
nier que le gouvernement soit partie dans le contrat ? comment soutenir que c'est entre les parties
seules que les conventions sont arrêtées? Si elles
étaient absolument maîtresses du règlement des
conventions, pourquoi le gouvernement exigerait-
il que ces conventions lui fussent soumises ? Pourquoi en ferait-il une condition de la nomination ?
Comment nier alors, que la dissimulation de ces
conventions contienne une grave atteinte à l'ordre
public, une fraude à la loi ; et qu'il y ait là un acte
illicite de nature à entraîner la nullité absolue de
la clause restée secrète ? (art. 6. Code civil).

On objecte que bien antérieurement à la promulgation de la loi de 1816 le Code reconnaissait la
validité des contre-lettres ; et que le silence de la
loi d 1816 à l'égard de ces dernières en est la reconnaissance tacite. La vérité est, je crois, et j'en
demande pardon aux législateurs de 1816, qu'on
leur attribue une sûreté d'intentions, une netteté
de vue qui, je le crains, n'ont pas été leur fait.
Quand les législateurs de 1816, votaient sans discussion, cet article unique, qui est comme perdu au
milieu d'une immense loi de finances, prévoyaient-
ils toutes les conséquences que l'on en tirerait ?
Pensaient-ils qu'il deviendrait pour ainsi dire le
Code d'une nouvelle propriété ? Et au milieu de
questions si complexes qu'allait soulever l'applica-

tion de cet article, ont-ils songé spécialement aux règles du Code sur les contre-lettres ? Rien, dans la discussion, ne prouve que leur attention se soit portée sur ce point. La question reste donc entière; et l'on ne saurait tirer du silence de la loi de 1816, à l'égard des contre-lettres, aucun argument en faveur de leur validité.

On a invoqué le texte des circulaires ministérielles: mais quel argument sérieux peut-on en tirer? Le ministre recommande au parquet de veiller sur les conditions occultes : est-ce pour les protéger? Évidemment non; ce serait contraire à toutes les circulaires ministérielles : on comprendrait une tolérance; mais une protection serait absurde. La rédaction peut être obscure, mais la pensée incontestable du ministre, c'est qu'il faut empêcher qu'une convention occulte ne vienne modifier les conditionns du traité ostensible. N'est-il pas vrai dès lors que l'argument se retourne contre ceux qui l'ont mis en avant, et que la circulaire invoquée, loin d'être favorable à la validité des contre-lettres, les condamne au contraire? — Quant à l'article 11 de la loi du 25 juin 1841, il se contente de prononcer une amende au cas où le prix porté au traité ostensible, n'est pas le même que le prix véritable. En conclure qu'il sanctionne la validité des contre-lettres, c'est une conséquence impossible, selon nous, à admettre; car cet article n'est pas la consécration d'un droit, mais la constatation d'un fait. Nous arrêterons-nous davantage à l'opinion qui soutient

que le cessionnaire ayant concouru à la fraude ne
peut l'invoquer contre le cédant? Mais qui ne voit
que les solutions ne sont pas les mêmes? Que le titulaire abusant de la position que lui fait son rôle de
vendeur est bien plus répréhensible que l'acheteur
et que dès lors l'axiome romain ne saurait, dans
l'espèce, être d'aucune application?

L'argument que nous avons tiré de l'ordre public
reste donc avec toute sa force. L'ordre public, en
effet, n'est-il pas gravement intéressé à ce que la
charge soit honnêtement exercée, et à ce que l'officier se renfermant dans les devoirs de cette charge,
y trouve une honnête existence? Il y a donc pour
le gouvernement nécessité absolue à intervenir; à
exercer une surveillance attentive: à tenir la ba-
lance égale entre les exigences du vendeur, et l'im-
prudence du jeune homme qui souvent à tout prix
veut acheter. Mais pour que ce contrôle soit efficace,
il faut que les déclarations soient sincères, et que
la convention secrète, si elle existe, ne lie pas les
parties, car elle constitue la violation d'une loi
d'ordre public. Dès lors, est-il possible d'admettre
avec la Cour de Toulouse (arrêt du 22 février 1840)
que si « en cachant une partie de leurs conven-
» tions les contractants ont manqué à la probité,
« on ne peut cependant voir dans les traités secrets
« rien qui touche à l'ordre public? » (Cass., 7 juillet
1841, Dev. 1841, 1. 573.) Non, a répondu l'organe
du ministère public, devant la Cour de Cassation,
« il n'est pas vrai que l'ordre public ne soit pas

» intéressé à ce que les officiers, auxquels les
» citoyens sont forcés de confier leur fortune et la
» direction de leurs affaires, se trouvent dans une
» position qui les défende contre toute tentation
» d'augmenter les gains que les lois leur allouent ;
» qu'ils ne soient pas réduits à l'agiotage, aux spé-
» culations, et par une pente irrésistible, conduits
» à tromper leurs clients. »

Concluons donc que la loi, qui fait de l'agrément par le gouvernement une nécessité embrasse toutes les parties du traité, le prix comme la personne, la la solvabilité comme la moralité, et que par conséquent aux termes de la loi de 1816 toute convention secrète est nulle. (En ce sens, Cass., 7 juillet 1841, Cass., 17 décembre 1845, dév. 1846, I. 251 1841. — Cass., 17 décembre 1845 — Cass., 26 décembre, 1848, Dev. 1849, I, 30, 1848. — Duvergier, *Revue française et étrangère* 1840 p. 321. — Eugène Durand, nᵒ 228.)

Le pricipe étant admis, nous annulerons sans hé-siter toute convention secrète, soit sous forme de contre-lettre, soit sous forme de contrat à titre oné-reux, ayant pour but de porter le prix de l'office à une certaine somme plus élevée que celle portée au traité ostensible, alors même que cette convention ne serait relative qu'au recouvrement (Cass., 8 jan-vier 1849, *Dev.*, 1849, I, 31). Mais faut-il aller plus loin, et soutenir que même au cas où le prix osten-sible, joint au prix dissimulé, n'est pas supérieur à

la valeur réelle de l'office, la contre-lettre n'en
doit pas moins être annulée? On l'a soutenu, en se
fondant sans aucune distiction, sur la nullité absolue des contre-lettres, et c'est ce qu'a décidé un
arrêt de la Cour de cassation (*Dev.*, 1853, I, 215
(22 février 1853), lequel a déclaré : « qu'une distinc-
» tion arbitraire et dangereuse n'enlèverait pas à la
» simulation son caractère d'illégalité, abstraction
» faite du but direct ou indirect de cette simula-
» tion. » C'est en ce sens qu'est fixée la jurisprudence : nous avons cependant quelque peine à l'admettre. Dans ce cas, en effet, il est évident que la
contre-lettre ne compromet en aucune façon les
intérêts du cessionnaire; les motifs allégués en faveur de ce dernier n'existent pas et dès lors il est
assez difficile de comprendre en quoi, la contre-
lettre dont il s'agit, porte atteinte à l'ordre public et
quelle est la nécessité de soumettre à une semblable
restricton la liberté des convertions.

La conséquence de la nullité de la contre-
lettre est de faire tomber tous les pactes ayant
pour objet de vivifier l'acte nul à son origine,
lors même qu'ils revêtiraient l'apparence d'une
transaction ou d'une remise de dette. Disons donc
que la nullité ne saurait être couverte par un acte
de ratification ou confirmation expresse, conformément à l'art. 1338 (Code civil). Un tel acte suppose
une obligation existante ou simplement annulable,
et ne se conçoit pas à l'égard d'une obligation nulle,
de nullité absolue. De même la contre-lettre ne

pourrait servir de base à une novation ; la novation
en effet ne peut se produire que s'il existe dans le
principe une obligation susceptible de produire
quelque effet.

SECTION III

CONSÉQUENCES DE LA NULLITÉ DES CONTRE-LETTRES
ACTION EN RÉPÉTITION

La nullité des contre-lettres une fois admise, une
question nouvelle se présente. Au cas où des payements auront été faits en exécution d'une contre-
lettre, quelle sera la valeur de ces payements, com-
mençons par bien déterminer l'hypothèse : le
cessionnaire de l'office ministériel s'est engagé
par une contre-lettre à payer une somme su-
périeure au prix porté au contrat ostensible ;
tout ou partie de cette somme a été payée.
Puis la nullité de la contre-lettre est prononcée : le
cessionnaire de l'office pourra-t-il actionner son
vendeur en répétition des sommes par lui indûment
payées? Pourra-t-on au contraire lui opposer l'article 1235 du Code civil aux termes duquel « la
» répétition n'est pas admise à l'égard des obliga-

» tions naturelles qui ont été volontairement
» acquittées? »

Une première opinion considère comme non recevable cette action en répétition. Arrêt de la Cour
de Rouen, 18 février 1842. Conclusions de M. l'avocat général Rouland. (Dev. 1842, 2, 201). L'obligation naturelle, dit-on, est par sa nature hors du
domaine de la loi ; elle ne relève que de la conscience.
Si la loi n'a pas défini l'obligation naturelle, c'est
que l'obligation naturelle échappe à toute définition,
et qu'elle en a voulu laisser l'appréciation à la conscience des tribunaux. Dès lors, il est impossible
de dire *à priori* que la nullité d'une convention,
comme contraire à l'ordre public, empêche la naissance d'une obligation naturelle. Par conséquent,
il faut distinguer, et c'est sur cette distinction que
portait toute l'argumentation de M. Rouland. —
« Parmi les lois dites d'ordre public, il y en a qui
» sont l'expression de la morale éternelle, et qui
» étaient écrites dans la conscience avant de l'être
» dans nos codes ; quant à ces lois destinées à proté-
» ger tous les instincts moraux, à garantir dans
» leur sphère la plus élevée la discipline et la cons-
» titution de l'État, il est hors de doute qu'elles ne
» sauraient se rencontrer en lutte avec les obliga-
» tions naturelles. Mais quand on arrive aux lois
» dont les prohibitions qualifiées d'ordre public,
» tiennent, soit à des causes accidentelles, soit à
» des motifs variables, il est évident que l'on re-
» trouve malgré soi toute la liberté et toute l'éner-

» gle du for intérieur. » Cette distinction n'est pas
nouvelle : Domat la consacre : « les nullités, dit-il,
» sont ou naturelles ou dépendantes de la disposi-
» tion de quelques lois. » Pothier professe la même
doctrine, et Toullier, dans son traité des obligations, dit : « Il faut distinguer entre les choses
» illicites de leur nature, et celles qui ne sont dé-
» fendues que par le droit civil, par un droit arbi-
» traire et sujet au changement. » Or, la prohibition des clauses secrètes est évidemment de cette
nature, et la meilleure preuve de cette assertion,
c'est la suite de variations, le caractère d'incertitude
que révèle sur ce point la jurisprudence. Par conséquent, la nullité de la convention ne met pas
obstacle à l'existence d'une obligation naturelle
dont l'effet est d'empêcher la répétition. C'est en
ce sens que s'est d'abord prononcée la jurisprudence. Paris, 31 janvier 1849. Dev. 1849, II, 81.
Rouen, 18 février 1842. Dev. 1842, II, 201. Metz,
14 février 1843. Dev. 1843, II, 449.

A ces arguments nous répondons avec l'opinion
contraire : Les incertitudes de la jurisprudence ne
prouvent rien contre la nullité des contre-lettres
et les conséquences qu'il convient d'en tirer. C'est
dans un but éminemment social que l'art. 91 de la loi
du 28 avril 1816, au lieu de reconnaître que les titulaires auraient la libre disposition de leurs offices,
ne leur a conféré que la faculté de présenter des
successeurs à l'agrément du roi. Toute contre-lettre
blesse donc ouvertement l'ordre public, en ce qu'elle

supprime les garanties, rend impossible le contrôle que la loi réserve au pouvoir, et par conséquent tout acte de ce genre doit être placé au nombre des conventions particulières que l'art. 6 du Code civil frappe d'une prohibition absolue, et qui aux termes de l'art. 1131 ne peuvent produire aucun effet comme ayant une cause illicite. Or si les traités secrets en matière de cession d'office ne peuvent produire d'obligation civile entre les contractants, ils ne sauraient engendrer une obligation naturelle ayant pour effet de les soustraire à l'application de la loi. Car pour admettre la validité de payement fait en exécution d'une semblable obligation naturelle, il faudrait invoquer l'art. 1235 du Code civil mais alors « on serait conduit à la choquante in-» conséquence de supposer que le droit civil qui » prohibe le contrat, se prêterait en même temps » à en protéger l'exécution. » (Cassation, 30 juillet 1844. Dev. 1844. I, 582.) En vain d'ailleurs objecterait-on que ce n'est pas la convention illicite qui produit effet, et que l'efficacité résulte du fait même du payement. Ce payement isolé de toute convention, ne se rattachant à aucune obligation civile ou naturelle serait sans cause, et comme tel sujet à répétition. On ne peut donc invoquer l'art. 1235 pour arguer d'une obligation naturelle à laquelle l'ordre public résiste ouvertemnt. On ne peut davange invoquer l'art. 1338 qui, seulement en matière privée, couvre les vices d'un contrat par la ratification ou l'exécution volontaire. Il ne reste donc plus qu'à appliquer l'art. 1376 du Code civil aux termes duquel « celui qui reçoit par erreur ou » sciemment ce qui ne lui est pas dû, s'oblige à le » restituer à celui de qui il l'a indûment reçu. »

Pour écarter l'action en répétition l'on a invoqué un dernier argument ; on a voulu s'appuyer sur la maxime du droit romain : « *in pari turpitudine melior est causa possidentis.* » et l'on a dit que les parties, ayant toutes deux trempé au même degré dans la dissimulation, se sont placées en dehors de la protection de la loi et se sont rendues non recevables à invoquer sa sanction tant pour assurer l'exécution d'engagements entachés d'un tel vice que pour revenir sur leur accomplissement, *Orléans, 8 février 1844. Dalloz Rép. V° office n° 242.* Mais a-t-on répondu avec raison ; la maxime invoquée ne peut s'appliquer à notre cas, parce que dans les hypothèses du droit romain peu importait à la société à qui des deux complices également en faute devait appartenir la somme, objet du payement consommé : tandis que dans notre cas où il s'agit du prix d'un office publie, il en est tout autrement par le double motif : 1° que la faute n'est pas égale entre le postulant et le titulaire, puisque ce dernier en sa qualité de fonctionnaire avait des devoirs plus étroits, : 2° parce que c'est précisément le payement de cete partie du prix cachée et exagérée qui expose le postulant au danger de manquer à ses devoirs, le public à de graves dommages, et qui blesse plus particulièrement l'ordre public (Cas. 1er août 1844. Dev.

1844, 1, 584.) Par conséquence le payement entaché
du même vice que le traité ne peut-être validé n
en vertu d'une prétendue obligation naturelle, ni
en vertu du droit romain (En ce sens Duvergier,
Revue étrangère, tome, 7. p. 568. — Toullier :
Théorie du Code civil, tome 5. p. 56. — Eugène
Durand n° 229 et suiv.)

Cette solution est loin d'ailleurs de trancher
toutes les difficultés et sur les conséquences à tirer
de ce principe, en l'absence d'une loi toujours promise et jamais rendue, la jurisprudence est loin
d'être fixée. Sur ce point une théorie ingénieuse a
été exposée (*Minerei Revue critique*, tome 1er,
p. 755. tome 2, p. 40 et suiv.) Bien qu'elle se sépare
sur certains points de la jurisprudence, nous en
adoptons les conclusions.

Tant que la totalité ou une partie quelconque
du prix avoué reste due, il ne peut s'agiter qu'une
question d'imputation ; l'action en répétition ne
saurait naître. « Tant que la contre-lettre n'a pas
été exécutée, il n'y a que le néant, mais dès qu'elle
est exécutée, dès qu'il y a payement, la situation
change ; sans doute le payement ne vaut pas comme
acte d'exécution ; il ne vaut pas davantage, comme
acte de ratification ; mais s'il n'est pas un mode
d'extinction d'une dette, son existence, comme pur
fait, ne peut être supprimée ; et il doit créer entre le
cessionnaire de l'office qui a payé, et le cédant qui
a reçu, le même rapport juridique qui naîtrait de ce
simple fait entre toutes personnes. Ce rapport c'est

le droit à la répétition de l'indu pour le capital fourni sans cause, reçu sans droit, » pour les intérêts dus à partir du jour du payement si le vendeur a touché de mauvaise foi. Peu importe que le titre n'eût aucune existence : le droit de répétition n'a pour fondement que le fait de payement, fait qui existe alors qu'il ne peut produire aucun effet légal et ne tend qu'au recouvrement des deniers aliénés mal à propos. Avant le payement, l'acquéreur avait le droit de ne pas exécuter la contre-lettre ; après le payement, le droit du cessionnaire consiste à se faire restituer ce qu'il a payé sans être obligé. Dans la première période, il n'y a entre les parties aucun lien de droit, dans la seconde, il en apparaît un. Le fait du payement a modifié l'état des relations des parties, et désormais le cessionnaire de l'office a pour lui un droit positif qui peut se traduire en une action judiciaire, et dont il peut tirer des effets pratiques.

Ce point établi plusieurs conséquences en découlent. Jusqu'au payement effectué le droit commun demeure suspendu, après le payement le droit commun reprend son effet. Ainsi avant ce payement, la compensation n'anéantirait pas de plein droit une dette du vendeur envers l'acquéreur jusqu'à concurrence de la portion du prix contenue dans la contre-lettre. Mais après le payement la créance qui naîtrait à quelque titre que ce fût au profit du cédant contre son successeur, se compenserait à l'instant avec celle résultant contre lui de la réception indue du complément de prix. — De même jusqu'au payement la prescription ne saurait avoir place ; elle est inutile pour libérer, l'acquéreur d'obligations qui n'ont aucune énergie, impuissante pour valider le pacte. Après le payement au contraire elle court aux termes de l'art. 2262 contre l'action en répétition. — Avant l'exécution les contractants n'auraient pu convenir de donner effet au pacte, car on ne peut vivifier ce qui est lettre morte, au contraire après l'exécution, l'acquéreur peut, selon nous, déclarer qu'il entend renoncer à l'action née à son profit. L'ordre public en effet n'est intéressé qu'à la création du droit à la répétition ; mais l'exercice de ce droit lui est indifférent. D'ailleurs il faut remarquer ceci : si l'on refusait à l'acquéreur le droit de renoncer, il faudrait dire que sur une demande en justice portée par lui contre son cessionnaire, il n'aurait pas le droit de se désister, il faudrait dire qu'il ne peut par acte de dernière volonté léguer à son prédécesseur sa libération ; que ses héritiers ne peuvent exécuter ce vœu ; il faudrait aller plus loin, il faudrait admettre qu'après sa démission, alors que tout caractère public est éteint en sa personne, l'ancien officier ministériel serait privé de ce bénéfice du droit commun, le droit pour le créancier de faire à son débiteur la remise de sa dette. Ces conséquences seraient tellement choquantes qu'elles impliquent au profit du cessionnaire le droit de renonciation à l'exercice de l'action en répétition. — Ainsi en-

core s'explique cet arrêt de la Cour de cassation qui
a décidé que l'action en répétition du complément
de prix d'un office stipulé dans un traité occulte
devrait être repoussé, parce qu'il y avait eu exécution d'une sentence passée et force de chose jugée
(*Cas.* 4 *février* 1850, *Dev.* 1851. 1. 133). — Enfin,
c'est toujours d'après le même système qu'il a été
décidé, — lorsque le vendeur de l'office invoque
pour se préserver de la répétition exercée par son
acquéreur l'art. 1304 et se prétend libéré par dix
ans de silence, — que la prescription de dix ans ne
saurait être opposée, et que la prescription de
trente ans seule peut trouver place. C'est que la
prescription de dix ans rend définitive l'exécution
de l'acte annulable : or ici il n'y pas l'acte annulable : légalement il n'y a aucun acte. Au lieu d'un
acte, il n'y a plus dans l'espèce qu'une action susceptible comme toute autre de périr par la prescription de trente ans, et ce qui confirme encore
cette explication, c'est que ce n'est pas du jour du
traité, mais du jour de payement que court le délai
de trente ans (*Cas.* 10 *février* 1846, *Dev.* 1846. 1. 118.
— *Cas.* 3 *janvier* 1849. *Dev.* 1849. 1. 282).

En ce qui concerne les intérêts une jurisprudence
constante applique l'art. 1378 du Code civil et décide que s'il y a eu mauvaise foi de la part de celui
qui a reçu, les intérêts doivent être restitués du jour
du payement : solution rigoureuse pour le cédant,
aussi une opinion propose-t-elle d'admettre au profit du cédant une présomption de bonne foi quand

le payement est antérieur aux arrêts de 1844 qui qui ont proclamé la nullité des contre-lettres.

La nullité est opposable par tout cessionnaire à tout cédant, à l'acquéreur de la créance du supplément de prix. Toutefois si cet acquéreur ou tout autre tiers est de bonne foi la nullité ne pourra pas lui être opposée, et dans ce cas le cessionnaire aura simplement action en garantie contre le cédant. — De même la compensation n'ayant pas lieu au préjudice des droits acquis à des tiers (art. 1295 Cod. civil), l'imputation sur le prix ostensible de la somme payée en vertu de la contre-lettre ne peut s'exercer au préjudice des cessions de ce prix ostensible dont le transport a été accepté ou signifié avant le payement. En effet les cessionnaires du prix ostensible ont été à partir de cette signification et acceptation, investis de la créance cédée, et ne peuvent être passibles que des exceptions postérieures à la signification. Quand même le transport et la signification seraient postérieures au payement, le cessionnaire ne pourrait pas davantage invoquer la compensation contre ces tiers ; car la contre-lettre n'a pas d'effet à l'égard des tiers (art. 1321. Code civil).

L'art. 11 de la loi du 25 juin 1841 dispose : « Lors-
» que la simulation du prix exprimé dans l'acte de
» cession à titre onéreux sera établie d'après les
» actes émanés des parties ou de l'autorité admi-
» nistrative ou judiciaire, il sera perçu à titre d'a-

» mende un droit en sus de celui qui sera dû sur la
» différence de prix ou d'évaluation. » .

La participation à un traité secret peut donner
lieu à des poursuites judiciaires, non pas seulement
des poursuites devant la Chambre de discipline,
et ne donnant lieu qu'à l'application de peines relativement légères, mais à des poursuites exercées
par le ministère public devant le tribunal.

Appendice de l'Échange. Deux offices peuvent
être échangés l'un contre l'autre. Mais l'échange de
deux offices se confond forcément avec la vente.
L'administration exige qu'il intervienne deux cessions, que deux traités soient rédigés, et enregis-
trés séparément. En réalité le contrat d'échange
entre deux titulaires constitue une double présentation de successeurs. C'est le caractère qui le distingue de la vente, dans laquelle on ne trouve
qu'une seule présentation, parce qu'il n'y a qu'un
seul officier. L'administration repousse absolument
l'échange d'un office contre un immeuble, en vertu
de ce principe qu'elle doit se rendre compte du
rapport qui existe entre la valeur de l'office, et les
sacrifices consentis par l'acheteur.

SECTION IV

OBLIGATIONS DES PARTIES

Le cédant doit faire la délivrauce et garantir la cession. Le cessionnaire doit faire toutes les démarches nécessaires pour obtenir le décret de nomination, et payer le prix convenu.

I. *Obligations du cédant* : 1° *Délivrance*. La délivrance consiste dans la présentation du cessionnaire à l'agrément du chef de l'état, ainsi que dans la mise en possession de la clientèle, et des éléments de la clientèle, papiers, répertoires, actes, etc.

Mais que décider si le titulaire refuse de donner sa démission ? Le cessionnaire peut-il en s'adressant aux tribunaux obtenir que le jugement tienne lieu de démission ? La négative est généralement admise. La démission, dit-on, est un fait personnel et volontaire auquel ne peut se substituer une décision de justice, et toujours l'administration a refusé de considérer un jugement comme constituant une démission régulière (*Déc. minist.* 5 mai 1834). C'est là, il faut le reconnaître, une affirmation plutôt qu'une raison ; et d'autre part en disant que le jugement tiendrait lieu de démission, le tribunal ne porterait aucune atteinte au droit de l'Etat, toujours libre d'agréer et de refuser. Dans l'ancien droit nous avons vu qu'une sentence pouvait tenir lieu de *procuratio ad resignandum*. Mais, dit-on, cette forme n'était autorisée que pour les offices vendus aux enchères, (*Décl. de février 1683. art. 6*); on la repoussait quant la démission était volontaire. En tout cas c'est en ce sens que la jurisprudence est désormais fixée. Concluons donc que le refus fait par le titulaire de donner sa démission n'entraînera contre lui qu'une condamnation à des dommages-intérêts. Ils seront évalués par les tribunaux d'après les principes généraux. *En ce sens, Eug. Durand, n° 233, Duvergier. Vente n° 208.*

Aujourd'hui le regret n'existe plus : il n'est plus proposable devant les tribunaux : c'est un point mis hors de doute par une jurisprudence constante (*Cas. 13. Nov. 1823 Dev. 1823. 1. 337*). Mais à l'égard de l'administration en est-il de même ? Un officier ne peut-il pas retirer sa démission, quand ell. n'est pas encore acceptée ? Sur ce point dit M. Eugène Durand n° 235 l'administration tendrait plutôt à faire « prévaloir aujourd'hui le principe que toute » démission donnée lui est acquise. Lorsqu'elle » accueille la demande du cédant, elle prend d'ail- » leurs toujours soin de réserver l'action à fins » civiles du cessionnaire. »

Il résulte de ce qui précède que le traité, par lequel le titulaire d'un office promet moyennant un prix, de donner sa démission, n'attribue au cessionnaire qu'un droit à l'office : « *jus ad rem,* » tant que la résignation du vendeur n'a pas été admise, et le résignataire nommé à sa place. Si donc, après une première vente de l'office, le titulaire en faisait à une autre personne la vente suivie de l'obtention des lettres de provision au profit du second acheteur, ce dernier traité serait valable, sauf les dommages-intérêts que le premier acheteur aurait le droit de réclamer : 2° *Garantie.* — Il nous reste à examiner l'obligation de garantie. La transmission des offices s'opèrant sous le contrôle et avec la consécration du gouvernement, il est difficile de comprendre comment une cause d'éviction pourrait provenir du fait du cédant. Mais de la part du gouvernement, l'éviction peut affecter une double forme : la suppression ou la destitution. Il faut dès lors faire une distinction. Si la suppression est antérieure au décret de nomination, la convention n'étant pas parfaite, on appliquera la règle de l'art. 1182 et la perte sera pour le démissionnaire. S'il y avait simplement détérioration de la chose, alors par application de l'article 1182, l'acquéreur aura le choix ou de résoudre le contrat ou d'exiger la chose dans l'état où elle se trouve. Supposons maintenant que la suppression est postérieure au décret de nomination : en ce cas la perte est pour le cessionnaire, qui n'est pas dispensé de payer le prix ou la portion du prix. Toutefois le cédant ne peut exiger le payement avant la liquidation de l'indemnité allouée par le gouvernement aux titulaires expropriés. — Enfin le cé-

dant doit s'abstenir de tous actes de nature à diminuer pour le cessionnaire les bénéfices de sa charge.

L'art. 1641 relatif à la garantie due par le vendeur, à raison des vices cachés de la chose vendue,
est applicable aux offices : si le cédant a exagéré les
produits de la charge, s'il s'est rendu coupable d'a-
bus deconfiance, s'il était en déconfiture au moment
de la cession, l'art. 1641 sera applicable. Remarquons
d'ailleurs que dans notre espèce il ne saurait y avoir
de rescision pour cause de lésion (art. 1674), et que
l'action du cessionnaire ne serait pas recevable s'il
avait entre les mains les éléments nécessaires pour
s'éclairer, car l'art. 1641 n'est applicable qu'à raison des vices que l'acheteur a ignorés.

Dans l'intervalle entre la conclusion du traité et
sa nomination, le cessionnaire peut invoquer l'article 1641 pour demander la résiliation du traité.
Une fois pourvu de l'office par le décret de nomination le nouveau titulaire ne peut plus intenter
contre son prédécesseur que l'action en réduction
de prix. Le délai est celui du droit commun.
(Art. 1648. Code civil.)

Faut-il aller plus loin, et admettre avec une jurisprudence nouvelle. (*Cas.* 6 *déc.* 1852. *Dev.* 1853.
I. 117. — *Bourges*, 28 *janvier* 1853. *Dev.* 1853. I.
113. — *Cas*, 19 *février* 1853. *Dev.* 1853. I, 520). Que
la fixation du prix étant d'ordre public, la réduction du prix pour cause de dol ou de fraude peut
être demandée comme constituant une fraude à
l'État, même au-delà des délais prescrits par l'ar-

ticle 1648; que la transaction ayant pour objet une réduction de prix est nulle; que la prescription de l'action est non pas celle de l'art. 1304, mais bien la prescription trentenaire, en un mot, qu'il y a là un contrat *sui generis* échappant comme tel aux règles du droit commun, et une nullité qui doit être assimilée à celle des contre-lettres?

Nous avouons qu'il nous est difficile d'approuver cette jurisprudence. Invoquer l'ordre public et sortir du droit commun, lorsque les règles du droit commun semblent équitables et satisfaisantes, n'est-ce pas faire abus de l'ordre public ? On comprend que l'ordre public soit intéressé à la nullité des contre-lettres; mais en est-il de même dans notre espèce ? Comment peut-on dire qu'il y a fraude à l'État, quand l'État a eu connaissance des conditions du traité, quand il a eu ou dû avoir entre les mains tous les renseignements nécessaires pour réduire le prix, si le prix est exagéré ? La loi, pour éviter es procès ou en diminuer le nombre a renfermé l'exercice de l'action dans les limites d'une courte prescription : et voici que s'il s'agit d'offices, c'est-à-dire d'une espèce de bien dont le prix est des plus difficiles à fixer, l'action pourra être intentée pendant 30 ans! n'est-ce pas aller contre l'ordre public et la volonté de la loi ? En outre est-il possible de dire que le contrat de cession soit un contrat *sui generis* ? Nous nous sommes attaché à démontrer le contraire : contrat sous condition suspensive, sans doute, contrat de vente néanmoins, puisqu'il en a les trois éléments essentiels. Dès lors pourquoi lui appliquer des règles exorbitantes du droit commun ? Nous n'en comprenons ni l'utilité, ni la raison.

II. *Obligations du cessionnaire* : 1° Nous savons que la première obligation du cessionnaire consiste à faire toutes les démarches nécessaires pour obtenir du gouvernement le décret de nomination. Le cessionnaire qui se refuserait à faire ces démarches s'exposerait à une action en dommages-intérêts : le quantième de l'indemnité est fixé d'après les régles ordinaires en matière de convention. Le refus fait par le gouvernement d'agréer le cessionnaire amène comme conséquence la résolution du contrat entre les parties. Mais peut-il donner naissance à une action en dommages-intérêts au profit du cédant ? Non : du moment que le refus du gouvernement est indépendant de la volonté du cessionnaire. D'ailleurs le cédant lui-même est en faute de traiter avec un candidat ne réunissant pas les qualités exigées par la loi.

A la suite des événements de février 1848, des instructions ministérielles invitèrent au nom du gouvernement les acquéreurs d'offices, dont la demande de nomination était pendante au moment de la Révolution, à déclarer s'ils entendaient ou non donner suite à leurs traités. En quel sens fallait-il interpréter ces instructions du gouvernement ? Voir sur ce point une controverse entre M. Dallot et M. Kalhmann. Revue de droit français

et étranger. Tome 5 p. 828. tome 6. *passim*. Fallait-il
avec une première opinion soutenir que la Révolution de 1848 n'était pas pour les offices une cause
de détérioration dans le sens de l'art. 1182, (Cod
civil.) que par conséquent l'art. 1182 n'était pas
applicable aux cessionnaires, et que sur leur refus
d'exécuter le contrat, alors que l'autorité les invitait
seulement à la réflexion, il fallait leur appliquer
l'art. 1178 aux termes duquel « la condition est
« réputée accomplie lorsque c'est le débiteur, obligé
« sous cette condition, qui en a empêché l'accomplissement? Fallait-il au contraire avec l'opinion
opposée, voir dans la Révolution de 1848 une véritable cause de détérioration dans le sens de l'art.
1182 ; dans l'attitude du gouvernement, un véritable refus d'agréer les cessionnaires, et fallait-il
dès lors leur appliquer l'art. 1148 aux termes
duquel il n'y a lieu à aucuns dommages-intérêts
lorsque par suite d'une force majeure ou d'un cas
fortuit le débiteur a été empêché de donner ou de
faire ce à quoi il était obligé ? Sur les conclusions de
M. l'avocat général Nicias Gaillard, la Cour de
cassation a donné gain de cause au dernier système
mais en se fondant sur des raisons différentes
(14 mai 1851. Dev. 1851. 1 417). La révolution de
1848, dit-elle, ne constitue pas à l'égard des offices
un cas de force majeure dans le sens de l'art. 1148,
ni une cause de détérioration dans le sens de l'art.
1182 : non, il y a eu simplement de la part du gouvernement, après ces événements, refus d'agréer

les candidats sans une manifestation réitérée de leur volonté, et ce refus, le gouvernement avait le droit de le faire, c'est un droit que la loi lui donne. Par suite de ce refus, la condition suspensive mise à l'exécution du contrat a défailli. Est-ce le fait de l'obligé ? sans recourir à l'art. 1148, la question se résout par une saine entente de l'art. 1178 : pour que cet article soit applicable en effet, il ne suffit pas que ce soit par le fait du débiteur que la condi-tion ne soit pas accomplie, il faut que ce soit par sa faute. La loi ne considère pas le fait matériel, mais le fait dans sa moralité. Dans l'espèce, le ces-sionnaire n'a fait qu'user d'un droit que le gouver-nement lui donnait. Il n'y a donc aucune faute de sa part.

En résumé, « le traité était soumis à une condi-» tion suspensive, cette condition a défailli, le » traité doit donc être considéré comme n'exis-» tant pas. La condition a défailli non par la faute » du débiteur mais par le fait de l'autorité, car » si le débiteur a refusé de donner un nouveau » consentement. Il ne l'a fait qu'en usant d'un » droit que l'autorité lui avait conféré (conc. de ». l'avocat génér. Nicias Gaillard).

2° *Payement du Prix.* D'après le droit commun, le vendeur a jusqu'au payement : 1° Un droit de ré-tention sur la chose ; 2° Une action en revendication dans la huitaine de la délivrance (art. 2102 n° 4); 3° Le droit de résolution à défaut de payement du prix (Art. 1654) ; 4° Un privilége (art. 2102 n° 4..

art. 2103 n° 1). Les principes spéciaux de notre matière ne permettent pas au profit du vendeur d'office l'exercice de tous ces droits. La collation émanant du gouvernement, un intérêt privé est impuissant pour en résoudre l'effet. Il en résulte qu'en ce qui concerne la cession des offices ministériels, le vendeur n'a ni le droit de rétention ni l'action en revendication, ni le droit de résolution. Il ne peut qu'invoquer le privilége établi par l'art. 2102 n° 4, aux termes duquel le vendeur de meubles a un privilége sur « le prix d'effets mobiliers » non payés, s'ils sont en la possession du débi» teur, soit qu'il ait acheté à terme ou sans terme. »

Ce n'est toutefois qu'après quelques hésitations que la jurisprudence a décidé que l'art. 2102-4° était applicable au vendeur d'office. La question a été tranchée par un arrêt de la Cour de cassation du 16 février 1831. (Dev. 1831. 1. 74.)

A l'appui de l'opinion contraire, on soutenait en invoquant les termes de la circulaire de M. Pasquier en 1817, qu'il était faux de prétendre que les titulaires eussent sur leurs offices un véritable droit de propriété; qu'en effet le titulaire n'a pas la disposition libre, complète, et à titre de propriétaire de l'office dont il veut se dessaisir, puisqu'il faut pour cela le concours de deux volontés, celle du titulaire et celle du gouvernement; que par conséquent la force des choses amenait à dire qu'un bien dont on ne peut librement disposer n'est pas in bonis, et ne peut faire l'objet d'une véritable vente. On faisait en outre remarquer que l'arrêt de la Cour d'Orléans contre lequel le pourvoi était formé, en considérant, l'office comme un bien, avait été amené à le placer parmi les meubles incorporels. Or, disait-on, c'est une erreur de prétendre que le privilége dont parle l'art. 2102 s'étende aux meubles incorporels, car si d'un côté d'après l'art. 535 du Code civil les mots « effets mobiliers » comprennent tous les objets regardés comme meubles, soit par leur nature, soit par la détermination de la loi ; d'autre part le troisième § du n° 4 de l'art. 2102 prouve que le législateur a pris les mots effets mobiliers, employés par cet article, dans le sens de meubles matériels, puisque la disposition de ce paragraphe est que le privilége du vendeur ne s'exerce qu'après celui du propriétaire de la maison ou de la ferme ; or, un propriétaire n'a pas de privilége sur des meubles incorporels, mais seulement sur les meubles matériels ou corporels qui garnissent la maison. La Cour d'Orléans, dans la même opinion, aurait commis l'erreur de considérer comme une vente ce qui n'est qu'un contrat innommé, appartenant à la classe des actes dans lesquels l'un des contractants donne une chose pour que l'autre contractant en fasse une autre *De ulfacias*. Dans cette sorte de contrat, il ne peut y avoir de priviléges que ceux expressément créés par la loi, comme le sont le privilége des médecins pour leurs honoraires, celui des gens de service pour leurs salaires ; et comme les priviléges sont de droit étroit, et ne peuvent s'étendre d'un cas à l'autre, en créer un pour un cas non prévu, c'est commettre un excès de pouvoir et violer les règles du droit.

Ces objections n'étaient que spécieuses, et la doctrine ne s'y est pas arrêtée. On a répondu, et avec raison : il est bien vrai, que l'officier ministériel n'a pas la pleine disposition de son titre, et que la fonction ne peut être exercée qu'avec le consentement du gouvernement ; mais ce concours de volontés n'empêche pas que la cession de l'office ne constitue un contrat réunissant les éléments essentiels du contrat de vente, savoir l'objet, le prix et le consentement. Par conséquent, la chose vendue étant certaine, reconnue, et encore en possession de l'acheteur, le vendeur qui n'en a pas reçu le prix peut exercer le privilège du vendeur sur la chose vendue, si la loi l'y autorise. Or l'art. 2102 n° 4 du Code civil déclare créance privilégiée le prix d'effets mobiliers, s'ils sont encore en la possession du débiteur. Cet article se réfère nécessairement aux articles 529 et 535, d'après lesquels les droits incorporels sont réputés meubles sous la dénomination d'effets mobiliers, puisque la même expression est littéralement employée par le législateur dans les articles 535 et 2102 n° 4. Le rapprochement de ces textes prouve avec évidence que par cette expression : effets mobiliers, le législateur a entendu désigner les droits incorporels, et ceci, d'ailleurs, n'est qu'une conséquence de l'art. 516, qui porte que tous les biens sont meubles ou immeubles. Or, une charge de notaire ou d'avoué n'étant évidemment point un immeuble se trouve nécessairement classé par la loi sous l'expression d'effets mobiliers, par conséquent le privilége du vendeur peut et doit s'exercer.

On a fait une objection à ce système ; on a dit : Aux termes de l'art. 2102-4° le privilége ne porte sur le prix des effets mobiliers non payés que si ces effets sont encore entre les mains du débiteur. Or l'offfce n'est plus entre les mains du débiteur lorsque la transmission est complète, c'est-à-dire lorsque la nomination du successeur a eu lieu et qu'il a prêté serment. Par conséquent le privilége ne peut plus s'exercer. — Mais alors ce serait rendre l'exercice de ce privilége complétement impossible : en effet l'office étant insaisissable, et le privilége ne pouvant s'exercer que sur le prix de la revente, ce privilége deviendrait illusoire s'il s'éteignait au moment de la réalisation du gage, par le fait même de cette réalisation. Si une seconde vente est nécessaire pour l'exercice du privilége, comment admetre qu'elle soit en même temps destructive du privilége? En réalité l'art. 2102,-4° n'y met pas obstacle. « Quant la loi a dit que la chose devait » être entre les mains du débiteur, elle n'a voulu » qu'appliquer la règle que les meubles n'ont pas » de suite par hypothèque, et faire en sorte que le » tiers acquéreur ne fût pas inquiété dans sa pos- » session. Mais l'exercice du privilége sur le prix » de revente n'est pas de nature à troubler le » tiers acquéreur, et l'on peut dire avec certitude,

» qu'ici, dans la pensée de la loi le prix remplace
» la chose même. Conclusion de M. l'av. général
Sandbreuil. — Arrêt du 2 mars 1850, Nancy. Dev.
1850. 11. 285. — En ce sens, Paul Pont. Com. traité
des lois, et hyp. 1º part. nos 147 et 148.

C'est en ce sens que la jurisprudence est définitivement fixée actuellement. De ce que le privilége
ne s'exerce qu'autant que les objets mobiliers sont
encore en possession du débiteur, il suit que si le
prix de vente, — lequel, d'après ce qui vient d'être
dit, représente la charge vendue — ne se trouve
plus en la possession du débiteur, le privilége s'é-
teint : c'est ce qui arrive lorsque le second vendeur
a, lui-même, fait à un tiers de bonne foi un transport régulier de son prix de vente. Peu importe
même que le transport ait été effectué antérieurement à la prestation de serment par le nouveau
titulaire; il n'en est pas moins opposable au vendeur primitif. (21 *juin* 1864, *Dev.* 1864, 1, 347) Mais si
antérieurement à la signification du transport, le
vendeur primitif a pratiqué opposition entre les
mains du nouveau titulaire le privilége subsiste à
l'encontre du tiers au profit duquel le transport a
été effectué.

Le privilége qui s'exerce sur le prix d'une revente subsisterai-t-il au cas de reventes successives? Oui dit un premier système: pour protéger le
vendeur on a, en réalité, créé à son profit un privilége extraordinaire en dehors des dispositions de
l'art. 2102. nº 4; l'équitté veut que le privilége soit

étendu en cas de reventes successives. En effet
comment le vendeur primitif pourra-t-il connaître
et empêcher les ventes successives ? Comment dès
lors pourrait-il réserver ses droits ? Il faut donc que
le privilége soit étendu à ces ventes ; autrement il
devient illusoire. M. Paul Pont. com. Trait. des
priv. et hyp. nº 150 critiquant un arrêt de la Cour
de Paris, 24 mai 1854 qui refusait de reconnaître
le privilége du vendeur au cas de reventes successives s'exprime ainsi : « Cette solution est inconsé-
» quente et inexacte : inconséquent en ce que la
» Cour, prenant pour base de sa décision l'idée, que
» le privilége est éteint par la dépossession du débi-
» teur, n'avait pas à distinguer ainsi qu'elle l'a fait
» entre le prix d'une première vente, et le prix de
» reventes ultérieures, puisque la première revente
» est celle précisément qui dessaisit le débiteur et
» opère une dépossession à laquelle les reventes
» ultérieures ne sauraient rien ajouter ; inexacte,
» parce que la Cour confond ici le droit de suite
» qui est hors de cause, avec le droit de préférence
» qui est seul en question.

Nous adoptons avec la jurisprudence (Cas. 8 août
1860, Dev. 1860 1. 845) l'opinion contraire, et nous
croyons que le privilége doit être refusé au cas de
ventes successives. D'abord est-il vrai de dire que
le privilége reconnu au vendeur soit en dehors des
dispositions de l'art. 2102 nº 4 ? M. Paul Pont lui-
même a démontré dans son commentaire précité,
qu'en cas de vente d'un office, le prix de cette vente

représente nécessairement pour le vendeur l'office lui-même, et qu'en droit il n'y a aucune raison pour refuser à ce premier vendeur sur le prix de l'office tant qu'il est encore dû à l'acquéreur immédiat, tant qu'il est comme le dit le n° 4 de l'article 2102 « en sa possession, » le privilège que cet article confère au vendeur d'effets mobiliers non payé. S'il en est ainsi, comment justifie-t-on l'extension arbitraire de l'art. 2102 n° 4, extension contredite par les termes mêmes de la loi? Raisonner ainsi ce n'est plus appliquer la loi c'est la faire. Quant au système soutenu par M. Paul Pont, si nous le comprenons bien, il repose sur une confusion d'idées. Selon lui, les reventes successives ont toutes le même effet à l'égard du vendeur primitif, et n'apportent aucune modification à la situation de ce dernier. Voyons à quelles conséquences mène cette doctrine. Nous savons que le privilége donne naissance tantôt à un droit de préférence seulement, tantôt à un droit de préférence uni à un droit de suite. S'il s'applique à un objet mobilier corporel ou incorporel, il donne naissance à un droit de préférence sur le prix de revente, mais à la condition que l'objet ou le prix soit encore « en la possession du débiteur. » Cette condition limite l'exercice de ce droit de préférence ; il ne pourra donc pas s'exercer à l'encontre des créanciers d'un sous-acquéreur, — s'il s'agit d'un immeuble, au droit de préférence vient se joindre un droit de suite qui permet d'invoquer le privilége à l'encontre de tout détenteur de l'immeuble, Or permettre au vendeur primitif de l'office de suivre cet office dans toutes les mains où il passe, et d'invoquer son droit de préférence sur les divers prix de vente à l'encontre des créanciers des sous-acquéreurs, n'est-ce pas en réalité accorder au vendeur non payé de l'office un véritable droit de suite? n'est-ce pas appliquer à la vente des effets mobiliers des principes qui n'ont d'effet que pour les ventes d'immeubles? La confusion nous semble évidente; aussi appliquerons-nous sans hésiter l'article 2102 n° 4 et du moment que la condition de la possession actuelle de l'objet ou du prix qui le représente fait défaut, le privilége ne saurait être invoqué. Le désir de protéger le vendeur ne peut avoir pour conséquence ce qui est pour nous une violation directe de la loi. En ce sens, Dissert. de M. Baudot, Dev. 1858, 2, 1 sur un arrêt de la cour de Caen du 8 juillet 1857.

Quand le titulaire de l'office est destitué, il perd la faculté de présenter son successeur. C'est ce que dit la loi de 1816. Le gouvernement nomme alors qui il veut à sa place. Dans la pratique constante de l'administration, celle-ci exige, du successeur qu'elle choisit, le payement d'une indemnité, qui est accordée suivant les expressions en usage : « à qui de droit »; s'il y a contestation au sujet de la distribution, ce sont les tribunaux qui décident. Dès lors, la question qui se pose est celle-ci : Le vendeur originaire pourra-t-il exercer son privilége

sur le montant de cette indemnité? Si c'est le
prix de la charge, le privilége subsiste, si ce n'est
qu'une somme attribuée aux ayant droit, le privilége s'évanouit.

L'opinion favorable au privilége du vendeur a
trouvé dans la doctrine de nombreux et habiles défenseurs. En première ligne on a invoqué l'équité.
Refuser au vendeur originaire son privilége, a-t-on
dit, « c'est porter atteinte à des droits acquis sous
» les yeux de l'État, tolérés, reconnus par lui, con-
» sacrés par la justice qui le représente. C'est punir
» sans nécessité un tiers exempt de toute faute. »
M. Ballot. *Revue de droit français et étranger*, 1848,
tome 5, p. 121. Il est bien vrai que l'État en conférant l'office s'est réservé le droit de destitution,
mais c'est à la condition de respecter les droits dont
il a toléré et même consacré l'existence, objectera-
t-on les droits des autres créanciers. Mais « ils ne
» sauraient se plaindre de la situation qui est faite
» au cédant, car, d'une part, ils ont connu la priorité
» de droit du cédant, et d'autre part, ils n'ont jamais
» pu ni dû regardea l'office comme une garantie de
» leusr droits. » En droit, cette opinion peut également se défendre. On invoque contre elle l'art. 2102
n° 4, aux termes duquel pour que le privilége puisse
s'exercer, il faut que les objets mobiliers soient *en
la possession* du débiteur. On pourrait répondre
que cet article n'est autre chose qu'une application
de la maxime qu'en fait de meubles « possession
vaut titre », que cette maxime s'applique aux meu-

bles corporels dans un intérêt de sécurité pour les tiers acquéreurs; mais qu'on est généralement d'accord pour reconnaître qu'elle ne s'applique pas à certains meubles incorporels, aux titres nominatifs par exemple, dont la transmission est soumise à des règles spéciales. A plus forte raison devra-t-il en être de même pour les offices ministériels. — Mais on peut aller plus loin, et soutenir que l'on est dans le cas d'application de l'art. 2102 n° 4 : En effet, qu'est-ce que cette indemnité fixée par le gouvernement, sinon le prix lui-même? Ce n'est point arbitrairement en effet que le ministre de la justice détermine l'indemnité à payer. Il la fixe, d'après la valeur de la charge, et pour en établir le montant, il s'entoure de renseignements que la Chambre de discipline et le tribunal lui-même sont tenus de lui fournir. Enfin, ajoute-t-on, ce qui prouve qu'il y a bien de la part du gouvernement fixation d'un prix, et vente véritable, c'est que la loi du 25 juin 1841 frappe d'un droit de 2 °/₀ l'indemnité fixée par le gouvernement au successeur par lui désigné, tout comme le prix de la cession faite par un titulaire en fonctions. Par conséquent, ce prix est dans les biens de l'officier destitué, il est *en sa possession*, et l'art. 2102 n° 4 peut s'appliquer. — Si l'État exproprie d'un bien, ce ne peut être que sous la réserve d'indemniser ceux qui ont acquis des droits sur ce bien. Or la destitution est une véritable expropriation, et comme telle, elle ne peut léser les droits du créancier privilégié sur la chose expropriée. D'autre part elle est une peine, et par conséquent elle doit rester personnelle à celui qui l'a encourue. En ce sens, M. Ballot, loc. cit. — Mourlon. Examen critique des priv. et hyp. n° 125. — Duvergier, Droit. 21 mars et 2 avril 1853.

Nous voudrions pouvoir nous ranger à cette opinion ; nous reconnaissons tout ce qu'elle a de séduisant et d'équitable. Nous reconnaissons tout ce qu'il y a d'injuste à faire retomber sur le vendeur de l'office la peine d'agissement dont il n'est pas responsable. Mais il y a dans l'opinion que nous venons d'exposer, une tendance dangereuse, la même qui veut maintenir au vendeur son privilége au cas de reventes successives, la tendance à faire la loi au lieu de l'appliquer. Que la loi soit incomplète, nous sommes les premiers à le reconnaitre, à regretter et à demander une réforme. Mais, par désir de combler une lacune de la loi, il faut se garder d'en fausser les principes, et c'est, selon nous, la conséquence de l'opinion que nous repoussons. On dit que la somme fixée par le gouvernement au successeur de l'officier destitué, est un prix de vente, et l'on demande ce qu'elle est, si elle n'est pas cela. Nous répondons avec le langage usuel : une indemnité, une mesure dictée au gouvernement par un esprit d'équité et de justice ; mais pas autre chose. Comment peut-on soutenir que cette indemnité, mesure purement gracieuse de la part du gouvernement qui pourrait supprimer la charge, soit un prix de vente ? La vente n'existe pas, il n'intervient pas de contrat entre le gouvernement et le nouvel officier choisi à la place de l'officier destitué. Il n'y a en tout ceci que l'exercice d'un droit, le droit du collateur, qui, dans sa pleine liberté, sans aucun engagement réciproque, confère la charge à qui bon lui semble. Il faut faire un véritable abus des mots pour trouver en tout ceci le moindre caractère de la vente, et la moindre trace d'un prix. Peu importe, dès lors, que le ministre s'entoure de nombreux renseignements pour fixer le montant de l'indemnité. La façon dont cette indemnité est fixée ne saurait en modifier la nature. Quant à l'argument tiré de la loi du 25 juin 1841, il est sans valeur, et se retourne même contre ceux qui l'invoquent. En effet, c'est dans un article spécial (art. 13) que la loi vise le cas de la destitution, et dans ce cas de « nomination sans présentation, » c'est l'*ordonnance* qui est soumise au droit d'enregistrement, alors qu'aux termes de l'art. 6 c'est le traité de vente qui doit être enregistré. La différence entre les deux cas est si profonde qu'elle devait se retrouver dans les termes de la loi. — Reste l'argument tiré de l'expropriation de l'office ; il est grave assurément. Mais le vendeur ne connaissait-il pas, dès le principe, la condition qui lui était faite et le danger qu'il courait ? Ne savait-il pas que l'éventualité d'une destitution était un des éléments dont il devait tenir compte dans la cession de l'office ? Ne devait-il pas, dès lors, prendre ses précautions en conséquence ?

En résumé, les caractères du prix manquent absolument à l'indemnité que doit payer le successeur de l'officier destitué. On ne peut lui faire l'application de l'art. 2102, n° 4 ; le vendeur de l'officier destitué ne peut réclamer aucun privilége sur cette somme, et il doit venir en concours avec les autres créanciers. Solution rigoureuse, mais qui nous semble seule conforme aux principes. C'est en ce sens qu'est désormais fixée la jurisprudence. — Pont., *Revue critique*, t. I, p. 385. — T. II, p. 406. — Eug. Durand, n° 249. — Cass., 7 juillet 1847. — Dev. 1847, 1. 496. — En 1840, la Cour d'Angers, dans les observations qu'elle fut appelée à donner sur un projet de réforme hypothécaire, demandait qu'il fût dit dans l'art. 2102 que le prix de cession d'un office serait privilégié sur l'indemnité que l'officier ministériel peut avoir à toucher du successeur par lui présenté et agréé par le roi, *ou que le gouvernement peut juger équitable d'imposer à ces successeurs quand ils sont nommés d'office.* Il se serait à souhaiter que cette disposition reçût une consécration légale.

Le vendeur d'un office peut-il exercer son privilége quand son successeur est tombé en faillite ? Aux termes de l'art. 550 actuel du code de commerce, le privilége et le droit de revendication, établis par le n° 4 de l'art. 2102 du Code au profit du vendeur d'effets mobiliers, ne sont plus admis en cas de faillite. Cet article est des plus formels, et ne laisse guère place au doute. Cependant a-t-on dit, en édictant l'art. 550 du Code de commerce le législateur a eu pour but de prévenir des collusions entre le failli et le vendeur de marchandises, ensuite de ne pas tromper les espérances que les tiers ont pû fonder sur un actif commercial dont ils ne connaissent pas l'origine. Or, aucun de ces motifs ne se retrouve quand il s'agit d'un office ministériel : le contrat entre le titulaire et le candidat n'est pas un acte de commerce, de plus la cession est constatée dans un acte soumis à l'approbation de l'autorité. — La cour de Cassation ne s'est pas arrêtée, et avec raison, à ces objections. Elle a décidé que l'art. 550 était général et absolu, qu'il n'admet aucune distinction ; que dès lors il s'applique à tous les priviléges qui ont exclusivement leur principe dans l'art. 2102 n° 4 du Code civil, et notamment au privilége réclamé par le vendeur d'un office (23 août 1853. Dev. 1853. I. 606).

Sans destituer un officier le gouvernement peut le forcer à donner sa démission. Faut-il dans ce cas refuser au cédant son privilége ? Ce n'est qu'à la destitution que l'art. 91 attache la perte du droit de présentation. Par conséquent le privilége du vendeur doit subsister. C'est en ce sens que la jurisprudence, est fixée. Besançon, 4 janvier 1853. Dallots v° office f. 1861).

Le privilége du vendeur porte sur le prix qui figure dans l'acte de cession, et ce prix comprend la droit de présentation, la clientèle, les accessoires de l'office. Mais s'étend-il également aux recou-

vrements, au cas où ces recouvrement feraient
l'objet d'une estimation distincte ? Pour admettre
l'existence du privilége, il faudrait supposer que
les recouvrements abandounés primitement, sont
les mêmes que ceux qui sont abondonnés postérieurement par le cessionnaire à son successeur.
Autrement le privilége ne peut-être invoqué.

C'est le vendeur non payé que l'Art. 2102 n° 4 déclare privilégié. Mais quand y aura-t-il paiement !
Devrait-on considérer comme désintéressé le cédant qui a accepté des billets à ordre causés : valeur reçue comptant, » et refuser de reconnaître
l'exercice, du privilége quand les billets ne sont
pas payés à l'échanee ! Avant tout, il y a une question de fait. S'il résulte de l'acte que le cédant a
voulu faire novation, le privilége est éteint, à
moins d'une réserve expresse (art. 1273). Si l'ancien titulaire a entendu seulement avoir dans les
billets une garantie de plus, le privilége subsiste
tant que le prix n'a pas été effectivement payé.

A côté du cédant, faut-il reconnaître un privilége
au prêteur des deniers qui ont servi au payement ;
à la caution qui s'est obligée solidairement avec le
cessionnaire ; à la femme dont la dot a été employée par le mari à l'achat d'un office, enfin aux
créanciers pour faits de charge?

L'Art. 2103, 2°. accorde un privilége aux prêteurs
de deniers pour l'acquisition d'un immeuble, mais
il est muet à l'égard des créanciers dont l'argent
a été consacré à l'acquisition d'un meuble. L'arti-

cle 2102,4" n'a trait qu'au vendeurs d'effet mobiliers. Les priviléges étant de droit étroit, et l'office étant un meuble, il est impossible d'accorder un privilége aux prêteur de deniers pour l'acquisition d'un office. Ceux-ci devront donc pour sauvegarder leurs droits stipuler au moments du versement la subrogation dans les droits du cédant, et s'ils traitent avec le cessionnaire, veiller à ce que les formalités exigées par l'art. 1250,2° soient observées.

La caution est mieux traitée du moment qu'elle paie, elle se trouve subrogée de plein droit, en vertu de l'art. 2029, à tous les droits du créancier, et par conséquent au privilége qui garantissait la créance du cédant,

D'après l'art. 1431 la femme qui s'oblige solidairement avec son mari pour les affaires de la communauté ou du mari, n'est réputée à l'égard de celui-ci s'être obligée que comme caution. Or, nous venons de voir qu'en vertu de l'art. 2029 la caution qui a payé se trouve subrogée dans tous les droits du créancier, D'où il suit que la femme qui se trouvera dans ces conditions, aura un privilège.

Que décider à l'égard des créanciers pour faits de charges. Ont-ils un privilége sur le prix de l'office. Ils l'avaient sous l'ancien droit. En est-il de même aujourd'hui? L'art. 2102, 7" déclare privilégiées sur les fonds du cautionnement seulement, et sur les intérêts qui peuvent en être dûs, les créances résultant d'abus et de prévarications commis par les fonctionnaires publics dans l'exercice de leurs fonctions : les privilèges étant de droit étroit, c'est aux fonds du cautionnement que devra être restreint le privilége des créanciers pour faits de charge. A cela qu'objecte-t-on ? Eug. Durand n° 255. Le peu de garantie offert par le cautionnement aux droits des créanciers, l'obligation de recourir au ministère des officiers ministériels, la possibilité d'étendre la loi à un cas qui n'existait pas, alors qu'elle a été faite. Ces raisons ne prouvent qu'une chose, c'est euq la loi peut être défecteuse et incomplète. Mais telle qu'elle existe, il faut l'appliquer sans chercher à lui donner une extension dont elle n'est pas susceptible. — A plus forte raison, faut-il refuser absolument un privilége sur le prix de l'office à ceux qui auront fait les fonds du cautionnement. D'ailleurs sur les fonds du cautionnement la loi du 25 nivôse an 13, art. 1er, leur assure un privilége de second ordre.

Le reliquat du prix, s'il y en a, fera l'objet d'une distribution au marc le franc entre les créanciers ordinaires. Car l'office étant un meuble n'est pas susceptible d'hypothèque.

Section V

CLAUSES ACCESSOIRES DU CONTRAT DE LA RESCISION ET DE LA RÉSOLUTION

A raison de la nature spéciale des offices certaines clauses ne peuvent figurer dans le contrat de cession : ainsi sont prohibées : 1° toute clause impliquant au profit du cédant, résolution de la cession; 2° toute stipulation contraire à l'ordre public, ou de nature à paralyser l'action du gouvernement.

I. Résolution ou rescision. Le titulaire démissionnaire ne peut stipuler qu'il rentrera en possession de l'office qu'il abandonne. Par conséquent doit être considérée comme inutile toute stipulation tendant à faire résoudre le contrat. Ainsi ne peut figurer la clause romaine de *l'addictio in diem*, non plus que la clause de réméré ni la clause de résolution à défaut de paiement du prix. (*Décis. minist. just. du 7 juin* 1837). L'action résolutoire accordée au vendeur pour inexécution, des conditions n'a pas non plus d'application en notre matière.

Ni l'ancien titulaire, ni le cessionnaire ne peuvent demander, pour cause de lésion, la rescision du traité. Ce recours aurait été refusé même dans l'ancien droit, qui cependant assimilait dans divers cas les offices à des immeubles (*Loyseau off. livre 3, Chap. 2. n° 28*). A plus forte raison doit-il en être de même, maintenant que les offices sont des meubles,

Quant aux actions fondées sur le dol, la violence ou la contrainte peuvent elles être intentées dans ces sortes de contrats? Les formalités qui entourent la transmission d'un office rendent assez peu probable l'existence de ces causes de nullité dans le contrat de cession. Néanmoins il n'est pas douteux que ces causes de nullité ne puissent être invoquées, Mais si le décret de nomination est expédié e' si le cessionnaire a prêtés serment, le nouvel officier conserve son titre, et le cédant n'obtient qu'une condamnation à des dommages intérêts.

II *Stipulations prohibées.* — Sous l'ancien droit, la cession pouvait être faite aux rrsques et périls du cessionnaire, en ce sens que le prix devait être payé, même au cas où les lettres de provision, solicitées par le résignataire, ne seraient pas délivrées. Selon M. Duranton (tome 16, n° 182) cette convention, si elle se trouvait actuellement dans un contrat de cession, devrait être exécutée. Il est difficile d'admettre cette opinion. M. Duranton allègue que le cessionnaire peut exercer le droit de présentation au profit d'un tiers. Mais c'est là une erreur manifeste. La faculté de présenter un successeur, aux termes de l'article 91 de la loi de 1816 n'est accordée qu'au titulaire. Le prix est l'équivalent de la trans-

mission; à défaut de transmission le prix n'est pas
dû. Il n'est pas raison, comme dit Loyseau, que le
vendeur ait l'argent et le drap. D'ailleurs un traité
qui contiendrait cette clause serait rejeté par l'administration. (Déc. min., 19 octobre 1836).

une décision ministérielle du 13 juin 1835 défend
même de convenir, soit que le traité sera résilié
de plein droit, si le cessionnaire n'est pas agréé
dans un délai déterminé, soit que l'office fera retour au cédant si son successeur prédécède ou est
destitué. De semblables stipulations seraient contraires à la prérogative du chef de l'Etat.

Le gouvernement proscrit également toute clause
aux termes de laquelle le candidat est tenu de verser
une certaine somme en dehors du traité, à titre
d'épingles ou de pots de vin. De semblables clauses
peuvent servir à dissimuler une exagération de prix.

Quels sont les droits des contractants, quand l'administration exige, comme dans un des cas précé-
dents, la suppression d'une des clauses du traité, en
bien quand le collateur impose, comme condition
de l'agrément, une réduction dans le prix de cession ? Il est certain que par suite des modifications
imposées par l'administration, le contrat n'est plus
entier. Les deux parties ont donc le droit de déclarer qu'elles entendent ne pas donner suite au traité.
D'autre part, nous nous trouvons dans un cas d'application de l'article 1178 : la condition est défaillie
par le fait du débiteur sans doute, mais non pas
par sa faute, par conséquent le désistement de l'une

des parties ne donne pas naissance au profit de l'autre à une action en dommages-intérêts.

Les difficultés qui s'élèvent sur l'exécution et l'interprétation des traités contenant cession d'un office ont trait à des questions de droit privé ; elles sont donc de de la compétence des tribunaux judiciaire, c'est-à-dire du tribunal de première instance du domicile du défendeur, et cela, alors même qu'il s'agirait d'une charge d'agent de change. Le tribunal sera compétent sur les demandes afin de dommages-intérêts, et sur les actions en réduction de prix. Mais il commettrait un excès de pouvoir s'il tranchait les questions qui touchent aux droits de l'administration : par exemple, au cas de destitution, la'contestation relative à l'indemnité mise par l'administration à la charge du nouveau titulaire.

Ces contestations pourraient-elles être soumises à des arbitres, et par exemple à la Chambre de discipline de la Compagnie ? On l'a soutenu, en prétendant que l'intérêt privé est l'unique objet du traité qui intervient entre le titulaire et l'aspirant, et que, par leur organisation, et l'expérience des membres dont elles sont composées, les Chambres syndicales sont plus aptes que les tribunaux à décider les contestations dont les traités de cession sont l'objet. — Mais, aux termes de l'article 1003 (Code proc. civ.), on ne peut compromettre que sur les choses dont on a la libre disposition. Or, les offices ne sont évidemment pas dans cette catégorie. — Aux

termes de l'article 1004, le compromis ne peut intervenir sur les contestations qui sont sujettes à communication au ministère public. Or, les difficultés
relatives à l'interprétation d'un traité tombent
généralement sous l'application de cet article. —
Enfin (art. 1006), le compromis doit indiquer, à
peine de nullité, les objets en litige et les noms des
arbitres. Lors de la cession de l'office, il est difficile de spécifier les points qui seront soumis à l'arbitrage; la compétence éventuelle devra donc s'étendre à toute la convention. D'autre part, la Chambre
se renouvelant tous les ans, il est impossible de désigner d'avance le membre qui devra connaître de
la contestation. Ces raisons ont entraîné la jurisprudence qui décide actuellement qu'un arbitrage en
notre matière est impossible. (Cass., 30 *juillet* 1850.
Dev., 1850, *I*. 577.)

CHAPITRE IV

DROITS DU COLLATEUR

Nous n'avons jusqu'à present étudié l'exercice du droit de présentation que dans les rapports privés du cédant et du cessionnaire. Mais l'exercice du droit de présentation implique un troisième élément, l'intervention du gouvernement qui comme représentant de l'ordre public et de l'intérêt général, vient donner la consécration, ou refuser l'existence à la convention privée. Le contrat de cession, en effet, n'est pas parfait par le consentement des parties : la réalisation de ce contrat est soumise à une condition suspensive, pour que cette condition se réalise, il faut l'approbation par le gouvernement du candidat présenté. Le titre, cet élément de l'office, que nous avons constamment distingué, est une délégation de la puissance publique. C'est le gouvernement seul qui a le droit et le pouvoir de le conférer. Quel est le rôle, quels sont les droits du collateur ? Ce sont là les questions qui nous restent à examiner.

Le collateur jouit en notre matière d'une complète indépendance. La présentation qui lui est faite ne le lie pas ; il peut la rejeter, en réservant au cédant le droit de désigner un nouveau successeur. Le candidat réunit-il toutes les conditions de moralité et de capacité exigées par la loi? Les conditions du traité de cession ne sont-elles pas trop onéreuses? Tels sont les points sur lesquels se porte spécialement l'attention du collateur. L'enquête à laquelle il se livre est-elle favorable, il accorde l'investiture. Mais tout en agréant, il ne s'engage pas irrévocablement : le candidat nommé devient-il indigne de ses fonctions? Le collateur peut l'en dépouiller. L'intérêt public exige-t-il la création de nouvelles charges ou la suppression d'anciennes, le collateur pourra procéder à ces créations, ou à ces suppressions, tout en assurant aux intérêts lésés la satisfaction à laquelle ils peuvent avoir droit.

SECTION PREMIÈRE

DES CONDITIONS DE LA COLLATION

C'est au cessionnaire, nous le savons, qu'il appartient de faire les démarches nécessaires pour obtenir sa nomination. Il doit donc fournir à l'administration toutes les pièces et tous les renseignements qu'elle exige. Nous allons donner rapidement la liste de ces pièces, ce sont :

1º *L'acte contenant la démission de l'officier.* Les anciennes procurations « *ad resignandum* » devaient être passées dans la forme authentique. Aujourd'hui l'administration n'exige plus cette condition, elle a même accepté des démissions rédigées dans la forme d'une lettre.

2º *La présentation du candidat, et la demande de ce dernier.* L'administration exige que la démission du titulaire, et la présentation du candidat soient deux actes distincts. Il est assez difficile de donner une raison de cette exigence. La démission, comme la présentation doivent être écrites sur une feuille de papier timbré.

3º *Deux exemplaires du traité de cession,* l'un sur papier libre, destiné à demeurer au parquet du procureur de la République, l'autre sur papier tim-bré, soit l'expédition de l'acte authentique, si l'acte a été fait devant notaire, soit un exemplaire de l'acte sous seing privé avec la signature des parties et la mention de l'enregistrement ;

4º *Un état des produits* de l'office pendant les cinq dernières années ;

5º *Un certificat de libération* du service militaire ;

6º *Des certificats* constatant, l'un que le candidat est de bonne vie et mœurs ; l'autre qu'il jouit de ses droits civils et politiques ;

7º *Un certificat de stage :* Les aspirants aux fonctions d'avoués et les greffiers doivent produire un diplôme de licencié en droit ;

8° *Un certificat de capacité* et de moralité, délivré par la chambre de discipline.

9° *Un certificat délivré par les tribunaux* ou les cours, dans le ressort desquels le futur officier doit exercer ses fonctions.

10° Enfin, *l'acte de naissance* du cessionnaire et si la présentation est faite par les héritiers, un extrait de l'acte de décès du titulaire. Greffier. Des cessions et suppressions d'offices.)

Le traité, la démission et la présentation doivent être légalisés, par le président du tribunal du domicile de l'officier démissionnaire. Quand le traité est sous seing privé, la législation est donner par le maire. Enfin nous savons que l'enregistrement du traité est exigé par la loi du 25 juin 1841.

Le droit de 2 °/₀ sur la cession à titre onéreux perçu en vertu de cette loi est un véritable droit de mutation. Il est donc sujet à restitution quand la mutation ne s'effectue pas, c'est-à-dire quand la transmission n'est suivie d'aucun effet, et à réduction, quand le prix moyennant lequel la démission est donnée n'est pas acceptée par l'administration tel qu'il est porté au contrat (Art. 14). La demande en restitution doit-être faite dans le délai fixé par l'ar. 61 de la loi du 22 frimaire VIII, c'est-à-dire dans les deux ans qui suivent l'enregistrement du traité ou de la déclaration.

Ici se présente une question. La restitution a-t-

elle lieu, si le candidat, une fois agréé par le gouvernement, n'a pas prêté serment ou a refusé de le
prêter, et si le décret de nomination a été révoqué ? on a dit, dans une première opinion : la transmission d'un office n'est réellement effectuée que
quand le cessionnaire agréé par le gouvernement
et pourvu de sa commission a prêté le serment
prescrit par l'art. 47 de la loi du 25 ventôse an II
(il s'agissait d'une étude de notaire). Ce n'est qu'à
compter de ce moment que le nouveau titulaire a
le droit d'exercer : jusque là l'ancien titulaire reste
en fonctions. Si donc le successeur nommé d'un
officier public n'a pas prêté serment, et a encouru
avant la prise de possession des fonctions, la déchéance de sa nomination, il faut dire qu'il n'y a
point de transmission de l'office, point de mutation,
puisque ajoute-t-on, l'ancien titulaire étant toujours
nanti de ses fonctions reste libre de présenter un
successeur. (Lyon. 17 juillet 1840 Cette opinion ne
saurait selon nous être admise, et si dure que soit
la solution contraire, nous n'hésitons pas à l'adopter. Les principes sur ce point ont été nettement
posés par un arrêt de la cour de Cassation (7 janvier 1851. Dev. 1851. I. 184). La transmission des
» offices, a dit la Cour suprême, étant subordon-
« née à l'agrément du gouvernement se trouve
» soumise à une condition suspensive ; les conven-
» tions formées sous une telle condition devenant
» parfaites par l'accomplissement de la condition, il
» suit que dès que la nomination est accordée au

» candidat, toute éventualité disparait ; l'ancien
» titulaire est complètement dessaisi ; de la pro-
» priété de l'office, et le cessionnaire définitivement
» saisi ; la cession est consommée. » Il importe peu
dès lors, que par un changement ultérieur de volonté, le titulaire nouveau ne se présente pas au
serment que par suite sa nomination soit rappor-
tée : c'est là un fait personnel au cessionnaire, un
changement de volonté qui peut avoir un effet résolutoire, mais qui n'empêche pas la transmission
n'ait été consommée par le consentement exprimé
du vendeur, de l'acquéreur et du gouvernement.
Il est donc absolument faux de soutenir que le
titulaire démissionnaire soit encore libre de présenter un successeur : c'est confondre absolument la solennité du serment avec la nomination : « celle-ci a rendu le traité définitif ; le ser-
» ment imprime au cessionnaire le caractère d'of-
» ficier public, opère son intallation, et a lieu non
» en vertu du traité, mais en vertu des pouvoirs
» qui découlent, pour le nouvel officier ministériel
» du décret de nomination. » Par conséquent le
droit d'enregistrement a été régulièrement perçu
conformément à l'art. 69 de la loi du 22 frimaire
an VII et ne peut être restitué. contrà. M. Eug.
Durand n° 333.

Lorsque le traité est enregistré et légalisé, il est
remis avec les pièces indiquées plus haut, au magistrat compétent pour l'instruction de ces sortes
de demandes. Les notaires, les avoués de première

instance, les huissiers et les greffiers s'adressent au procureur de la République près le tribunal de leur arrondissement; les avoués et les greffiers auprès des cours d'appel, aux procureur généraux ; les avocats à la Cour de cassation, au Procureur général près de cette Cour, les agents de change et les courtiers, au préfet de chaque département. Les pièces sont ensuite transmises par les procureurs de la République aux procureurs généraux par les procureurs généraux et par le procureur général près la Cour de cassation au ministre de la justice ; par les Préfets au ministre des finances et du Commerce. La transmission doit être accompagnée de l'avis de la Chambre de Discipline, et des avis personnels des transmettants.

De tout temps, c'est sur le prix de la cession que s'est portée l'attention de l'administration; c'est sur ce point qu'elle demande une enquête sévère. Le droit du gouvernement, défenseur de l'ordre public, à un contrôle sur le prix de la cession, nous l'avons établi en discutant la question des contre-lettres. C'est un point sur lequel nous n'avons pas à revenir. La circulaire du 21 février 1817, la première qui se soit occupée de la fixation du prix rangeait les officiers en deux classes. En ce qui concerne les greffiers la circulaire voulait que la somme exigée comme condition de la démission fût égale au plus au montant du cautionnement, ou à une ou deux années du produit du greffe. La circulaire laissait aux autres titulaires plus de latitude, tout en exigeant la modération pour la fixation du prix.

Cette circulaire n'a pas été appliquée, et la Cour de cassation a décidé qu'elle n'était pas obligatoire pour les tribunaux. Cependant l'abus croissant des contre-lettres, les faillites d'officiers ministériels survenues vers 1840 eurent comme conséquences les dispositions de la loi du 25 juin 1841 qui rendirent obligatoire la production des traités de cession. En même temps s'établit l'usage, abandonné maintenant, du serment de sincérité imposé au cédant et au cessionnaire. Enfin l'auxiliaire le plus puissant de l'administration, dans toute cette matière, ce fut la jurisprudence des tribunaux frappant les contre-lettres d'une nullité absolue. La fraude n'est pas impossible actuellement ; mais elle est devenue bien plus difficile.

Jusqu'en 1848 la chancellerie accueillait sans difficulté les traités dans lesquels le prix représentait un capital égal à dix fois le produit moyen de l'office : c'était la base de 10 0/0. Plus tard on l'éleva à 12 0/0. Mais on reconnut bientôt qu'il était impossible de fixer une base invariable. Cependant, abstraction faite des circonstances particulières dont l'appréciation est nécessaire, il est des moyennes dont le minimum est en quelque sorte fixé par la chancellerie : savoir 15 à 20 0/0 pour les commissaires-priseurs et les huissiers ; 12 0/0 pour les notaires et les greffiers (*Déc. min. 20 nov. 1850*) 13 à 15 0/0 pour les avoués (*Déc. min. 16 et 30 août 1851*).

Ces moyennes d'ailleurs n'ont rien d'invariable, (M. Greffier. Des cessions et suppressions d'offices). Quant à l'évaluation elle se fait sur la moyenne des cinq dernières années. La vérification des produits se fait à l'aide des répertoires tenus par les officiers, des livres de caisse, en un mot de tous les documents de nature à éclairer l'administration.

Lorsque la chancellerie est édifiée sur la capacité du candidat et sur les conditions du traité, le décret de nomination est rendu toutefois, l'expédition du décret de nomination ne suffit pas encore pour autoriser l'exercice des fonctions. Il faut en outre que le nouvel officier se fasse installer, c'est-à-dire, prête serment. Une condition mise par l'administration à la prestation de serment, c'est le versement du cautionnement, et telle est la rigueur de l'administration, que, si au cours de l'exercice, le cautionnement se trouve entamé par quelque condamnation l'officier est suspendu tant que le déficit n'est pas comblé. A l'égard des notaires, le délai pour prêter serment est de deux mois, à peine de déchéance de la nomination (loi du 25 ventôse an XI, art. 47). Pour les huissiers le délai est d'un mois. (Décret du 14 juin 1813, art. 11) En ce qui concerne les autres officiers ministériels aucun délai ne leur a été imparti pour prêter serment : mais le gouvernement a le pouvoir d'apprécier et peut en cas de retards prolongés, rapporter le décret de nomination.

Le cessionnaire acquiert le droit de présentation du jour de la nomination, mais sous la condition de se faire installer dans les délais légaux. Par conséquent le cessionnaire qui n'a point prêté serment, et dont sa nomination a été révoquée n'est point habile à présenter un successeur, et le droit de présentation continue de résider en la personne du titulaire non remplacé; il n'y a en cela rien d'inique, et le cédant ne conserve pas à la fois le prix et la chose. Car le prix, conformément au principe que nous avons posé, ne peut être stipulé payable qu'après la prestation du serment.

C'est de l'installation seulement que part l'entrée en jouissance : toute clause qui ferait commencer la jouissance de l'office avant la prestation de serment est prohibée par l'administration, comme aussi toute clause reportant à une époque postérieure l'entrée en jouissance. Dès lors les intérêts du prix ne peuvent courir que du jour de l'installation, car ils ne peuvent avoir d'autre point de départ que le jour de l'entrée en jouissance. (*Décis.* 15 *juillet et* 28 *octobre* 1841). Il s'en suit que c'est aussi seulement à partir de cette époque que les produits de l'office appartiennent au successeur.

CHAPITRE VII

DÉCHÉANCE ET PERTE DU DROIT DE PRÉSENTATION,
DESTITUTION, SUPPRESSION, DÉMISSION PURE ET
SIMPLE

SECTION PREMIÈRE

DE LA DESTITUTION

Nous avons jusqu'à présent étudié l'exercice du droit de présentation, il nous reste à voir comment il se perd. Le premier mode d'extinction, c'est la destitution.

En conférant son titre au nouvel officier, le gouvernement ne confère pas un droit irrévocable. Il ne se lie pas, il reste toujours libre de dépouiller de son titre l'officier qui s'en est rendu indigne par ses agissements. C'est le droit de destitution formellement réservé au profit du collateur par l'art. 91 de la loi du 28 avril 1816. A quelles conditions ce droit de destitution est-il soumis ? C'est la question que nous avons à examiner.

La garantie d'un jugement est assurée aux notaires. Aux termes de l'art. 53 de la loi du 25 ventôse an XI, toutes : « suspensions, distitu- » tions, condamnations d'amende et dommages- » intérêts sont prononcés contre les notaires par le » tribunal civil de leur résidence. » D'autre part les greffiers peuvent être destitués sans jugement. (*Loi du 27 ventôse an 8, art. 92*).

A l'égard des autres officiers la question est controversée. Le gouvernement ne prétend pas sans doute exercer à leur égard le droit de destitution à volonté. Le gouvernement ne revendique le droit de destitution que comme suite d'une instruction préalable devant le tribunal : mais dès qu'une condamnation a été prononcée, la prétention du gouvernement est d'avoir le droit de destituer, quand même cette destitution n'aurait pas été provoquée.

A l'appui de ce droit de destitution, la chancellerie invoque plusieurs textes : 1° les dispositions des art. 95, 96 de la loi du 27 ventôse an VIII ; — 2° l'art. 103 du décret du 30 mars 1808 ; — 3° les art. 1er, 15, 16 du décret du 14 juin 1813 ; enfin l'art. 91 de la loi du 28 avril 1816. Il est nécessaire pour cette discussion d'avoir ces textes sous les yeux. La loi du 27 ventôse an VIII édicte : « Art. 92, » les greffiers seront nommés par le 1er consul *qui* » *pourra les révoquer à volonté.* — « Art. 95 » Les » avoués seront nommés par le 1er consul sur la » présentation du tribunal devant lequel ils devront » exercer leur ministère. — « Art. 96. Les huissiers

» seront nommés par le 1er consul sur la présenta-
» tion du même tribunal. »

Les art. 102 et 103 du décret du 30 mars 1808 disposent : « *Art.* 102. Les officiers ministériels qui
» seraient en contravention aux lois et réglements,
» pourront, suivant la gravité des circonstances,
» être punis par des injonctions d'être plus exacts
» ou plus circonspects, par des défenses de reci-
» diver, par des condamnations de dépens en leur
» nom personnel, par des suspensions à temps;
» l'impression et même l'affiche du jugement à
» leurs frais pourront être ordonnées, et *leur desti-*
» *tution pourra être provoquée s'il y a lieu.* » —
Art. 103. Cet art. après avoir parlé des cas où des
mesures disciplinaires doivent être prises par le
tribunal, ajoute : « Ces mesures ne seront point
» sujettes à l'appel ni au recours en cassation, sauf
» le cas où la suspension serait l'effet d'une condam-
» nation prononcée en jugement. Notre procureur
» impérial rendra compte de tous les actes de disci-
» pline au grand juge, ministre de la justice, en lui
» transmettant les arrêtés, avec ses observations,
» afin qu'il puisse être statué sur les réclamations,
» *ou que la destitution soit prononcée s'il y a lieu.* »

Le décret du 14 juin 1813 spécial aux huissiers,
dispose (*Art.* 15 et 16) que les huissiers, tant audien-
ciers qu'ordinaires, doivent, à *peine d'être rem-*
placés, garder la résidence où ils font leur service,
ou qui leur a été assignée.

Enfin, l'art. 91 de la loi de 1816 porte que « la

» faculté de présenter à l'agrément de Sa Majesté
» un successeur n'aura pas lieu pour les titulaires
» destitués. »

Tels sont les textes sur lesquels la chancellerie entend fonder le droit absolu de destitution, et voici les arguments qu'elle tire du rapprochement de ces divers textes. Dans ce système, le droit pour le gouvernement de nommer les officiers ministériels a, comme conséquence naturelle, celui de les remplacer, et exclut l'intervention d'action ou de contrôle de toute autre autorité. — De ce que les mesures disciplinaires doivent être prises dans la Chambre du conseil, de ce qu'elles ne sont point sujettes à l'appel ni au recours en cassation, sauf un cas spécial, de ce que le procureur général doit rendre compte des actes de discipline au garde des sceaux, avec ses observations, afin qu'il puisse être statué sur les réclamations, ou que la destitution soit prononcée s'il y a lieu, on conclut que le droit de révocation attribué au gouvernement doit s'exercer sans contrôle, et sans l'intervention de toute autre autorité. De ce que les huissiers sont tenus à la résidence sous peine de remplacement, on con-clut que le gouvernement est investi du droit exclu-sif de révocation, sans entendre l'officier ministé-riel absent, ni même provoquer sa défense. — On invoque enfin l'art. 91 de la loi du 28 avril 1816 pour soutenir que cette loi n'a en rien modifié, ni restreint le droit de révocation.

Tous ces arguments ne nous convainquent pas

et pour notre part nous sommes fermement convaincu que les textes ne donnant pas au gouvernement le pouvoir qu'il s'attribue. Toutefois, nous n'admettrons pas tous les arguments invoqués par les partisans de notre opinion.

On a invoqué dans notre système le droit de propriété des officiers ministériels sur leurs offices et l'on a dit : Enlever par une ordonnance de propre mouvement sa charge à un avoué, qu'est-ce autre chose que de rétablir contre lui la peine de la confiscation? La confiscation, prohibée et complétement abolie par l'art. 66 de la Charte! Cet argument, pour être juste, doit être restreint à sa véritable portée. — Sans doute, si le droit des officiers ministériels était de sa nature absolu et sans restriction, si dans toutes ses applications il était uniquement soumis aux règles du droit commun, la destitution, c'est-à-dire la privation d'un droit acquis, constituerait une véritable confiscation, et, par conséquent, une violation du droit. Mais le droit des officiers ministériels est, nous le savons, soumis à de nombreuses restrictions, dans l'intérêt de la justice et du bon ordre; l'État, en faisant une concession, s'est réservé un droit de contrôle; il a subordonné son agrément à certaines conditions de moralité, de désintéressement, d'honnêteté requises chez le concessionnaire ; ces qualités disparaissant, la destitution se produit, non pas à titre de confiscation, mais comme exercice d'une condition résolutoire, bénéfice dont une des parties peut se prévaloir quand l'autre partie cesse de remplir ses engagements. Laissons donc de côté le mot de confiscation; mais cherchons dans quelle mesure le gouvernement peut exercer le droit de destitution, et quels sont les textes qui le lui confèrent.

Le gouvernement entend puiser le droit de révoquer dans son droit de nomination, l'un de ces droits étant, selon lui, la conséquence logique de l'autre. Point de départ absolument contestable; le droit de nomination et le droit de révocation ne sont nullement corrélatifs; le gouvernement nomme les juges, il n'a pas le droit de les destituer. Mais l'on prétend que, dans le cas spécial qui nous occupe, les textes donnent au gouvernement ce droit de destitution. Examinons-les donc, et voyons s'ils sont aussi précis qu'on le prétend. Les art. 95 et 96 de la loi du 27 ventôse an VIII parlent bien du droit de nomination, mais ils sont muets sur le droit de destitution. Que conclure de ceci? Si la faculté de nommer entraîne celle de destituer, si l'une est la suite de l'autre, n'est-il pas logique que l'une s'exerce comme l'autre? C'est là une règle de notre droit; c'est ainsi que la demande en mainlevée d'interdiction est soumise à la même procédure que la demande afin d'interdiction. Or, sous le régime de la loi que nous examinons, celle du 27 ventôse an VIII, la nomination a besoin d'être provoquée, le chef du gouvernement ne peut pas nommer arbitrairement, et choisir à son gré celui

qu'il lui convient d'instituer ; les officiers ministériels *doivent être présentés* par le tribunal devant
lequel ils devront exercer leur ministère. Les tribunaux : voilà l'autorité médiatrice que la loi place
entre le gouvernement et les officiers ministériels.
Dès lors, n'est-il pas logique, n'est-il pas rationnel
que la médiation des tribunaux nécessaire pour la
nomination, le soit également pour la destitution?
Et n'est-il pas équitable que les officiers ministériels qui n'ont pu être nommés sans l'intervention
des tribunaux ne puissent pas être destitués sans
cette même intervention? Ce n'est pas là une simple induction de notre part, la comparaison des
art. 92, 95 et 96 de la loi de ventôse vient donner
une nouvelle force à ce raisonnement.

L'art. 92 se distingue des deux autres articles par
deux différences essentielles : la première, c'est que
les greffiers sont nommés directement par le gouvernement sans l'intervention d'aucun intermédiaire ; la seconde, c'est que la faculté de les révoquer est expressément donnée au gouvernement.
Or, sur cette faculté de révoquer les huissiers et les
avoués, les art. 95 et 96 sont absolument muets.
Pourquoi cette différence? Pourquoi, si à l'égard
des uns et des autres le gouvernement a les mêmes
droits, la loi se serait-elle expliquée en termes si
différents, expresse à l'égard des uns, muette à
l'égard des autres? Pourquoi cela, sinon parce que
la position des greffiers, agents de l'autorité, n'est
pas la même que celle des avoués, mandataires des

parties, et que la différence des fonctions a, comme corollaire, une différence dans les droits du gouvernement? Il est donc logique qu'à l'égard des uns, le gouvernement ait le droit de révoquer *ad nutum*; qu'à l'égard des autres, il n'ait pas les mêmes droits.

Voyons maintenant si les art. 102 et 103 du décret du 30 mars 1808 sont contraires à ce système. Le gouvernement y trouve des arguments à l'appui de son droit absolu de révocation. Pour nous, nous croyons qu'ils confirment notre opinion, et qu'ils établissent formellement que si le gouvernement seul peut prononcer la destitution, c'est aux tribunaux qu'il appartient de la provoquer.

L'art. 102, après avoir établi, suivant la gravité des circonstances une gradation de peines applicables aux officiers ministériels qui seront en contravention aux lois et règlements se termine par ces mots : « l'impression et même l'affiche des *juge-* » *ments à leurs frais, pourront aussi être ordonnées,* » et *leur destitution pourra être provoquée, s'il y a* » *lieu.* » Quelle est la signification et la portée de ce mot « provoquée? » Ne faut-il pas l'interpréter en ce sens qu'une provocation préalable de la destitution est nécessaire? Si le ministre a le droit de destituer de sa propre autorité, le mot de provocation n'a plus de sens dans la loi. Pourquoi le ministre provoquerait-il une mesure qu'il serait en droit de prendre? Ce serait là une formalité absolument inefficace, un embarras, et rien de plus.

Évidemment, le mot de « provocation » ne peut s'appliquer qu'à l'initiative des tribunaux. Dès lors, tout s'enchaîne, et le système de la loi est parfaitement coordonné. De même que le gouvernement nomme sur la présentation des tribunaux, de même le ministre destitue sur la provocation des tribunaux. Pour la destitution comme pour la nomination, le pouvoir judiciaire est l'intermédiaire entre le gouvernement et les officiers ministériels.

L'art. 103 est-il contraire à ce système? Cet article distingue entre les fautes commises par les officiers ministériels à l'audience ou hors de l'audience. Les tribunaux sont appelés à statuer sur les unes et sur les autres, mais avec des formes différentes. A la fin de l'article, le procureur général est chargé de rendre compte de tous les actes de discipline au ministre de la justice et de lui transmettre les arrêtés avec ses observations, afin qu'il puisse être statué sur les réclamations, ou que la destitution soit prononcée s'il y a lieu. Ainsi le ministre de la justice est saisi 1º du droit de statuer sur les réclamations de celui qui a été condamné; 2º du droit de prononcer la destitution, s'il y a lieu, c'est-à-dire si elle a été provoquée. D'abord, il est évident que le mot « réclamations » ne peut désigner autre chose que la plainte de l'officier frappé d'une peine; et la loi prend soin de l'opposer aux « observations » présentées par le ministère public. Si les réclamations pouvaient être celles du ministère public, il n'aurait point été tenu de formuler ses observations. Ainsi il y a observations du ministère public, réclamations de la partie. C'est dans cet état que l'affaire se présente devant le ministre. Pourra-t-il aggraver la peine portée contre l'officier? S'il en était ainsi, la loi aurait ordonné la communication des pièces au condamné, afin que le débat fut contradictoire, car aux termes de notre droit, personne ne peut être jugé sans avoir été entendu ou dûment appelé. Dès lors, comment admettre que le ministre pût prononcer la destitution si les tribunaux ne l'ont pas provoquée? L'article 102 assurerait cette garantie aux officiers ministériels, elle leur serait enlevée par l'art. 103. Cela n'est pas admissible. Il y a plus : admettre que les décisions de la magistrature ne lient pas le ministre, et transformer ainsi les tribunaux en comité simplement consultatif, c'est leur donner un rôle qui ne convient pas à leur dignité, c'est porter atteinte au respect dû aux décisions de justice.

Tel était l'état de la législation lorsque fut promulguée la loi du 28 avril 1816. Quel argument peut-on tirer des termes de la loi nouvelle, en faveur du droit absolu de destitution? Aucun, car à l'égard de la destitution l'art. 91 ne statue que sous forme de prétérition. Se rejettera-t-on, à défaut de texte, sur l'esprit de la loi. Mais cette loi, nous le savons, ne fit que régulariser une pratique déjà ancienne; Ce fut la reconnaissance légale d'un état de choses jusque là simplement toléré. Le changement important consacré par la loi de 1816 c'est le droit reconnu au démissionnaire de présenter un successeur, mais cette modification exceptée, en quoi le mode de nomination a-t-il été changé ? C'est sur la présentation du tribunal, sur l'avis favorable de celui-ci qu'intervient la nomination. Médiateurs comme par le passé pour la nomination, pourquoi les tribunaux ne seraient-ils pas encore médiateurs pour la destitution ? Le droit des officiers ministériels serait mieux assis et les garanties de ce droit seraient plus faibles !

Objectera-t-on que subordonner la destitution à la formalité d'un jugement c'est lier le gouvernement, et ressusciter au profit des officiers ministériels le privilége d'inamovibilité ? Deux intérêts se trouvent en présence : celui du gouvernement, représentant l'état ; celui des officiers ministériels, simples particuliers. Si la garantie que nous réclamons pour les officiers ministériels devait porter atteinte aux intérêts de l'état, devant une si grave conséquence les intérêts privés devraient s'effacer. Mais il ne faut pas non plus que l'état devienne envahissant, et empiéte sur les intérêts privés ; il ne faut pas que la destitution soit entre les mains de l'état un moyen d'intimidation, et une arme de guerre. Or il n'est pas contestable qu'à certaines époques de notre histoire la destitution n'ait eu ce caractère. Eh bien ! l'intervention des tribunaux dans ces sortes de question concilie tout : le gouvernement n'est pas lié puisqu'il a le droit de provoquer la mesure de rigueur; l'officier ministériel ne saurait se plaindre, puisqu'il a le droit de défense, et quant à l'intérêt de l'état, il ne saurait y avoir sur cette question de juge plus compétent et plus désintéressé que les tribunaux. Ainsi se trouvent conciliés dans une mesure équitable les intérêts des parties et de l'état. Cette opinion a été formellement consacrée sous la monarchie de juillet par le renvoi au garde des sceaux voté à l'unanimité de la pétition d'un avoué destitué *proprio motu* (*Rapport de M. Faure. Dev.* 1834. 1. 60).

En soutenant ce système, nous ne nous faisons pas d'illusion sur le succès qui lui est réservé. L'intérêt de l'administration au droit absolu de destitution est trop évident, les textes que nous avons invoqués ne sont pas assez impératifs pour la faire renoncer à ce qu'elle considère comme une de ses prérogatives. Enfin il faut bien reconnaître que consultés sur la question qui nous occupe, le Conseil d'Etat (*aff. Foucault. Dev.* 1834. *II.* 60), les tribunaux eux-mêmes *Cas.* 11 *avril* 1835. *Dev.* 1835. 1. 246, ont donné gain de cause à la prétention du gouvernement. Nous n'en persistons pas moins dans notre opinion, et nous croyons que notre système, en fait le seul équitable, en droit est parfaitement conforme à la pensée de la loi.

La destitution a pour conséquence immédiate la déchéance de la faculté de présentation. Dans ce cas le titulaire destitué, spécialement, un notaire peut-il disposer de ses minutes ? Une première

opinion, *M. Eug. Durand* n° 339, admet l'affirmative. Nous ne l'admettons pas ; la transmission des
minutes est la conséquence du droit de présentation, elle se confond avec la transmission de l'office
même ; par conséquent le notaire déchu du droit de
présenter un successeur encourt la déchéance du
droit de disposer des minutes. — Il en serait autrement, selon nous, des recouvrements : ils constituent une propriété privée, qui ne se confond pas
avec le droit de présentation, et l'officier destitué
pourra en disposer.

Aux termes de l'art. 1188, Code civil, le débiteur
perd le bénéfice du terme quand il a fait faillite ;
cette déchéance du terme s'applique au titulaire
destitué s'il doit encore le prix de son office.

La destitution atteint non pas seulement le titulaire lui-même, mais sa famille et ses créanciers.
En cela, malheureusement, la peine dépasse la
mesure. Nous avons vu que dans un esprit d'équité
à l'égard des intéressés, le gouvernement est dans
l'habitude d'imposer au successeur qu'il désigne,
comme condition de sa nomination, le versement
d'une indemnité qui doit être, selon les termes du
décret de nomination, payé à qui de droit. Mais
c'est là, (nous l'avons établi précédemment) une
mesure purement gracieuse ; il n'y a en fait, ni
vente, ni prix, par conséquent le titulaire destitué
ne peut pas invoquer sur cette indemnité le privilége de vendeur ; par conséquent encore, les créanciers de l'officier ne seraient pas recevables à atta-

quer un décret de nomination, qui serait muet sur l'indemnité à payer par le nouveau titulaire.

C'est aux tribunaux qu'il appartient de faire la répartition de l'indemnité entre les intéressés. Si l'indemnité que le gouvernement a mise à la charge du remplaçant est plus que suffisante pour désintéresser les créanciers, le surplus doit être remis à l'ancien titulaire. Mais les tribunaux ne seraient pas compétents pour statuer sur une demande en réduction formée par le nouvel officier. En effet, la détermination de l'indemnité est un acte purement administratif, et qui, par conséquent, échappe absolument à la compétence des tribunaux.

Aux termes de la loi du 25 juin 1841 (art. 12), le droit de 2 % doit être perçu sur le montant de cette indemnité. Dans tous les cas, il doit être égal au 1 % au moins du cautionnement. Il s'élève même au 1/5 (20 %) quand la nomination a lieu à titre entièrement gratuit.

Il existe deux causes indirectes de destitution : 1° la dégradation civique, qui, aux termes de l'article 34 du Code pénal entraîne la destitution et l'exclusion des condamnés de toutes fonctions, emplois ou offices publics. 2° La faillite. On a contesté cette solution (*Roland de Villargues* n° 80.) Mais elle est la conséquence de l'art. 443. Code de Com. aux termes duquel le failli est dessaisi de l'administration de ses biens. Dès lors comment l'officier pourrait-il continuer à exercer ses fonctions ? — Mais alors, le syndic de la faillite pourrait-il, comme

représentant des créanciers, exercer le droit de présentation? Non, selon nous, le droit de présentation est personnel : du vivant du titulaire, lui seul
peut l'exercer. S'il est dessaisi de ce droit, personne
ne peut l'exercer à sa place. C'est donc à l'administration qu'il appartient de procéder d'office à la
nomination.

Le recours pour excès de pouvoir contre le décret
de destitution peut être formé, ainsi que nous
venons de le voir, devant le Conseil d'Etat. Le recours devant le Conseil d'Etat serait aussi, croyons-
nous, admissible, au cas où le droit de défense
aurait été violé, — En ce qui concerne une simple
mesure disciplinaire, un arrêt récent de la cour de
Cassation. (*Cas.* 18 nov. 1873. *Dev.* 1874. *I.* 421), a
décidé que la mesure disciplinaire prise contre un
officier ministériel par le tribunal civil réuni en
assemblée générale, en la chambre de Conseil n'est
pas susceptible de recours en cassation, même pour
excès de pouvoir, et que cette décision ne peut être
déférée qu'au ministre de la justice.

« Aux termes du décret du 2 février 1352. art. 15
» ne doivent pas être inscrits sur les listes électo-
» rales les notaires, les greffiers et officiers minis-
» tériels destitués en vertu de jugements ou déci-
» sions judiciaires. » — D'autre part, la loi du
4 juin 1853, art. 2 dispose : « sont incapables d'être
» jurés... 8° les notaires, greffiers et officiers minis-
» tériels destitués. » L'incapacité d'être juré semble
donc attachée à toute destitution, tandis que l'inca-

pacité de figurer sur les listes électorales semble ne pouvoir résulter que d'une condamnation discipli- naire, et non d'une simple destitution. Cependant la cour de Cassation ayant à déterminer au point de vue du droit électoral les effets d'un décret de destitution *proprio motu* a décidé que la radiation avait dû être ordonnée : « Attendu que ce décret rendu conformément à l'art. 103 du décret de 1808 est une véritable décision judiciaire, et le dernier acte de poursuite judiciaire contre X. » (*Cas. 19, août 1850. Dalloz, 50, I. 188*). — Dans la discus- sion de la loi du 19 mars 1834 les commissaires du gouvernement déclarèrent, « qu'il y avait décision judiciaire toutes les fois que le décret de destitution avait sa source, s'était trempé, a-t-on répété avec insistance, dans un procès disciplinaire, poursuivi judiciairement : la justice eût-elle été d'avis que l'officier ministériel ne méritait aucune peine (*Rap- port de M. Mathieu Duvergier 1834, p. 87*). La com- mission refusa d'adopter cette matière de voir : « Quelle différence sérieuse, dit le rapport, y avait- » il alors entre le mode de destitution, et le décret » *proprio motu* » dont le droit contesté et inap- » pliqué semble tombé en désuétude? » Admettez- vous, ajoutait un député, M. Sénéca, que lorsqu'un officier, ministeriel aura été révoqué par un simple décret, sans avoir été entendu, ou bien lorsque en- tendu devant la Chambre du Conseil, il aura trouvé devant ses juges naturels la justification de sa con- duite, on pourra en le privant de sa charge le priver

en même temps d'une partie de ses droits de citoyen? Je l'avoue, c'est selon moi, une énormité
sans exemple dans la législation française, qui est
contraire à tous les principes anciens comme aux
principes actuels du droit, et surtout aux principes
de 1789 qui sont inscrits en tête de notre constitution. Aucun de ces principes n'a laissé à l'arbitraire
d'un ministre la faculté de priver un citoyen d'une
partie de ses droits. Dans la discussion on ne put
se mettre d'accord sur cette question, (*Perriquet.
Traité historique et pratique des offices n° 600);*

La loi du 19 mai 1864 a introduit une innovation
importante en permettant la réhabilitation des officiers ministériels destitues. Admise par le Code de
1808 à l'égard des seules peines afflictives et infa-
mantes, la réhabitation avait été étendue par la loi
du 3 juillet 1852 aux peines correctionnelles. Mais
la Cour de cassation décidait que faite pour les
seules condamnations judiciaires, elle ne pouvait
effacer les déchéances ou incapacités résultant de
la destitution. (Rejet civil, 31 mars 1851.. *Dalloz*,
1851, I, 110.) La loi du 19 mars 1864, (art. 1re) dispose art rs « Les notaires, greffiers et officiers mi-
» nistériels destitués peuvent être relevés des dé-
» chéances et incapacités résultant de leur destitu-
» tion. »

La révocation doit-elle avoir les mêmes effets que
la destitution? Doit-elle également entraîner la déchéance de la faculté de présentation? Une première opinion très-répandue ne fait aucune distinc-

tion entre la révocation et la destitution, et y attache les mêmes effets. Il nous est difficile d'accepter ce système destitution et révocation sont loin d'être des expressions synonymes. La destitution est une déchéance ; la révococation, le retrait d'un mandat. la destitution, est une pénalité, la révocation une mesure administrative. Or, les pénalités sont de droit étroit : c'est à la peine de la destitution que la loi attache la déchéance de la faculté de présentation. Par conséquent la simple révocation ne doit pas entraîner la même déchéance.

L'officier peut être simplement suspendu. Aucun doute ne saurait exister sur ce point. La suspension n'affecte que l'exercice des fonctions. Elle prive provisoirement l'officier de son caractère public, mais elle ne le dépouille pas de la jouissance de ses droits. Il conserve donc la faculté de présenson successeur non-seulement à l'expiration de la peine, mais même pendant la durée de cette peine. (*Décis. min. 20 août 1840.*)

SECTION II

SUPPRESSION DES OFFICES, DÉMISSION

I. L'art. 91 de la loi de 1816 porte dans son dernier alinéa : « Cette faculté de présenter des succes-

» seurs ne déroge point au surplus au droit de Sa
» Majesté de réduire le nombre des dits fonction-
» naires, notamment celui des notaires dans les
» cas prévus par la loi du 25 ventôse an XI sur le
» notariat. » Ce droit de suppression par l'état
n'était pas consacré uniquement par la loi du
25 ventôse an XI; il l'était encore par la loi du
27 ventôse an VIII (art. 92 et 96); par les décrets
du 6 juillet 1810 (art. 114 et 120) et du 14 juin 1813
(art. 8) relatifs, le premier à la fixation du nombre
des avoués près les cours impériales et les tribunaux de première instance; le second à l'organisation des huissiers. L'état puise ce droit de suppression dans un intérêt de bonne administration;
l'intérêt public en effet demande la suppression de
fonctions devenues inutiles, et qui subsisteraient
sans profit pour le titulaire, sans utilité pour le
public. A l'égard du titulaire, la suppression n'est
que la réalisation d'une condition mise par le gouvernement à sa nomination, condition aux conséquences de laquelle il a dû par avance se soumettre.

Mais cette suppression ne peut pas prendre le
caractère d'une confiscation. Sans doute le titre
appartient toujours à l'état; mais le droit de présentation est une valeur dans le patrimoine de
l'officier; mais la clientèle est aussi son bien car
c'est le produit de son travail, le fruit de son intelligence. L'état ne peut donc anéantir l'office et
reprendre ce qui leur appartient, à savoir le titre,
sans tenir compte à l'officier de ces deux autre

éléments, le droit de présentation et la clientèle,
Ce sont là en effet les deux chefs de l'indemnité à
laquelle a droit le titulaire de l'office supprimé,
Déjà sous l'ancien droit, où l'on aurait pu admettre
que l'état n'était tenu que de rembourser la somme
versée aux parties casuelles, les évaluations faites
en conformité de l'édit de 1771 avaient consacré
un principe d'indemnité plus large. Ce principe
était de nouveau reconnu et consacré, nous l'avons
vu, par les décrets de l'assemblée constituante. Il
doit être encore maintenant la règle et la mesure
de l'indemnité à laquelle ont droit les titulaires
d'office supprimés. Comment en effet le droit de
présentation pourrait-il être évalué, abstraction
faite de la clientèle? mais ce droit emprunte sa
valeur de l'importance de la clientèle qui y est
attachée. Quelle serait cette évaluation d'indemnité, dans laquelle serait laissé de côté le prin-
cipal élément d'appréciation? Ou bien la suppression sera arbitraire, et alors on lui donnera son
véritable nom, celui de confiscation; ou bien l'indemnité pour être équitable, doit comerendre
comme double chef le droit de présentation et la
clientèle. Quant au principe même de cette indemnité il n'a jamais été contesté. Déjà en 1803 le décret du 25 mars en réduisant le nombre des avoués,
fixait l'indemnité à payer aux titulaires supprimés.
Plus tard la loi du 25 juin 1841 est venue donner
au principe de l'indemnité une sorte de consécration législative. L'art. 13 dispose : « En cas de

» suppression d'un titre d'office, lorsqu'à défaut
» de traité, l'ordonnance qui prononcera l'extinc-
» tion fixera une indemnité à payer au titulaire de
» l'office supprimé ou à ses héritiers, l'expédttion
» de cette ordonnance devra être enregistrée dans
» le mois de la délivrance sous peine du double
» droit. » Enfin, a défaut de texte spécial, les titulaires d'offices supprimés trouveraient le fondement
de leur droit dans l'art. 545 du Code civil aux
termes duquel nul ne peut être contraint de céder
sa chose sans une juste et préalable indemnité.

Au cas où l'ordonnance de suppression serait
muette sur la question d'indemnité, les intéressés
seraient-ils en droit de se pourvoir devant le conseil d'état contre cette omission? Le conseil d'état
par diverses décisions en date du 29 juin 1844 et du
13 décembre 1845 a constamment repoussé des réclamations de ce genre par cette raison que la
loi de 1816 ayant expressément réservé au gouvernement le droit de réduire le nombre des officiers
ministériels sans l'obliger à tenir ou à faire tenir
compte aux titulaires de la perte de leurs offices,
les actes relatifs au règlement de l'indemnité ne
peuvent être que des des actes de pure administration. — Mais ne pourrait ou pas répondre en rap-
pelant les arguments précédemment invoqués que
la suppression d'un office n'est pas un acte purement administratif; qu'elle est intimement mêlée
à une question d'intérêt privé, laquelle ne peut
être résolue que conformément aux principes du

droit commun? (En ce sens Eug. Durand n° 347).
Quoi qu'il en soit. c'est dans le sens contraire à
cette opinion qu'est fixée la jurisprudence du conseil d'État.

La réduction du nombre des offices peut affecter
une double forme : d'abord la dépossession immédiate des titulaires dont les offices sont supprimés.
C'est ce qui eut lieu sous le premier empire, à une
époque où le droit de présentation n'était pas
reconnu aux titulaire (Décret du 25 mars 1808.) Le
second moyen consiste à opérer la réduction au fur
et à mesure des vacances. C'est le système consacré
à l'égard des notaires par la loi du 25 ventôse
an XI; c'est également le système suivi à l'égard
de tous les officiers ministériels depuis la loi de
1816.

Pour arriver à la réduction, l'administration
exigeait dans le principe que le candidat fût pourvu
de deux titres. Toutes les ordonnances qui, dans les
premières années qui suivirent la loi de 1816, pres-
crivirent la réduction du nombre des officiers ministériels, portaient la disposition suivante : « Jus-
» qu'à la réduction des titres maintenant existants,
» il ne sera présenté à notre nomination aucun
» candidat qui ne soit porteur de deux démissions
» ou présentations, soit de la part des titulaires, soit
» de la part de leurs ayant-cause, aux termes de
» l'art. 91 de la loi du 28 avril 1816. » Il y avait toutefois dispense de représenter deux titres dans
deux cas : 1° Quand on se présentait comme ces-

sionnaire d'une étude consolidée, c'est-à-dire une étude à laquelle il avait été pourvu sur la présentation de deux titres ; 2° quand le titulaire renonçait à réclamer toute indemnité pour la suppression.

Dans cette nomination sur la production de deux titres, l'indemnité de l'officier supprimé se confond avec le droit de présentation. En effet l'officier supprimé présente un successeur, et c'est ce successeur qui, sous une apparence de cession, l'indemnise de la suppression. Ce système était injuste à l'égard du porteur des deux titres, car en réalité il aboutissait à faire supporter par un seul la charge de la réduction dont plusieur devaient profiter. Il a été abandonné, et actuellement ce sont les officiers dont la charge est maintenue qui doivent supporter l'indemnité proportionnellement à l'avantage qu'ils sont présumés devoir retirer de la suppression. Cette indemnité est mise è leur charge par décret du chef de l'état. Telle est la pratique suivie par l'administration. Reste à en apprécier la légalité. Elle a été contestée il y a peu de temps. et le conseil d'état a été saisi de la réclamation d'un notaire contre le décret mettant à sa charge le payement d'une indemnité. Par arrêt du 13 juin 1873.le conseil d'état s'inspirant des principes qu[i] ont dicté les arrêts de 1844 et de 1845 a décidé que le décret ordonnant la répartition de l'indemnité a été rendu dans l'exercice des pouvoirs conférés au chef de l'état par les lois du 25 ventôse an XI et

28 avril 1816, implicitement reconnus par la loi du 25 juin 1841, et que ce décret est un acte de pure administration non susceptible de recours par voie contentieuse.

A cette argumentation nous pourrions répondre que la loi de 1841 ne saurait être invoquée dans la question, car si elle suppose le principe de l'indemnité, elle ne dit pas à la charge de qui doit-être cette indemnité; et d'autre part nous pourrions répéter les arguments que nous avons déjà invoqués, contre cette assertion que le décret qui fixe et répartit l'indemnité est un acte de pure administration. Mais pour nous la question se pose en ces termes : qui doit bénéficier de la suppression de l'office? Assurément ce n'est pas l'état, complètement désintéressé dans la suppression. Les véritables bénéficiaires de la suppression de l'office, ce sont les titulaires maintenus : par conséquent en vertu de ce principe que nul de doit s'enrichir aux dépens d'autrui, ils sont tenus de contribuer au payement de l'indemnité dans la mesure de l'avantage que la suppression leur procure. Admettons même que la clientèle de l'office supprimé soit réduite à rien il n'en est pas moins vrai que la suppression d'un titre donne une plus value aux titres conservés, par ce fait seul que la clientèle ne peut plus venir de nouveau vivifier le titre qu'elle a déserté. En d'autres termes la demande reste la même, mais l'offre a diminué : il y a donc plus value au profit de l'offre. Par con-

séquent, même dans ce cas le moins favorable de
de tous, l'obligation, des titulaires maintenus, au
payement de l'indemnité ne nous semble pas pouvoir être contestée.

La façon dont cette indemnité est supportée par
les titulaires conservés affecte des formes diverses,
tantôt il y a engagement pris de payer à celui qui
donnera sa démission une somme dont le montant
est déterminé d'avance; tantôt on convient que
celui dont l'office deviendra vacant ne sera pas
remplacé, mais qu'il aura lui ou ses héritiers droit
à un dédommagement qui sera à la charge de la
corporation. La fixation de ce prix est soumise au
contrôle du gouvernement. A défaut d'un réglement
conventionnel l'indemnité est arbitrée par l'administration sur l'avis de la Chambre de discipline et
du tribunal de 1er instance, et sur le rapport des
magistrats et du parquet.

C'est ordinairement le décret de suppression qui
fixe l'indemnité, et la répartit entre les titulaires
des offices conservés. Souvent il est impossible
d'exiger des officiers qui profitent de l'extinction un
payement immédiat. L'administration n'a de prise
contre eux que quand ils donnent leur démission;
alors elle se refuse à nommer leur successeur tant
qu'ils n'ont pas payé la part d'indemnité mise à
leur charge. D'autre part, le créancier ou ses ayant
cause peuvent prendre toutes les mesures utiles à
la conservation de leurs droits. Ainsi, ils peuvent
poursuivre leur payement par les voies judiciaires,

et prendre à la suite du jugement une inscription
générale sur les biens du débiteur, inscription dont
l'avantage sera de faire courir les intérêts de l'indemnité qui par elle-même n'en est pas productive.
La loi du 25 juin 1841, art. 13, dispose que le droit
de 2 0/0 sera perçu sur le montant de l'indemnité.
Aux termes de l'art. 12 de la même loi ; « en cas de
» création nouvelle de charges ou offices, les ordon-
» nances qui y pourvoiront seront assujéties à un
» droit d'enregistrement de 23 0/0 sur le montant
» du cautionnement attaché à la fonction ou à l'em-
» ploi. Toutefois, si les nouveaux titulaires sont
» soumis comme condition de leur nomination à
» payer une somme déterminée pour la valeur de
» l'office le droit d'enregistrement de 2 0/0 sera
» exigible sur cette somme. » Ce dernier paragraphe suppose au cas de création, comme au cas
de suppression d'offices le principe de l'indemnité
au profit des intéressés.

II. Il nous reste à examiner le cas de démission
pure et simple : elle peut-être volontaire ou forcée.
En tout cas, elle implique renonciation à la faculté
de présenter un successeur. Il est rare qu'elle ne
soit pas suivie d'un décret de suppression.

DROIT COUTUMIER

—

CHAPITRE PREMIER

DE LA VÉNALITÉ DES OFFICES EN DROIT COUTUMIER

Une étude complète sur les offices, dans le droit coutumier, demanderait un ouvrage spécial et dépasserait les bornes de ce travail. Nous nous proposns seulement de traiter un point spécial et de donner une idée de la vénalité des offides dans le droit coutumier.

S'il faut en croire Domat, grammairien du IVe siècle, dans son commentaire sur Tér nce : « officium dicitur, quasi officium. ab efficiendo « quod cuique personæ effisecre congruit. « Saint Ambroise. adoptant la même explication, dit également (*liver I, off.*) : « officium dicitur quasi efficium, « propter sermonis decorem mutatâ-unâ litterâ. »

Ce sont là des étymologies plus ou moins justifiées mais qui ne nous apprennent rien sur la nature des offices.

Suivant Domat : « L'office est un titre donné par » des lettres du Prince qu'on appelle provisions, qui » confèrent le pouvoir et imposent le droit d'exer- cer quelques fonctions publiques; et les officiers « sont ceux qui sont pourvus d'offices » *Droit pu- blic, livre II, tome I*). Loyseau, dans son traité des offices, nous en donne à son tour la définition suivante (*off., livre I*, *chapitre I* n° 98) : « L'of- »fice est dignité avec fonction publique. » Nous » compléterons cette définition en disant : L'office » est une fonction publique que le titulaire possède » patrimonialement, et même quelquefois à titre » transmissible. «

Lorsque les conquérants barbares, dans lesquels l'histoire voit nos premiers rois, eurent fondé leur domination en Gaule, leurs compagnons (comités), les chefs de bandes qui les suivaient(duces), s'éta- blirent autour d'eux sur le sol conquis. Ces *duces* et ces *comités*, dans lesquels nous trouvans l'ori- gine de l'instition des ducs et des comtes, furent les agents les plus actifs de la conquête franque en Gaule : ils se substituèrent à l'administration ro- maine, qui survivait à la chute de l'empire. Mais leur caractère ne tarda pas à changer : d'abord presque indépendants au milieu de ces envahis- seurs, campés plutôt qu'établis sur le sol de la France, on les retrouve, entraînés à leur tour dans

le grand mouvement de la féodalité, devenus
grands seigneurs féodaux et vassaux de nos rois.
Selon Loyseau, c'est à eux qu'il faut rapporter l'origine des premières collations vénales d'offices en
France. C'était continuer les pratiques de l'administration romaine dont les vestiges subsistaient
vivaces et forts dans certaines parties et notamment dans le sud de la France. En outre ces collations étaient pour les collateurs une source de profits
importants et une garantie d'indépendance. « Cet
» abus, nous dit Loyseau, le grand ennemi de la
» vénalité des offices, fut introduit par l'avarice des
» ducs et comtes qui, ayant rendu leurs offices patri-
» moniaux et les ayants convertis en seigneuries,
» non-seulement se déchargèrent d'exercer eux-
» mêmes la justice, mais aussi convertirent cet
» exercice et les émoluments d'icelui en fermes
» patrimoniales. De sorte que cela se trouvant tout
» accoustumé et estably lors de la réunion de ces
» anciens duchés et comtés à la couronne, nos Roys
» se laissèrent emporter eux-mêmes à cett mau-
» vaise coustume. (Loyseau, off., livre III, chap. I,
» n° 70.) Ailleurs il ajoute : « Ce qui s'observait au
» droit romain touchant la provision des offices,
» tout cela s'est observé tout de même en France,
» pour ce que, lors de l'establissement de notre
» monarchie, nos Rois ayant tnouvé la Gaule toute
» accoutumée aux lois et façons romaines n'y ont
» presque rien changé ny au gouvernement, ny
« en la justice. (Off., livre Ier, chap. III, n° 30..)

A la cour de Charlemagne nous trouvons une foule d'officiers et de dignitaires, dont les noms et les attributions nous sont donnés par les capitulaires. Autour du roi, autour des seigneurs féodaux les offices se multiplient en quantité bientôt innombrable. A la fin du XIIe siècle on distingue des offices féodaux et des offices domaniaux. Trois siècles plus tard, on trouve les offices vénaux et les offices dits non vénaux. La raison de cette multiplication incessante. c'est un constant besoin d'argent : «que le roi. dit Loyseau, en fasse tout ce qu'il » voudra, il trouvera toujours à les débiter, car, » cemme dit le sage, le nombre des fols est infini, » et c'est maintenant un commun dire parmi nous » qu'il y a plus de fols que d'État. » (*Off.*, *chap. III*, n° 11.) Cependant de nombreuses années s'écoulèrent avant que la vénalité des offices fût un fait consacré; et ce n'est qu'en 1604 que l'hérédité se trouve établie par l'Édit de Paulet.

Avant le XVe siècle, les charges étaient temporaires, révocables, et rentraient à la mort du titulaire dans les mains du collateur. Ce fait est maintenant hors de doute, et ce qui l'établit, ce sont de nombreuses dispositions législatives ou réglementaires prohibant la vénalité. — Ord. du 19 Mars 1314. — Ord. du 13 février 1327. — Ord. Cabochienne du 25 mai 1413. — Ord. de 1440 qui défend expressément de vendre les offices par résignation, soit de justice, soit de finances. — Ord. de 1493, qui établit que les offices de finances ne seront plus conférés à titre d'offices, mais de commission.

Si sous certains règnes comme ceux de Jean le Bon et Charles VI on voit les rois eux-mêmes vendre des offices de *judicature*, ce sont là des exceptions que le besoin d'argent et le malheur des temps expliquent sans les justifier. Il n'y avait d'exception admise qu'à l'égard des prévôtés, vicomtés, châtellenies, vigueries, lorsqu'elles étaient baillées à ferme. Le fait est attesté par Loiyseau (*off. livre* 3. *Chap.* 1ᵉ nᵒ 70 *et suiv.*, et par Masuer (*titre de judic*). Mais au point de vue des conventions privées les effets de cette mise en ferme étaient absolument nuls.

De bonne heure, cependant, les officiers révocables s'étaient agités pour donner plus de stabilité à leur position. En 1302, Philippe le Bel avait soumis les officiers du royaume à une révision sévère et déclaré que ceux qui seraient conservés jouiraient du privilège de l'inamovibilité. En 1467, Louis XI sorti vainqueur de sa lutte contre la ligue du *Bien Public* décidait que nul officier ne pourrait à l'avenir être privé de ses fonctions que pour forfaiture préalablement jugée « et déclarée judiciaire- » ment et selon les termes de justice par juge com- » pettant et dont il aperra semblablement, » Les conséquences de cette ordonnance du 21 octobre 1467 furent immenses. Les charges jusque là étaient, ainsi que nous l'avons vu, révocables, non vénales, intransmissibles. — L'ord. de 1467 leur

Contraste insuffisant

NF Z 43-120-14

donna le caractère d'irrévocabilité. Mais en modifiant ce premier caractère, elle prépara le changement des deux autres. En vain Charles VIII chercha-t-il à réagir par son ordonnance de 1493 dont l'effet aurait été de rendre révocables toutes les charges créés par la suite. Cette ordonnance ne fut pas exécutée. L'irrévocabilité eut comme conséquence immédiate la vénalité. Quarante ans se sont à peine écoulés que la vénalité des charges apparaît.

Ce fut Louis XII qui, pour payer les dettes énormes que lui léguait Charles VIII, sans grever le peuple de nouveaux impôts, vendit les premiers offices de finances. Cet expédient lui fut inspiré, nous dit Loyseau (*off. livre 3. Chap.* 1. nº 87) par l'exemple des *Vénitiens*, « qui ayant despensé plus » de cinq millions à la guerre qu'ils avaient contre » lui, s'advisèrent pour remplir leur trésor tout » épuisé de vendre les offices de leur République : » dont l'histoire dit qu'ils retirèrent cent millions. » D'ailleurs il n'en usa ainsi qu'à l'égard des offices de finances, et non de ceux de *judicature*. Ajoutons que le trafic fait par les papes des bénéfices ecclésiastiques, trafic depuis lomptemps en vigueur, et alors en pleine production ne dut pas être sans influence sur la pratique nouvelle des rois de France. Ceux-ci durent peu hésiter à suivre une voie qui leur était toute tracée par le chef suprême de l'Eglise. En tout cas, il est incontestable que c'est dans les pratiques de l'autorité ecclésiastique

que nos rois puisèrent l'idée de la démission en faveur, de la présentation du successeur à l'agrément, de l'investiture par le souverain. C'est là en réalité qu'est le germe de la législation moderne sur les offices.

Ces collations à prix d'argent n'avaient été faites par Louis XII qu'avec une extrême répugnace. François Ier perfectionna l'institution et exploita hardiment cette branche de revenu. C'est de son règne que date l'institution des « *parties casuelles* » en 1522. C'était un bureau » pour servir de boutique à cette nouvelle marchandise, « selon l'expressisn de Loyseau ; une salle de vente où les offices nouvellement créés étaient vendus au plus offrant et dernier enchérisseur, sur une mise à prix fixée par la chancellerie, et affichée pendant quinze jours. (*Loyseau off. livre* 3 *Cap.* 2. *n°* 13). Ce bureau qui ne disposait dans le principe que des office de finance, étendit bientôt sa compétence aux judicature. Ceux-ci furent mis en taxe auxoffices de parties casuelles : « non pas du commencement » par forme de vente, comme ceux de finances, » ainsi, c'était un prêt à jamais rendre et plutôt une » par forme de prêt seulement, mais de vente déguisée de ce non. » (*Loys. off. livres* par *chap.* 2. *n°* 92).

Les successeurs de François Ier, Henri II en 1553, Charles IX en 1569, Henri III en 1581 suivirent cette pratique et créèrent de nombreux offices. Il est impossible de rapporter toutes les ordonnances relatives à cette matière. Depuis lors jusqu'à la fin de la monarchie les créations d'offices ne cessèrent pas et devinrent le plus criant des abus.

Il semble que sous un semblable régime tous les offices dussent être vénaux. Néanmoins, on distingua toujours dans notre ancien droit les offices vénaux, et les offices non-vénaux. Les premiers étoient ceux dont la vente était permise par les ordonnances, les seconds étaient ceux dont la vente n'était pas autorisée. Mais cette distinction n'existait guère qu'en droit : « Si nous appelons » offices vénaux, dit Loyseau, tous ceux qui se » vendent en effet, il faudra dire que tous les offices » sont vénaux; car l'or a maintenant pénétré par- » tout et n'y a office, quelque grand, quelque petit, » quelque mal assuré qu'il soit, qui ne se vende » (*off. livre 3. chap.* 2. n° 48) seulement, il y eut toujours cette différence que la vénalité avait à l'égard des existence légale tandis que à l'égard des autres c'était une simple tolérance.

Au commencement du 17e siècle, c'est-à-dire à l'époque ou Loyseau composait son traité, on distinguait trois grandes classes d'offices : les offices Domaniaux; les offices vénaux et les offices non-vénaux.

Les *offices domaniaux* avaient tout ensemble la nature d'office et de domaine aliéné. Ils consistaient matériellement en certains droits du roi aliénés aux particuliers à [faculté perpétuelle de rachat. C'était la délégation faite par le roi du droit de faire certains actes et de tirer certains profits. On rangeait dans cette classe les greffes, les charges de Tabellion, les recettes de Consignations, les sceaux.

Les *offices vénaux*, consistaient] dans la délégation à titre perpétuel et transmissible de telle partie des droits qui appartenaient au roi comme magistrat suprême d'administration et de justice. Cette classe comprenait les offices de finance et de judicature. « Les offices de finance, dit Loyseau, ne sont pas seulement ceux qui concernent les finances du Roy, mais tous ceux qui sont conférés moyennant finance car « finer » est une vieil mot français qui signifie payer le dernier denier. (*offi. liv.* 3 *chap.* 2 *n.* 92) A l'égard des offices de judicature, le principe de la vénalité fut admis avec plus de difficultés. Juspu'en 1597 bien qu'il fût constant que ces charges se vendissent et s'achetassent publiquement on imposait aux officiers à leur entrée en fonctions la prestation d'un serment de non achat dont la formule était la reproduction du serment imposé par Justinien aux juges au moment de leur entrée en charge (*Loi 6 code ad legem Jul. repet.*)

Les offices domaniaux étaient dans le commerce absolu pour la finance et pour la fonction. Les offices vénaux ne sont dans le commerce que pour la finance seulement. — Le mot *domanial* n'excluait pas l'idée de vénalité, mais voulait éveiller une

idée particulière. Ces profits des greffiers, des tabellions faisaient partie du domaine royal ; or, en
principe, le domaine royal est inaliénable. Ces officiers n'acquéraient donc pas ces offices en pleine
et entière propriété. Les offices domaniaux étaient
engagés, donnés en gage par le roi pour se faire de
l'argent. Ces officiers étaient *engagistes* ; ils ne pouvaient être dépouillés « ad nutum », mais le roi
avait le droit de reprendre en remboursant la
valeur. Au contraire, les titulaires d'offices vénaux
en étaient *propriétaires*, dans toute la force du
terme. C'est à eux que s'appliquaient toutes les
conséquences de l'Edit de 1467 ; ils ne pouvaient
donc être destitués pendant leur vie, sauf le cas de
forfaiture.

Les offices non vénaux, se divisent, selon Loyseau
(*off., livre 4, chap.* 1er, no 4), en trois espèces.

1º Ceux qui sont tout à fait non vénaux, c'est-à-
dire, tant à l'égard du prince que des particuliers.
Dans cette catégorie doivent être rangées les charges
purement militaires : capitaineries, gouverne-
ments. C'étaient de véritables commissions. Les
Commissions s'exerçaient sans provisions, pour un
temps, et étaient toujours révocables au gré du
collateur, qui n'était pas tenu d'admettre la résignation. Pour les offices, au contraire, il fallait des
lettres de provision qui en assuraient le titre aux
officiers pendant leur vie, à moins qu'ils ne s'en
rendissent indignes, ou qu'ils ne s'en démissent
volontairement (Domat, livre II, t. 2, sect. I, no 1).

2° Les offices non vénaux à l'égard des particuliers seulement, « à scavoir ceux qui se vendaient » par le roi, publiquement, et dont néanmoins » entre particuliers, la vente publique et par dé- » cret n'était pas autorisée en justice. » Sous ce dernier point de vue, à savoir l'impossibilité de vendre, les offices de judicature peuvent être considérés comme non vénaux. Il s'en suit qu'à l'égard des offices de judicature la saisie n'était pas admise.

3° Les offices non vénaux à l'égard du prince seulement, c'est-à-dire tous ceux qui n'entraient pas aux parties casuelles du roi, et dont néanmoins on tolérait la vente entre particuliers. Dans cette classe on rangeait d'abord les quatre grands officiers de la couronne : le connétable, le chancelier, le grand trésorier et le grand maître de France. En principe, ces offices n'étaient pas résignables, puisque le roi ne les vendait pas. C'étaient des fonctions trop élevées pour que le roi ne se réservât une entière liberté dans le choix des titulaires. Pour cette raison, on désignait parfois ces offices sous la qualification de *purs personnels*. Ces officiers n'étaient pas commissaires, car ils étaient nommés à vie et irrévocables. D'autre part, ils n'étaient ni domaniaux ni vénaux, car aucune finance n'était attachée à l'office.

Dans la même catégorie il faut ranger les maréchaux de France, le grand amiral, le colonel de l'infanterie, le grand maître de l'artillerie. Comme

les quatre grands offices de la couronne, ces offices
étaient en principe, non résignables. Mais « c'est
» la vérite, dit Loyseau (*off. livre 4, Chap. 2, n° 116*),
» que la résignation que font les seigneurs de telle
» qualité n'est guère refusée, qui est cause que ces
» offices se vendent et trafiquent communément
» entr'eux. » Etaient également considérés comme
faisant partie de cette classe, les officiers de la couronne d'un rang inférieur, tels que : le grand cham-
brier, le grand chambellan, le grand veneur, le
grand panetier, le grand échanson, les conseillers
et secrétaires d'Etat qui jouaient auprès de nos rois
le rôle que remplissaient auprès des empereurs les
comites consistoriani et les *magistri scriniorum*; en
dernière ligne enfin, les conseillers, notaires et secrétaires du roy, maison et couronne de France, et
lesoffices de la maison du roi.

Cette organisation présentait de grands rapports
avec l'organisation du Bas-Empire. Les officiers
supérieurs avaient le choix des officiers subalternes
auxquels le roi délivrait les lettres de provision. Le
choix était déterminé par les offres les plus élevées.
De là, une vénalité effrénée et l'habitude prise par
les officiers subalternes de se chercher à eux-mêmes
des cessionnaires. Ainsi la vénalité vint à s'étendre
à tous les degrés de la hiérarchie, d'autant plus
redoutable qu'elle se sentait protégée par la tolérance tacite de la royauté.

A cette classe spéciale d'offices non-vénaux peuvent être également rattachés les *brevets de retenue* :

c'était une gratification accordée par la royauté aux possesseurs de certains offices qui, ayant été pourvus gratuitement, ne pouvaient invoquer le droit de résigner en faveur. Lorsque la place devenait vacante, le roi imposait au titulaire nouveau l'obligation de payer soit à son prédécesseur, soit à sa veuve, à ses enfants ou à ses plus proches héritiers une somme d'argent dont il arbitrait le montant. En même temps, l'officier nommé recevait la promesse que lorsqu'il cesserait ses fonctions, son successeur serait soumis à la même condition. Ces brevets avaient une grande analogie avec les milices du droit romain ; comme elles, ils étaient conférés gratuitement ; en outre, de même que le *casus militiæ*, le montant de la somme à payer était connu d'avance.

Insistons en terminant, sur la différence profonde qui existe entre les offices vénaux, et les offices non-vénaux, c'est-à-dire, vénaux par simple tolérance. Les premiers étaient ceux vendus par le roi, pour lesquels une finance avait été payée, les autres étaient ceux conférés gratuitement par le roi. Ceux-ci n'entraient pas si avant dans le commerce que ceux qui avaient été vendus : « pour ce que la » résignation d'iceux dépendait nuement de la » volonté du roi qui n'était pas tenu de l'admet- » tre s'il ne lui plaisait. » Les autres étaient plus dans le commerce, « pour ce que leur résignation ne » pouvait être refusée, étant une règle de commerce,

» et un droit des gens, comme dit Sénèque, de pou-
» voir revendre ce qu'on a acheté » (*Loyseau, off.
livre 4, Chap. 5, n° 2 et suiv.*)

Pour nous résumer sur les offices non vénaux,
nous dirons qu'ils sont de trois sortes, ceux qui
sont révocables à volonté, comme les commissions;
ceux dont la résignation est nécessaire, comme les
offices qui ont été vendus par le collateur, et ceux
dont la résignation peut être refusée, comme les
offices non vendus.

A un autre point de vue, on distinguait les offices
vénaux — non vénaux. — Héréditaires. Cette dernière catégorie comprenait 1° les offices domariaux;
2° les offices héréditaires, sur lesquels nous aurons
par la suite l'occasion de nous expliquer; 3° les
offices seigneuriaux. Ce sont, nous dit Loyseau
« ceux des grands officiers qui ont transformé leur
office en accessoire de leur fief, et en ont fait une
seigneurie embrassant tout ensemble l'exercice et
la propriété de la puissance publique. De cette
sorte d'offices nous en avons deux pour le moins à
scavoir le roy et les pairs de France, » (*off. livre 2,
chap. 2, n°ˢ 21, 43, 44*).

CHAPITRE II

Il semble que l'hérédité des offices c'est-à-dire le
droit de transmettre après sa mort dût être la conséquence forcée et immédiate de la vénalité. Il fut
loin cependant d'en être ainsi. Quand Louis XII et
François Ier reconnurent aux officiers la faculté de
présenter des successeurs, ce privilége fut déclaré
personnel aux titulaires, il ne fut pas étendu aux
veuves et aux enfants. Bien plus, à l'égard des titulaires eux-mêmes l'exercice des résignations fut
entravé par une règle rigoureuse que nos rois
empruntèrent à la matière des bénéfices ecclésiastiques.

Le bénéfice était le droit attribué à un ecclésiastique de jouir, sa vie durant, des revenus de certains
biens consacrés à Dieu, à cause de l'office spirituel
dont il était chargé par l'autorité de l'église.
L'usage s'établit, nous le savons, de les résigner
« in favorem, » au moyen d'une *procuratio ad resignandum*, donnée à celui, en faveur de qui on
démissionnait. Or les bénéficiaires intéressés à
jouir le plus longtemps possible des revenus de

leurs bénéfices, ne résignaient généralement qu'à l'article de la mort. Les papes virent dans ce fait un abus, et décidèrent que le successeur ne serait agréé qui si le bénéficiaire survivait vingt jours à la résignation. C'est la règle appelée : « De infirmis resignantibus. »

Cette règle passa dans la pratique laïque. François Ier adopta le délai, mais en le doublant. Par conséquent la résignation n'était valable que si la mort du résignant était postérieure aux quarante jours qui suivaient l'expédition des lettres de provision, ou plus justement le paiement du 1/4 denier. Dans le cas contraire, l'office devenait vacant, et la finance originairement versée aux parties casuelles restait acquise au roi. Mais cette règle ne pouvait être longtemps observée dans toute sa rigueur.

La première atteinte qui y fut portée vient de l'invention des survivances. La survivance était la résignation de l'office faite pour le cas du prédécès ou de la démission volontaire de l'officier. L'effet de la survivance était d'empêcher l'office de vaquer par la mort du titulaire. Il existait, nous dit Loyseau, *(off. livre* 1. *Chap.* 12, n° 38 *et suiv.)* quatre espèces de survivances : 1° la survivance simple, révocable au gré du collateur ; 2° la survivance reçue, ainsi nommée parce que le titulaire faisait recevoir et installer son successeur de son vivant ; 3° la survivance jouissante qui donnait au résignant et au résignataire le droit d'exercer l'office, concurremment ou en l'absence l'un de l'autre ; 4° enfin la survivance en blanc, désignée ainsi parce qu'elle était expédiée en blanc, ou donnée par édit en termes généraux. — La survivance entraînait de moins graves inconvénients que l'hérédité qui, établie à perpétuité, causait un préjudice perpétuel à la couronne qu'elle privait perpétuellement du droit de libre collation des offices, au lieu que les survivances n'avaient trait qu'à la première vacance de chaque office. Mais ce n'en était pas moins un préjudice causé par le roi à ses successeurs qui autrement auraient pu pourvoir à l'office.

Les offices domaniaux furent les premiers auxquels fut appliqué le principe de l'hérédité. Sous Henri II ces offices furent aliénés à faculté perpétuelle de rachat. (*Décret du 5 février* 1551. — *Ordonnance du mois de septembre* 1561). C'était accorder aux titulaires de ces offices un véritable droit de propriété transmissible aux héritiers. A l'égard de ces officiers, la règle des quarante jours n'avait pas d'application, leur droit ne se perdait que par contrat ou confiscation.

En janvier 1568, Charles IX déclara que les officiers établis dans le ressort du Parlement de Paris, qui, dans un délai de deux mois verseraient aux parties casuelles le tiers de la valeur de leur office seraient affranchis de la règle des quarante jours. — En 1572, une ordonnance du même prince dispensa de la règle des quarante jours les secrétaires du roi ayant 20 ans d'exercice.

Ce n'étaient là que des exceptions. Sous HenriI II le principe de l'hérédité des offices reçut sa première consécration. En 1580, tous les greffes d'Etat furent faits héréditaires. « Mais comme par petites » mutations on vient à de grandes absurdités, dès » trois ans après, dit Loyseau, on inventa une » autre sorte d'offices héréditaires, à sçavoir ceux » qui ne sont pas domaniaux, ainsi sont seulement » héréditaires par privilége. Car soubs couleur » que les forest du roy sont du domaine de la cou- » ronne, le feu roy Henry III bon prince certes s'il » en fut oncq, mais trop facile aux financiers et » partisans, se laissa persuader à donner le privi- » lége d'hérédité, moyennant un petit supplément » de finance, aux Gruyers, Verdiers, forestiers, chas- » telains, segrayers, Gardes-Manteau, maitres, ser- » gents des eaux et forests. » (*Loyseau. off. livre* 2, *chap.* 8. n° 3.) Cet édit conférait à ces officiers le bénéfice de l'hérédité parfaite ; ils échappaient absolument à la règle des quarante jours. Leurs veuves, enfants et héritiers pouvaient à leur décès disposer de l'office. Sur la présentation qui lui était faite, le roi expédiait les letttes de provision, et cette expédition donnait lieu à la perception d'un droit appelé le *quart denier.*

L'édit de 1583 consacrait au profit de certains offices le principe de l'hérédité parfaite. En 1604, sous le règne de Henri IV, le célèbre édit de la Paulette, ainsi appelé du nom de Charles Paulet, secrétaire du roi, qui en suggéra l'idée, consacra au

profit des offices une hérédité conventionnelle. L'é-
conomie de cet édit fut des plus ingénieuses : tous
les possesseurs d'offices qui, au comencement de
chaque année, paieraient la soixantième partie de la
taxe de leur office, devaient jouir d'une double faveur ; s'ils mouraient dans l'année sans avoir résigné, ou moins de quarante jours après leur résignation, l'office, au lieu, de devenir vacant était conser-
vé au résignataire, à sa veuve et à ses enfants. En
second lieu, le droit de résignation fixé dans les
cas ordinaires au quart denier, est alors du huitième
seulement. « Cet édit créait ainsi (*Eug. Durand,*
» n° 91,) comme on l'a fort bien dit, un véritable
» contrat d'assurances dans lequel le roi, ou plutôt
» le fermier du roi jouait le rôle d'assureur, tandis
» que les officiers remplissaient le rôle d'assurés. La
» prime consistait dans la somme que les parties
» versaient chaque année aux parties casuelles. »
L'assurance faite pour un an n'obligeait d'ailleurs
pas pour les années suivantes. L'officier pouvait
suspendre son payement. Payait-il? il était affranchi de la règle des quarante jours. Au cas contraire il retombait sous l'empire de cette règle.

« Tout l'inconvénient qu'on peut imaginer de cet
» édit, nous dit Loyseau (*livre 2, chap.* 10, n° 11)
» est que, par le moyen d'icelui, le roi demeure
» frustré du choix et élection des officiers, lequel
» néanmoins importe fort à son autorité, et que la
» puissance des officiers notamment de ceux de
» justice, croîtra possible par trop quand ils se ver-

» ront assurés de perpétuer leurs offices en leur
» famille. » Accepté d'abord avec difficulté, l'édit
Paulet fut bientôt vu avec faveur. Supprimé un
moment en 1648, pendant les troubles de la Fronde,
le droit de la Paulette fut bientôt rétabli, et resta
en vigueur jusqu'à la chute de la monarchie.

Ainsi se trouvèrent définitivement constituées la
vénalité, et l'hérédité des offices. Dès lors les offices
ne cessent de croître en nombre et importance. Si-
gnalons cependant sous Louis XIV une tentative
pour limiter le prix sans cesse croissant des résignations. C'est un édit du 12 janvier 1666 qui taxe le
prix des offices de cours souveraines : « sans que
» le prix des dits offices puisse être augmenté par
» traité volontaire, vente ou adjudication, par décret,
» directement ou indirectement, en quelque sorte
» et manière que ce puisse être : peine à, en cas de
» contravention, d'être les résignataires déclarés
» incapables de tenir et exercer aucune charge de
» judicature, et en outre de la perte entière du prix
» qui sera portée, moitié par le résignant, et l'autre
» par le résignataire, applicable à l'hôpital général
» des lieux; nous réservant néanmoins, vacation
» arrivant des dites charges, soit par résignation,
» décès ou autrement, la faculté d'en disposer
» préférablement en faveur des personnes suffi-
» santes, et capables, ou de les supprimer et de les
» réduire au nombre porté par nos ordodnances à
» notre choix, selon et ainsi qu'il sera par nous
» avisé en payant et remboursant toutefois préala-

» blement en deniers comptants aux résignants, la
» veuve, héritiers ou ceux qui auront droit es-dites
» charges, le prix ci-dessus arrêté, » Cet édit resta
comme tant d'autres, sans application, et un siècle
plus tard, en 1771, sous Louis XV un édit remplaçait l'annuel, c'est-à-dire le payement de la Paulette, par uue taxe du centième denier du prix de
l'office, et ordonnait que de nouveaux rôles seraient
dressés sur lesquels se trouveraient fixés les prix
des divers offices. La révolution n'allait pas tarder
à éclater un de ses premiers actes allait être la
suppression de la vénalité des offices,

CHAPITRE III

DE LA VÉNALITÉ DES OFFICES, DANS LES RAPPORTS
PRIVÉS DES PARTIES

L'acquisition d'un office vénal aux *parties casuelles* du roi conférait à l'acquéreur sur l'office qui
lui était adjugé un droit de propriété : le droit de
propriété entraîne comme conséquence la faculté
de vendre, de donner, d'échanger, de transmettre :
en vertu de ce principe du droit des gens, rappelé
par Loyseau : « quæ emeris, vendere jus gentium
» est. » (*off. livre* 3, *Chap.* 3 n° 15), L'office en un
mot tombait dans le commerce, mais non d'une
manière absolue, pas plus que que le droit de propriété lui-même n'était absolu.

Il faut en effet, faire une distinction que nous
avons déjà indiquée : la distinction entre le titre et
la finance de l'office. Le *titre*, c'est-à-dire le droit
d'exercer des fonctions publiques , n'appartenait
pas à l'officier , il n'appartenait même pas au roi ,
mais à l'état : le roi n'avait que le droit de le conférer, quand il venait à vaquer par mort ou par
démission. (Loyseau livre 2 Chap. 1. n° 39). — La
finance, était une créance acquise sur le roi, créance

représentative des deniers qui avaient été versés aux parties casuelles, par le premier acquéreur de l'office. C'était cette créance qui a entre particuliers était vénale. C'était d'elle seule que le titulaire pouvait disposer. Quant au titre le collateur seu pouvait conférer. L'acte par lequel le titulaire cédait la finance était le traité, ou contrat de vente. L'acte par lequel le titulaire déclarait se démettre de son titre en faveur de son successeur était la résignation. Or dit Loyseau : « Rien ne sert la » vente d'un office sans la résignation, ny la rési- » gnation, sans l'admission d'icelle qui est la pro » vision. Car l'office ne peut par un commerce du » tout libre estre transféré direptement et immédia" » tement de personne à aultre, par vente ou autre » transport accompagné de tradition ou acte équi- » pollent, ainsi que les autzes biens soit corporels, » soit incorporels, ains il faut qu'il passe par les » mains du collateur sans la provision duquel, nu^l » office ne peut âtre concédé » (*off. livre* 3, *Chap.* 3, *n°* 1). Ce n'est donc pas du résignant, mais du colla_ teur que le résignataire tient son droit : « resigna- » tarius non habet jus a resignante, sed a collatore. » Mais la résignation donnée devait être admise : « Le roy et tout autre collateur ayant vendu un » office ne peut, par puissance ordinaire, et selon » justice, en refuser par après la résignation faite à temps opportun et à personne capable (Loyseau, livre 3, Chap, 3, n° 10).

La production du traité n'était pas d'une nécessité absolue : car peu importait au collateur qu'entre le démissionnaire et le successeur la cession fût à titre onéreux, pourvu que le consentement du titulaire à la transmission fût exprimé par la remise de la « procuratio ad resignandum. » — Mais le contrat de vente ne pouvait suppléer à la *resignatio*, dont l'effet était de faire rentrer le titre entre les mains du collateur, qui autrement n'en aurait pas eu la disposition. — Aussi, dans la pratique, la résignation avait-elle un sens différent de la démission de l'office en ce qu'elle ne s'entendait que de la démission donnée en faveur d'une personne présentée par le résignant. La *démission* de l'office, au contraire, était l'abandon pur et simple qu'en faisait l'officier entre les mains du collatur.

En résumé, si la convention que nous étudions se résumait au regard de collateur dans le fait de la démission, entre les parties c'était un contrat de vente, sous condition suspensive avec les effets de la vente, et les trois éléments de ce contrat : le consentement, l'objet du contrat, le prix. En ce qui concerne le consentement, il n'y a qu'à appliquer les règles du droit commuu. — L'objet du contrat, c'était non pas l'office, c'est-à-dire le droit d'exercer la fonction, mais la créance acquise sur le roi au jour de l'aliénation de l'office par ce dernier : l'objet du contrat, c'était donc en réalité, la finance de l'office. — Quant au prix, il aurait du être la somme même versée primitivement aux parties casuelles, mais par suite d'un abus contre

lequel furent impuissantes les ordonnances royales,
l'avidité, le désir du gain firent monter bien au-
dessus de cette somme les prix de cession.

Obligations du cédant 1° La première obligation
du cédant était la délivrance, c'est-à-dire la remise
entre les mains du cessionnaire des pièces nécessaires pour obtenir les lettres de provision, notamment la « procuratio ad resignandum. » La procuration devait être reçue par devant notaire. L'usage
s'établit de la rédiger en brevet. Elle devait indiquer le nom du résignataire, et contenir la désignation de l'office. Elle n'était valable que pour
un an.

Un privilége exorbitant accordé au cédant, était
la faculté du *Regrès*, espèce de retrait introduit en
matière de transmission d'offices *domaniaux de
judicatur*, ou autres, à l'imitation de ce qui se pra-
tiquait en matière de bénéfices ecclésiastiques. Le
Regrès (*regressus, regredi*) était le droit accordé à
l'officier qui avait cédé son office, non-seulement
de rétracter sa promesse, mais encore de rentrer
dans son office, même en révoquant *la procuratio
ad resignandum* donner en faveur d'un tiers, tant
que ce tiers n'avait pas été reçu et installé dans les
fonctions de son prédécesseur. Le résignant faisait
signifier au résignataire la révocation de la procuration et s'opposait à sa réception si les lettres
de provision étaient délivrée ; si elles ne l'étaient
pas, il lui suffisait de former opposition au titre de
l'office. Comme dommages-intérêts, le cédant de-

vait payer les frais faits par le résignataire. Cette faculté de regrès était personnelle au résignant.

Comment justifiait-on dans l'ancien droit cette faculté exorbitante? On a invoqué la règle de Bartole : « nemo potest præcise cogi ad factum. » Mais a-t-on répondu avec raison, il ne s'agit pas dans l'espèce d'une contrainte physique à exercer sur le débiteur; et la chose promise consiste bien plus dans le fait de donner que dans le fait d'agir. « La maxime de Bartole s'applique bien aux obli- » gations qui assujetissent la personne du débi- » teur à quelque acte corporel, auquel on ne pour- » rait pas le forcer sans attenter à la liberté qu'il » tient de la nature. Mais il en est absolument de » l'obligation que contracte un vendeur : ses faits, pour parler le langage des interprètes *non sunt mera facta*, ne sont pas des actes « corporels » (*Mer- lin. V° office n° 10*). — On a objecté encore l'art. 18 du tarif du contrôle du 27 septembre 1722 fixant le droit à payer pour le regrès. Mais c'était là bien moins une reconnaissance légale que la cons- tation d'un fait. En réalité, la cession de l'office vénal entre les parties était un contrat synallagma- tique ; du moment que l'une des parties exécutait son obligation, l'autre était tenue de la remplir. Ce n'est pas justifier le regrès que de dire comme Bourjon : Le regrès est un droit particulier aux » offices fondé sur ce qu'il est de l'intérêt public » que les offices soient exercés par des personnes » expérimentées, intérêt public auquel l'intérêt

» particulier doit céder. (*Droit commun de France*). »
Aussi les auteurs sont-ils d'accord pour condamner le regrès.

« La seule raison qu'on peut donner, dit Renus-
» son, c'est que *sic placuit*. En faveur des officiers
» on pourra dire que les officiers qui ont rendu
» service au public sont favorables, que les offices
» étant une espèce de biens nouvelle et extraor-
» dinaire qui s'est introduite parmi nous par la
» vénalité, on n'est pas obligé de s'assujetir à suivre
» toutes les règles qui se pratiquent à l'égard des
» autres biens. Mais au contraire on pourrait dire
» avec plus de vérité que les magistrats ont bien
» voulu établir cette jurisprudence en leur faveur.
» (*Traité des propres. Chap.* 5. *sect.* 4. *n*° 76). Sui-
» vant Henrys, enfin : le titulaire d'un office, en
» ayant une fois traité et passé contrat, il ne de-
» vrait pas lui être permis de s'en rétracter »
(*tome* 1ᵉʳ *livre* 2. *Quest.* 67.

2° La seconde obligation du vendeur, c'est la
garantie, c'est-à-dire l'obligation de procurer à
l'acquéreur la jouissance paisible de la chose.

» Ce qu'on dit qu'en offices, il n'y a point de
» garantie, est d'autant que l'acheteur ou résigna-
» taire d'un office n'est sujet à en être évincé par
» hypothèque ou autrement, comme d'un héritage.
» Ou bien, il peut être que ce vieil quolibet de
» pratique est venu en usage du temps que les of-
» ficiers étaient destituables, et signifiait que le
» destitué n'avait recours contre celuy qui luy

» avait vendu l'office, comme encore aujourd'huy
» pour ce qui concerne le fait du Roy, comme s'il
» supprime un office, ou s'il y donne des compa-
» gnons, ou diminue les droits, il n'y a point de
» garantie. Mais hors cela, tant s'en faut que la
» garantie n'ait pas lieu ès offices vénaux, qu'au
» contraire elle y a plus lieu qu'es ventés de choses
» corporelles. Car, combien qu'en icelles il n'y ait
» que deux points ou causes de garantie, à scavoir
» que la chose appartienne au vendeur, et qu'elle
» soit franche d'hyopthèques, si est-ce qu'ès choses
» incorporelles, il y a encore un autre point de ga-
» rantie, à scavoir que la chose soit et subsiste;
» voilà donc trois points de garantie en l'office ;
» qu'il soit et subsiste, qu'il appartienne au ven-
» deur, qu'il ne soit point saisi pour dette » (*Loyseau, off. liv.* 3 *Chap.* 2 n° 33) L'action en garantie
sera donc recevable :

1° Quand l'office « n'était pas en être » au moment de la convention, soit qu'il n'eût jamais été
érigé, soit qu'il ne l'eût pas été valablement, soit
qu'il eût été supprimé. Mais il n'y avait pas lieu à
garantie, si la cession était faite aux risques et périls du résignataire. Dans ce cas même, il n'y avait
pas lieu à la restitution du prix par le cédant, à
condition, bien entendu, qu'il n'y eût pas dol de se
part. (*Loyseau liv.* 3 *Chap.* 2 n° 40.) — À cette
première cause de garantie se rattachait encore la
cas où le résignataire ne pouvait faire admettre la
résignation et entrer en possession de l'offi ; par

exemple le cas où une *commission* avait été vendue
sciemment à un acquéreur qui croyait acheter un
office.

2⁰ Quand le cessionnaire était menacé d'une
éviction totale ou partielle. En ce cas la durée de
l'action était de cinq ans, et le délai courait du jour
de la réception du résignataire. (*Loyseau livre* 3
chap. 2 n⁰ 52).

3⁰ Quand le cédant négligeait de faire lever les
oppositions au sceau formées par les créanciers.

Enfin, si le résignant négligeait de payer la Paulette, — non payement dont l'effet était de faire
retomber l'office aux parties casuelle, — cette négligence dont il était responsable, donnait naissance
à une action en garantie.

Après la délivrance des lettres de provision on
appliquait le principe que la chose vendue est aux
risques et périls de l'acheteur. Désormais le vendeur
ne peut être tenu qu'à raison des évictions dont la
cause existait au moment du contrat de vente. Par
conséquent, la suppression de l'office survenant
postérieurement à la délivrance des lettres de provisions ne donne lieu contre le vendeur à aucune
action en garantie. Que si la suppression de l'office
se plaçait entre la conclusion du traité et la délivrance des lettres de provision, la vente sous condition suspensive se trouvait résolue ; la chose était
restée aux risques du vendeur, et Loyseau en tirait
cette conclusion que si le prix avait été payé au

vendeur, celui-ci en devait la restitution (*off. livre
3 chap. 2. n°. 50.*)

Obligation du cessionnaire. Le cessionnaire
devait payer le prix au terme fixé, sans pouvoir
comme le cédant invoquer la faculté du regrès.

La seule garantie du vendeur, après l'expédition
des lettres de provision, était un privilége sur le
montant du prix. (*Cout. de Paris art.* 177. *Loyseau
off. liv.* 3. *Chap.* 8 n° 25.)

Était-ce là le seul privilége reconnu par le
droit coutumier, à l'égard des offices? Pour répondre
à cette question, il est nécessaire de déterminer la
nature des offices, vénaux sous l'ancien droit, « Le
» vray office, dit Loyseau, que nos ordonnances
» appellent office formé est *un droit incorporel* créé
» et érigé par édict ou du moins par coutume an-
« cienne qui a force de loy. »(*Of*,, *livre V*, *chap. IV*,
n° 17,) « Tant ya, ajoute Loyseau (*Avant propos*
» n° 19), que ce prix immense, et cette multitude
» infinie d'offices sont cause aujourd'hui que nous
» en constituons une tierce espèce de biens, mé-
» toyenne entre les meubles et les immeubles, et
» une troisième sorte d'acquets entre les héritages
» et les rentes. »

La loi les réputait donc « immeubles, et leur don-
» nait suite par hypothèque, quand ils étaient
» saisis avant la résignation admise, et provision
» faite au profit d'un tiers. » *Cout. de Paris, art.* 95).
Ainsi la saisie de l'office était une condition nécessaire à l'exercice du droit de suite. La loi permet-

tait la vente de l'office par *décret*, comme celle des immeubles réels, et l'on voit par les formules de la procédure des décrets des offices, que le jugement par décret qui adjugeait l'office saisi tenait lieu de procuration *ad resignandum*, si le titulaire de l'office refusait de la donner. Il résultait de cette forme de procéder que la sentence d'adjudication par décret transférait à l'adjudicataire la *procuratio ad resignandum* de l'officier dépossédé, et que l'adjudicataire devenant, par l'effet de la sentence, propriétaire de l'office adjugé par décret avait titre suffisant pour obtenir les provisions de l'office. L'article 9 de l'édit de février 1683 porte que « l'adjudication faite en justice, et la sentence ou arrêt » portant que l'officier sera tenu de passer procuration *ad resignandum*, sinon que ledit jugement » vaudra procuration tion, tiendra lieu de la procuration de l'officier, et seront, en conséquence, » les lettres de provision expédiées. »

Ces règles ne s'appliquaient pas à la *pratique* de l'office. La pratique, désignait toutes dettes actives de l'étude, c'est-à-dire les créances des notaires pour raison des actes qu'ils avaient passés; celles des procureurs pour raison des instances qu'ils avaient poursuivies. (Pothier, com., n 03.) La pratique, à la différence de l'office lui-même, était meuble.

De même que dans le droit romain, l'usage de l'hypothèque s'était introduit pour les milices, de même en droit coutumier l'usage s'établit d'hypothéquer les offices à ses dettes, tout comme des immeubles réels. Voici comment la législation arrive à conserver leur privilége aux créanciers privilégiés. Le moyen employé fut : 1° l'opposition au sceau: 2° l'opposition au titre. Par l'opposition au sceau, les créanciers mettaient obstacle à la délivrance des lettres de provision : l'effet c'était d'obliger le pourvu à rapporter le prix entier de son office, pour ce prix être distribué entre les créanciers opposants. L'opposition au titre était une garantie donnée à ceux qui prétendaient quelque droit de propriété sur l'office. L'effet de cette opposition était d'empêcher qu'il ne fût délivré aucune provision, jusqu'à ce qu'il eût été statué sur ces oppositions. Les créanciers opposants étaient préférés sur le prix des offices à tous autres créanciers, même privilégiés qui avaient négligé de former des oppositions. Les oppositions devaient être pratiquées entre les mains du Chancelier ou du Garde des Sceaux, et cela dans la quinzaine de l'adjudication, si l'office avait été saisi et vendu aux enchères. Le sceau et l'expédition des provisions purgeaient l'office de toutes hypothèques (*Déclaration de février* 1683). Deux autres délcarations des 17 juin 1703 et 20 avril 1738 établissent de nouvelles formalités pour assurer et faciliter l'exécution de cette première déclaration. Un édit du 7 juin 1771 complète cette législation en décrétant la création de conservateurs d'hypothèques sur les immeubles réels et fictifs,

Aux termes de l'ordonnance de février 1683,
article 3 : « Entre créanciers opposants au sceau,
» les privilégiés seront les premiers payés sur le
» prix des offices : après les privilégiés acquittés,
» les hypothécaires seront colloqués sur le surplus
» dudit prix, selon l'ordre de priorité ou de posté-
» riorité de leurs hypothèques, et s'il en reste
» quelque chose, après ceux-ci, la distribution s'en
» fera entre les créanciers chirographaires oppo-
» sants au sceau. » Ainsi, on comptait trois classes
de créanciers, mais la condition commune imposée
à tous, c'est qu'ils soient opposants au sceau,
avant que les lettres de provision soient scellées
en faveur de l'acheteur. Conformément à la même
ordonnance, après la saisie réelle de l'office enregistrée, le titulaire ne pouvait traiter qu'en présence des saisissants et opposants ou eux dûment
appelés.

Quant à l'ordre dans lequel s'exerçaient les priviléges, voici la classification faite par Loyseau
(Off., liv. 3., chap. 8, nᵒ 90 et suiv.). En première
ligne, le fisc, quand l'office était celui d'un comptable : « Non pas en conséquence du privilége
» ordinaire du fisc, mais pour ce que l'office ve-
» nant du roi, c'est son spécial gage et assu-
» rance. » En seconde ligne, les créanciers pour
faits de charges, c'est-à-dire à raison des prévarications et abus dont l'officier a pu se rendre coupable dans l'exercice de ses fonctions. Ces créanciers « ont suivi la foi publique, et ont contracté

» avec l'officier, non en tant que privé, mais en
» tant que officier et ex necessitati officii. » Voilà
pourquoi ces créanciers sont favorables. En troisième lieu, enfin, et en concours, les prêteurs de
deniers et le cédant (art. 177, Cout. de Paris).

A quelles conditions le prêteur de deniers pouvait-il invoquer le droit de préférence? Loyseau
nous apprend (Off. livre 3, chap. 8, n° 18) que de
son temps on ne comptait pas moins de quatre
opinions sur ce point. Dans une première opinion,
il suffisait que le créancier prouvât que l'argent
avait été au moment du contrat employé à l'achat
ou à la conservation de l'office entre les mains du
cessionnaire. — Dans une seconde opinion, l'acte
d'emprunt devait contenir une mention expresse
de la destination du prêt (Loi 26, Dig., loi 34,
Dig, 42, 5.) (Loi 27, Code, 8, 14). — Dans une troisième opinion, il fallait une stipulation d'hypothèque au moins générale (Loi 17, Code 8, 14). —
Enfin, selon la quatrième opinion, il fallait que la
stipulation d'hypothèque fut spéciale (Loi 7, Code
8, 18).

Si la solution de cette question doit être empruntée aux principes du droit romain sur les milices,
nous dirons qu'elle consistait conformément à la
Nov. 97, chap. 3 et 4, dans la conciliation du troisième et du quatrième système. Il fallait donc 1° que
cause la du prêt fut formellement exprimée dans
l'acte ; 2° une stipulation d'hypothèque (En se sens,
Loyseau, 3. 8, n° 31). De la généralité des termes de

la Novelle, on est, selon nous, en droit de conclur que la stipulation d'hypothèque pouvait être générale. La loi 7, Cod., liv. 8, t. 18, n'est pas contraire à cette opinion, car le mot *specialitter* signifie *expressément*, et est mis pour exclure une simple déclaration.

Au as où les créanciers privilégiés se trouvaient désintéressés par des tiers, à quelles conditions était soumise la subrogation? Il n'existait pas moins de trois systèmes sur ce point, nous dit Loyseau (Off. liv. 3, chap, 8, n° 57 et suiv.)

Premier système. — Le privilége et l'action étant inhérents à la personne, le fait du privilégié est nécessaire pour que le privilége passe à autrui. Il fallait donc une cession expresse de la part du créancier (Loi 11, Code *De fidejus*).

Second systtème. — La transmission du privilége peut être opérée par le débiteur à l'insu du créancier. Mais la subrogation doit être formelle de la part du débiteur, ou tout au moins il doit être déclaré expressément que le prêt est fait pour acquitter la dette privilégiée (Loi 2, Dig. *De cess, bon.* — Loi 3, Code, *De his qui.*)

Troisième opinion. — Il suffit de prouver que l'argent prêté a servi à éteindre la créance, pourvu que le payement ait suivi le prêt (Loi 2, Code *De his qui.* — Loi 24, § 3, Dig. 42, 5.)

La solution de la question est dans la combinaison des deux premiers systèmes. Distinguons tout d'abord deux cas : 1° celui ou le tiers désintéresse directectement le créancier, auquel il veut être subrogé; 2° le cas où le tiers remet au débiteur les deniers afin de désintéresser le créancier. Dans le premier cas, la subrogation de la part du créancier, au profit du tiers, doit être expresse. Si le créancier ne peut accorder cette subrogation, par exemple, au cas d'un payement fait au fisc créancier d'un comptable, c'est au juge qu'il faut s'adresser pour l'obtenir. Dans cette première hypothèse, la cession se fait si la part du cédant *ex suâ causâ*, de telle sorte que de la créance cédée était était une rente constituée ayant suite par hypothèques, elle demeurait affectée aux dettes du cédant.

Dans le second cas, au contraire, si c'est avec le débiteur que le tiers bailleur de fonds entre en relations, point n'est besoin de la cession du créancier primitif. « Celui qui prête ses deniers à ce dé-
» biteur pour rembourser son créancier, s'il veut
» être subrogé aux droits du créancier, il doit dé-
» clarer au débiteur sa volonté qu'il ne lui veut
» prêter ses deniers qu'à la charge d'être subrogé
» en son lieu et place. Il doit stipuler avec lui la
» subrogation ; mais il n'a pas besoin de la stipuler
» avec le créancier qui reçoit son remboursement ;
» il n'a pas besoin que le créancier le subroge, ni
» qu'il consente la subrogation et la cession d'ac-
» tions. Car encore que le créancier ne la consente
» pas, et que par sa quittance, il déclare recevoir
» son payement sans subrogation de sa part, et ne

» vouloir subroger celui qui a prêté les deniers du
» payement, néanmoins si le débiteur qui a em-
» prunté les deniers consent la subrogation, et qu'il
» en soit fait mention dans la quittance que donne
» le créancier auquel la déclaration en est faite, la
» subrogation est bonne et valable et doit avoir son
» effet. » (Renusson, Traité de la subrogation,
chap. 2, n° 19.) Ainsi l'acte d'emprunt doit constater que l'emprunt est fait en vue de tel payement ;
et la quittance doit constater que le payement a été
fait avec des deniers provenant de l'emprunt. C'est
la doctrine qu'enseignait Dumoulin (*Tractatus usu-
rarum. quæst. 37. n° 276.*; que consacrait un arrêt de
règlement du Parlement de Paris du 6 juillet 1699,
et qui a été définitivement adoptée par le Code
civil (art. 1250). L'acte d'emprunt et la quittance
devaient être authentiques. Dans ce second cas,
ainsi que le fait remarquer Loyseau, le tiers qui a
payé le débiteur : « non succedit in actionem primi
» creditoris, sed in locum primi et in ordinem hy-
» pothecæ. » Par conséquent la créance ne restait
pas affectée aux dettes du créancier précédent.

Causes de résolution et de rescision. — Nous
avons établi précédemment, à l'égard des milices,
les raisons pour lesquelles les clauses de résolution
ne pouvaient avoir d'effet. Il en est de même en ce
qui concerne les offices vénaux ; expresse ou tacite la
résolution n'était pas admise, quand elle avait pour
objet un office ; du moment que le cessionnaire
avait reçu l'investiture du collateur, il ne pou-

vait être dépouillé de son titre par une clause de résolution. Le vendeur ne pouvait donc se réserver ni l'action résolutoire, ni la faculté de rachat.

En matière d'offices, la rescision ne pouvait être demandée pour lésion d'outre-moitié : « En vente » d'offices, dit Loyseau. la rescision pour lésion » d'outre-moitié n'a point lieu, étant l'office chose » de soy hasardeuse. C'est pourquoi la restitution » en entier *ex capite doli, metûs, vis et minoris œta-* « *tis,* sont moins favorables et plus difficiles à obte- » nir ès offices qu'ès autres ventes. » (*Offices, livre* III, *chap.* II, n° 28,) La restitution ne pouvait en tout cas aboutir qu'à une condamnation à des dommages-intérêts. La solution donnée par Loyseau était tout au moins douteuse de son temps : et spécialement en ce qui concerne le mineur, la question resta controversée entre les auteurs et les arrêts.

Au cas où le cessionnaire de l'office n'avait pas l'âge requis pour exercer les fonctions, le droit ancien admettait un confidentiaire ou intérimaire, chargé de faire l'intérim de l'office. Il pouvait alors arriver qu'à l'époque convenue, le confidentiaire refusât de donner sa démission en faveur du cessionnaire véritable de l'office. En ce cas on décidait que le propriétaire de l'office pouvait faire condamner par corps le confidentiaire à fournir une procuration en blanc; s'il s'y refusait, la délivrance des lettres de provision se faisait en vertu du jugement.

CHAPITRE IV

DES DROITS DU COLLATEUR

Loyseau indique bien nettement le rôle du collateur
dans un passage que nous avons déjà eu l'occasion de
citer. « La vente d'un office, dit-il, ne sert de rien,
sans la résignation, ni la résignation sans l'admission d'icelle qui est la provision. » La résignation
en effet ne donnait au résignataire que le *droit à*
l'office, une simple espérance : *jus ad rem.* Quant
au droit en l'office, jus in re c'est-à-dire la seignerie
ou propriété de l'office, ce droit résultait de la collation du titre par le souverain, en d'autres termes,
de la provision. Ce sont là les deux premiers degrés
de droit en matière d'offices venaux. (Loyseau,
offi., livre I chap. II, n° 10); les deux autres, sont
le caractère d'officier et la possession de l'office, que
nous déterminerons en leur place. La distinction
du droit à l'office, et du droit en l'office, empruntée
de celle que les jurisconsultes romains établissaient
entre le *jus ad rem* et le *jus in re*, était souvent nécessaire pour déterminer le véritable caractère de

l'action à exercer relativement à la vente d'un office. Ainsi, l'action en revendication ne pouvait être exercée que par le propriétaire de la chose revendiquée, ou par celui qui avait un droit réel sur cette chose, *jus in re*. Le *jus ad rem* ne donnait naissance qu'à une action personnelle.

Au temps où la royauté ne tirait de l'argent des offices que par exception, elle ne craignait pas de donner le nom de vente à ce qui n'était qu'un bail à ferme. Depuis le moment où elle pratiqua ouvertement la vente des offices, les ordonnances s'interdirent de l'appeler par son nom, et s'abstinrent d'employer l'expression de vente. La raison qu'on donnait de cet usage, c'est que le résignetaire tenait son droit, non du résignant, mais du collateur.

Nous savons qu'en matière d'offices vénaux le collateur était tenu d'accepter « la résignation en ea faveur, » par cette raison, dit Loyseau, (*off.* livre 3. Chap. 3, nº 10) que « le roy, les ayant vendus, les avait mis dans le commerce. » Mais le roi n'était tenu d'accepter la résignation qu'autant que le résignataire était dans les condions d'idonéité exigées par la loi, ou qu'un prix trop fort n'était pas attaché à la résignation. De nombreux édits furent successivement rendus pour empêcher l'exagération des prix de cession. Le dernier édit rendu en cette matière fut l'édit de février 1771 dont l'art. 6 porte : « Aucun office ne pourra être vendu, soit
» en justice, soit autrement, au delà de la fixation

» portée par les roles ou état général, ou par les ré-
» formations qui auront été faites dans les cas
» portés par les articles ci-dessus. » L'estimation
de l'office était faite d'après les renseignements
fournis par le titulaire lui-même.

L'admission de la résignation avait comme conséquence l'expédition des lettres de provision.
Celles-ci, ainsi que nous venons de le voir, confé-
raient au pourvu le droit en l'office, la seigneurie,
c'est-à-dire, la propriété de l'office. Désormais
l'office était dans le patrimoine du nouveau titulaire
mais pour qu'il fût apte à exercer les fonctions,
pour qu'il eût le caractère d'officier, une dernière
formalité était nécessaire : c'était la réception, le
troisième degré de droit en l'office, selon Loyseau.
Quant au quatrième degé, à savoir la possession,
il consistaif dans l'exercice actuel des fonctions résultat de l'installation.

Les lettres de provision n'étaient expédiées
qu'autant que les parties avaient acquitté un
droit que le trésor percevait sur la résignation. Ce
droit injustifiable en principe n'avait d'autre
raison que le perpétuel besoin d'argent. Il fut
établi au milieu des gerres de religion par édit de
1567. C'était une véritable vente de résignation. On
la désignait sous le nom de mare d'or et plus souvent sous le nom de taxe du quart denier. Ce droit
d'ailleurs ne s'élevait qu'au dixième ou au dou-
zième de la valeur. Selon Loyseau quart denier,

signifie quart du quart ou le seizième de la valeur.
Exemption du payement de ce droit était accordé :

1° Au cessionnaire qui résignait avant réception;

2° Au cas d'un échange de charges dont la valeur était à peu près égale.

CHAPITRE V

DÉCHÉANCE DE LA FACULTÉ DE RÉSIGNÉ EN FAVEUR

Cette déchéance ne pouvait résulter que d'un jugement de forfaiture. Ce privilége, nous le savons, avait été assuré aux officiers par la célèbre ordonnance de 1467.

« La forfaiture est la privation de l'office or-
» donnée par sentence de juge pour quelque faute
» de l'officier, et est la forfaiture ès-offices ce qui
»s'appelle dévolut aux bénéfices, commise aux fiefs
» et aux emphytéoses et confiscation aux autres
» biens, » (*Loyseau, liv. 1 chap.* 13, n° 1)- Ainsi la forfaiture était le retour de l'office, après une sorte de confiscation, entre les mains du prince qui en avait pourvu le titulaire.

L'introduction de la vénalité des offices modifia les conséquences de la forfaiture. Avant que les offices fussent vénaux, la sentence de forfaiture entraînait de plein droit la privation et l'extinction de l'offce; après l'introduction de la vénalité, la sentence n'opérait plus l'extinction de l'office, mais obligeait l'officier à résigner, étant par la sentence déclaré incapable de posséder l'office. C'est ce qu'explique fort bien Loyseau (*off. liv.* 1 *Chap.* 13, n° 32). « Maintenant, dit-il, il y a comme deux » parties aux office vénaux qui peuvent être consi- » dérées séparément, à scavoir la seigneurie » d'iceux : quatenus sunt In bonis et in commercio, » qui s'acquiert par l'achat qui s'en fait, et provi- » sion d'iceux obtenue en consequence; et l'exercice » ou qualité d'officier, concernant la puissance pu- » blique : d'où s'ensuit que, supposé qu'un homme » soit privé ou jugé incapable de cette puissance » publique, et qualité d'officier, il n'est pourtant » privé de la seigneurie, et de ce qui est patrimo- » nial en l'office ; en sorte qu'il le perde tout-à-fait » et ne lui soit loisible, comme il l'a acheté, aussi » de le revendre et par ce moyen de mettre en » son lieu personne digne et capable. »

La forfaiture était de deux sortes:expresse, quand la privation de l'office résultait de la sentence du juge; — tacite, quand elle était la conséquence d'une peine infamante prononcée contre l'officier.

Cette garantie du jugement n'était accordée q'aux officiers dont les offices tombaient aux par- ties casuelles. — quant aux autres charges et no- tamment, quant aux officiers subalternes de la maison du roi, ils étaient à peu près destituables à la volonté des officiers d'un ordre plus élevé, des- quels ils tenaient leurs fonctions.

Si la faute n'était pas de nature à entraîner la privation de l'office, l'officier pouvait être simple-

ment suspendu. La suspension était un emprunt
fait aux bénéfices éclessiastiques. Elle ne portait
pas atteinte à la propriété de l'office, elle s'appliquait à l'exercice seulement. L'officier suspendu
conservait son titre, son rang, et pouvait même
pendant la durée de la suspension user du droit
de résigner en faveur.

CHAPITRE VI

De l'obligation de garantie imposée au vendeur,
Loyseau tire la conclusion que le collateur ne
peut priver l'officier de son titre, en lui remboursant la finance versée par lui aux parties casuelles :
« C'est une règle infaillible que toute vente de
» sa nature est subjecte à garantie. C'est pourquoi
» je dis qu'en bonne jurisprudence, l'office vendu
» ne doit être osté par le prince à l'achepteur, ores
» même qu'il lui voulust rendre le prix qu'il en avait
» déboursé. Car, c'est un contrat de bonne foi s'il y
» en a aucun que celuy de vente, qui ayant esté
» une fois parfait, ne plus estre révoqué ny résolu
» sinon d'un commun consentement ; ce que je
» tiens non-seulement à l'esgard du premier ache-
» pteur qui a eu son officier immédiatement du
» roy, mais aussi à l'égard de tous les résignataires
» qui sont en son lieu et place, médiatement ou
» immédiatement » (Loyseau livre 3, Chap. 2,
nᵒˢ 15 et suiv.) Nous savons qu'il y avait une
exception à cette règle en faveur des offices domaniaux aliénés par le roi à faculté perpétuelle de

rachat. Mais, à vrai dire, ce n'était là que l'exécution d'une convention intervenue entre les parties.

La suppression des offices ne pouvait donc être
motivée en dehors des règles du droit que par l'intérêt public. Mais alors la difficulté était de savoir
sur quel taux devait se faire le remboursement. A
l'origine, la royauté remboursait simplement la
finance reçue. Mais avec l'accroissement du prix
des offices le simple remboursement de la finance
était loin de représenter la valeur de l'office. Un
édit du 7 décembre 1604 voulut qu'il fût dressé un
un état estimatif des différents offices. En 1633 les
évaluations furent élevées d'un quart. Une dernière
évaluation des offices fut dressée en exécution de
l'édit de 1771.

Quant à la création des offices, c'est une préro-
rative dont la royauté usa et abusa sans pudeur.
En ce cas les officiers en exercice avaient-ils droit
à une compensation pécuniaire ? On faisait une distinction. Si la création consistait dans l'adjonction
de nouveaux officiers investis des mêmes fonctions,
les officiers en exercice ne recevaient aucune indemnité par cette raison — fort mauvaise d'ailleurs —,
qu'aucune atteinte n'était portée à leurs prérogatives qui subsistaient dans toute leur plénitude.
— S'il y avait démembrement, c'est-à-dire, si les
officiers en exercice étaient dépouillés d'une partie
de leurs attributions dont les nouveaux officiers
étaient investis : « On doit, dit Loyseau, augmen-
» ter leurs gages ou droits à la juste valeur de ce

» qui leur déchet par le moyen de ces évictions, et
» encore qu'on leur doive laisser le choix de rece-
» voir leur remboursement, s'ils ne se veulent con-
» tenter de cette récompense. — Pareillement, si
» on leur demande de l'argent pour quelque attri-
» bution nouvelle, on leur doit laisser le choix, ou
» d'en payer la taxe, ou de quitter leur office, et en
» recevoir le remboursement par les mains de celui
» qui entre en leur place. » (*Offices, livre* 3, *chap* 2,
n° 23.)

Appendice. — L'étude qui précède sur la vénalité
des offices, montre que les charges désignées actuellement sous le nom d'offices ministériels tiennent
peu de place dans la vénalité ancienne. Ces officiers
étaient désignés sous le nom de *ministres de justice,* et leurs offices étaient rangées dans la catégorie des offices de judicature. C'étaient les greffiers,
tabellions et notaires, les huissiers et sergents, les
huissiers priseurs et vendeurs du roi, les procureurs,
les avocats au conseil du roi, les agents de change
et courtiers de commerce. Les greffes, tabellionats et
notariats avaient été vendus à faculté de rachat en
1521. Les huissiers priseurs avaient été érigés en
titre d'office en 1556 : les procureurs en 1572 ; les
agents de change et courtiers de commerce en 1595 ;
les avocats au conseil du roi en 1643. Tous ces offices avaient au plus haut point le caractère de vénalité, et à leur caractère commun, c'était d'être
des offices clientèle, ou selon l'expression du
temps des offices à *pratique.*

Nous ne relevons pas, après tant d'autres, le procès de la vénalité des offices. C'est là une cause jugée depuis longtemps, et dont la révolution a fait bonne justice. Entre tant de passages dans lesquels Loyseau s'est élevé contre la vénalité des offices, nous nous contentons de la citation suivante : « je n'estime pas, dit-il qu'il y ait rien en notre » usage plus contraire à la raison que le commerce » et la vénalité des offices, qui préfère l'argent à la » vertu en la chose du monde où la vertu est plus » à rechercher, et l'argent plus à rejeter. Car si » l'officier mérite sa charge ce n'est pas raison qu'il » l'achète; s'il ne la mérite pas, il y a encore moins » raison de la lui vendre » (*off. livre* 1er *Chap.* 1er n° 2). L'argument est sans réplique, aussi Montesquieu (Esprit des lois, livre, 5, Chap, 19) et Bentham (Théorie despeineset des récompenses, tome 2) ne sont-ils pas parvenus à la refuter.

Mais en même temps, remarquons que Loyseau, notre guide et notre autorité en toute cette matière, Loyseau, l'interprète le plus exact et le plus judicieux des idées de son temps sur les offices malgré sa haine, car le mot n'est pas trop fort contre la vénalité des offices, ne comprend pas dans cette réprobation les charges des ministres de justice « Les greffiers, » notaires et sergents, dit-il n'ont aucun comman- » dement, ains ont leur pouvoir limité, ou à ce » que le juge leur commande, ou à ce dont les parties » s'accordent devant eux. (*Livre* 1 *Chap. I, n° 29*): » Et à la vérité, il semble que cette invention n'est

» pas du tout sans raison, pour ce que, par le
» moyen de l'hérédité des offices, il y a plus d'asseu-
» rance de la foy publique, et du bien d'un chascun
» en particulier, dont les greffiers et notaires sont
» dépositaires, et surtout pour ce que par leur con-
» tinuation en une même famille, leurs minutes
» sont plus seurement gardées, plus aisées à trouver
» et moins sujettes à être ou égarées ou diverties, »
(*off. livre* 2, *Chap.* 3, nº 9).

Nous tenions à noter ces restrictions de Loyseau ;
elles peuvent nous prémunir contre un entraîne-
ment, auquel l'assemblée constituante ne sut pas
dans le principe résister, et nous permettent de
réduire à ses justes proportions le déchaînement si
légitime de la révolution contre la vénalité des
offices.

POSITIONS

DROIT ROMAIN

I. — Le *casus militiæ* et l'*introitus* étaient dus cumulativement par le nouveau titulaire *extraneus*.

II. — La vénalité n'a pas été étendue à toutes les milices, mais seulement à celles déterminées par les constitutions impériales.

III. — La subrogation du tiers, qui n'est pas créancier postérieur, dans l'hypothèque privilégiée du bailleur de fonds n'est possible que si la subrogation résulte d'une stipulation expresse.

IV. — En droit romain, le vendeur de la milice n'avait ni privilége personnel, ni hypothèse privilégiée.

V. — La vente de la milice ne pouvait pas être affectée d'une condition résolutoire.

VI. — Le rapport de la milice devait se faire de la valeur de la milice à la mort du De Cujus.

VII. — Dans une action arbitraire, le demandeur peut obtenir d'être remis en possession *manu militari*, en exécution de l'ordre du juge, quand il s'agit de lever un obstacle de fait.

VIII. — Antérieurement à l'époque de Justinien, l'opinion d'après laquelle, — au cas de donation à cause de mort par voie de dation, avec translation immédiate de propriété, — l'événement de la condition dite résolutoire entraine de plein droit résolution de la translation de propriété, est une opinion personnelle à Ulpien.

DROIT COUTUMIER

I. — Le privilége du préteur de deniers pour l'acquisition d'un office vénal était soumis à une double condition : 1º mention dans l'acte de la cause du prêt; 2º stipulation d'hypothèque.

II. — La subrogation dans les droits du créancier privilégié au profit du tiers qui fournit les fonds au débiteur était possible à une double condition :

1° que l'acte d'emprunt constatât la destination du prêt : 2° que la quittance constatât le payement fait avec les deniers d'emprunt.

DROIT FRANÇAIS

CODE CIVIL

I. — Le droit des officiers ministériels sur leurs offices ne constitue pas un droit de propriété, dans le sens légal et juridique de ce mot.

II. — Au cas où le contrat de mariage porte que les donations mobilières n'entreront pas en communauté, l'office, dont le mari est pourvu gratuitement, n'en tombe pas moins en communauté.

III. — Les créanciers de l'officier ministériel ont le droit après sa mort de se faire subroger par jugement dans l'exercice du droit de présentation.

IV. — La cession de l'office constitue non pas un contrat innomé, mais un véritable contrat de vente sous condition suspensive.

V. — La nullité des contre-lettres , à la charge du cessionnaire d'un office, est d'ordre public et absolue.

VI. — La répétition des sommes payées en exécution de la contre-lettre est possible,

VII. — Le vendeur de l'office peut invoquer sur le prix de cession le privilége établi par l'art. 2102 n° 4.

VIII. — Ce privilége ne peut être exercé au cas de reventes successives.

IX. — Le vendeur de l'office ne peut, au cas de destitution de son successeur, invoquer son privilége sur l'indemnité mise à la charge du nouveau titulaire.

X. — L'officier, qui se trouve révoqué faute d'avoir prêté serment dans les délais prescrits, ne peut réclamer à l'enregistrement la restitution du droit qu'il a payé,

DROIT CRIMINEL.

I. — Le gouvernement ne peut destituer par ordonnance de propre mouvement l'officier ministériel dont la destitution n'a pas été provoquée par les tribunaux, à l'exception toutefois des greffiers.

II. — L'interdiction d'un journal prononcée par l'autorité militaire en vertu de l'art. 9 de la loi du 9 août 1849 sur l'état de siége, ne doit pas être assimilée à la suspension ou à la suppression administrative ou judiciaire dont parle l'art. 20 du décret du 17 février 1852.

DROIT DES GENS

I. — Le droit de visite entraîne comme conséquence le droit de recherche.

II. — Les tribunaux français sont compétents pour connaître des crimes et délits commis à bord d'un navire de commerce étranger, stationnant dans un port français, même par les gens de l'équipage entre eux.

Vu par le Président de la thèse,

J. E. LABBÉ.

Vu par le Doyen,

G. COLMET DAAGE.

Vu et permis d'imprimer,
Le vice-recteur de l'Académie de Paris,

A. MOURIER.

— 71 — PARIS. — IMPRIMERIE F. PICHON, 11, RUE CUJAS.

TABLE DES MATIÈRES

DROIT ROMAIN

DEUXIEME PARTIE

DROIT CIVIL

DROIT COUTUMIER

—71—Paris. — Imp. F. Pichon, 11, rue Cujas.

PARIS. — IMPRIMERIE F. PICHON, 15, RUE CUJAS.

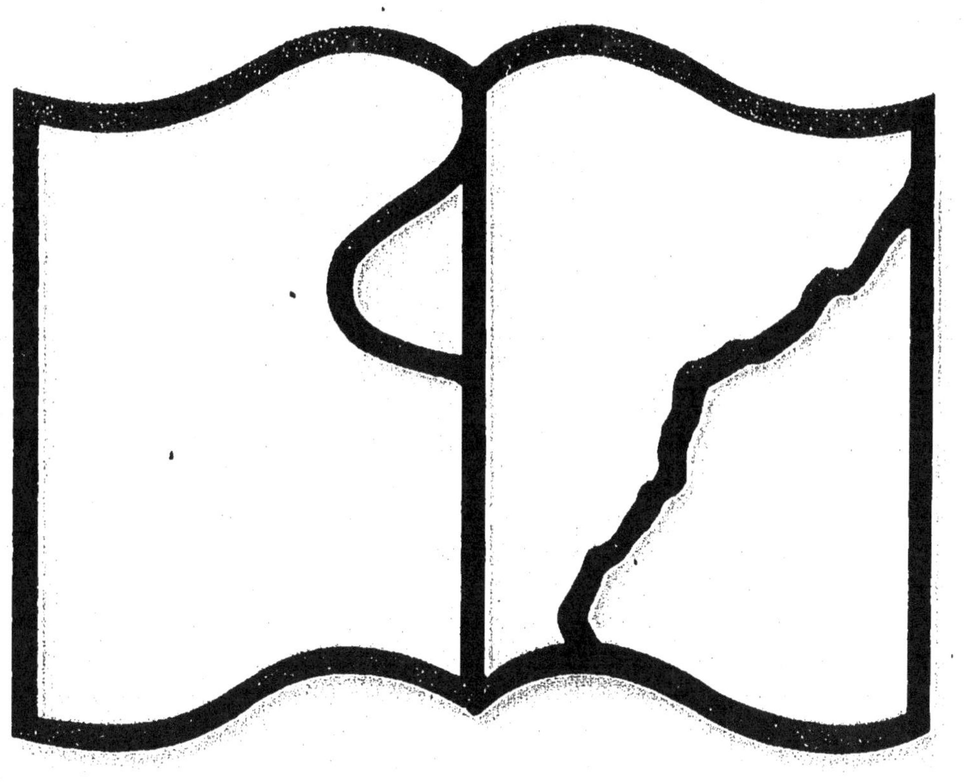

Texte détérioré — reliure défectueuse

NF Z 43-120-11

Contraste insuffisant

NF Z 43-120-14